JN292514

歴博フォーラム

生業から見る日本史

新しい歴史学の射程

国立歴史民俗博物館 編

吉川弘文館

はじめに

国立歴史民俗博物館は、二〇〇五年から三年間の計画で基幹共同研究「生業・権力と知の体系に関する歴史的研究」を開始し、その中間報告として二〇〇六年（平成十八）十一月十八日に第五六回歴博フォーラム「新しい歴史学と生業―なぜ生業概念が必要か」を開催した。本書は、その報告集であるとともに、論考・コラムを加えて、二一世紀における新しい歴史学をどのように創造していくことができるのかについて論じたものである。この企画は、二つの目的をもって計画された。一つは、歴博が開館以来取り組んできた基幹共同研究のあり方を総括し、世界史の中における日本民衆生活史を創造するための方法論をさぐる。それには、民衆が生き抜くために取り組む「生業」の視点から諸問題を整理して民俗学・考古学・日本史学による共通の討論の場をつくること。第二に、旧来の学門分野の長所と短所を交流させながら、「民衆がつくりあげてきた知の世界」をトータルに把握するための新しいモノ資料論をつくりだす糸口をさぐりだすこと、の二つである。そのため、歴博基幹共同研究のA・Bブランチの研究者がつき合わせた研究成果を中間報告として出しあい、プロジェクトメンバー以外のご意見やご批判をいただく場をもとうと計画したのが今回の歴博フォーラムである。

第一の論点は、学門分野がもつ独自の方法論や分析概念の個性をそれぞれ尊重しながら、異分野の研究者が交流することによって、分析概念の共有化をいかにはかるかという問題である。分析方法や用語の共有化は、研究テーマを共通にすることと並んで、共同研究にとってきわめて重要な課題である。

初代歴博館長井上光貞の提起によって、歴博は考古学・民俗学・歴史学・自然科学の学際的協業によって民衆生活史に軸足をおいた新しい歴史学の創造に取り組んできた。そのために、歴博の共同研究では「都市」「基層信仰」「戦争」など研究テーマを共通にして異分野の研究者が学際的に協力し、共同研究を組織・推進してきた。最近では、大型科研やＣＯＥ研究プロジェクトでも研究テーマを共通にした学際的な共同研究が多くの大学で取り組まれるようになった。しかし、学問分野にはそれぞれ独自の方法論と研究史の蓄積の中で研究がすすめられており、特に人文社会科学の分析視角や分析概念などは独自性と個性を強くもっている。そのため、学問分野の異なる研究者が、同じ用語を用いて議論していても、その用語の概念やイメージ・内容が異なっているために議論が嚙み合わないことがたびたび存在する。近年活発になってきた国際シンポジウムでも、そうした体験や誤解をする機会が多くなっている。にもかかわらず、これまでの共同研究では、学問分野の個性と独自性を尊重しながら、分析概念の共有化をはかるにはどうしたらよいのかという問題点について、議論を組織するような試みは見られなかった。今回の基幹共同研究は、生業という分析概念について、異なる学問分野でいかに共通化をはかれるかという試みに取り組んでいる。

第二の論点は、無文字知の世界に近づくための新しい歴史学の方法論的模索という問題である。旧来の日本史学には、今なお根強い文献史料偏重と民衆生活史に対する冷淡な研究姿勢という問題点が残されている。国宝類や多くの文字史料を残した貴族や大名・僧侶など有閑階級の歴史や生活史をあきらかにすることは比較的容易であり、事実多くの研究論文や歴史書が刊行されている。しかし、文字史料を意図的系統的に残さなかった民衆の生活史や知の世界をあきらかにするためには、あらゆる多様なモノ資料からどのような手法をつかって、無文字知の世界を歴史学によってあきらかにするのか、新しい歴史分析の方法を開拓しなければならない。あらためて、考古学が取り上げる生活の廃棄物であるモノ資料重視の姿勢や、民俗学が研究対象とする名もない民衆の民俗や伝承文化を重視しようとする方法論に学ぶ必要がある。絵画資料・文学資料・宗教資料・口承資料・音楽・技術資料など、これまで文献史学が忌避してきた多様なモノ資料群を新しい歴史学の研究対象にして史料批判学を深めながら、民衆生活史の方法論を研ぎ澄ます努力が必要になっている。文字化することのできない世界や民衆知の蓄積・相伝の世界を分析するための歴史学の方法を鍛えるために、意図的系統的にその方法論を模索しつづける必要がある。

第三の論点は、行き詰まりを見せる近代知の世界観を相対化して、二一世紀の知のあり方をさぐるためにも、前近代社会の民衆が育てた民衆知の体系・世界観をどのようにあきらかにしていくかという問題である。

近代資本主義の世界観は、科学と生産の分野で巨大な進歩を人類にもたらした。しかし、それが地球規模での環境破壊や核兵器による人類存亡の危機を生み出し、債務国における飢餓・貧困・内戦の矛盾は激化し、先進国内での貧富格差は拡大する一方である。市場経済原理と私的所有を絶対視し、富と豊かさに価値を見出す近代知にとってかわる循環型経済原理や人類共存の世界観の探求は二一世紀の人文社会科学の研究課題である。前近代社会における知の体系は、近代知から見れば、遅れた呪術的認識を含んだものとして批判の対象でしかなかった。しかし、自然や環境の地球的規模での有限性がはっきり認識される中で、自然と社会を調和させて生きてきた前近代の民衆がもつ知の体系を再検討することが今、求められている。財産や富の蓄積に価値を見出すことなど望むべくも無く、日々の生活の中で生き抜くための生産物だけを自然から秩序立てて獲得してきた民衆知の世界が存在した。動物や植物に霊的存在を見ながら、自然や環境に働きかける技術と呪術・信仰をつくりあげることで、浪費や富のための拡大生産を自主規制してきた世界観が存在した。二一世紀の人類は、みずからの足下である前近代の民衆知の世界からいかに人類生存の智恵を学び取るかが試されているものといえよう。

こうした問題意識から、二年間にわたり基幹共同研究会での個別報告と共同討論の蓄積をおこなってきた。その成果の上にたって、今回、中間報告としてフォーラムを準備し、これまでの研究過程を公開するとともに、フロアーからも多くの意見を受けて、さらに共同研究の論議を深めたいと取り組んでいる。歴博ホームページでも、基幹共同研究会の諸報告や討論要旨を公開しており、是非ご覧いただき、ご意見を頂戴したい。

最後に、今回のフォーラム関係者各位に厚くお礼申し上げる。

二〇〇七年五月

国立歴史民俗博物館
編集担当　井原今朝男

国立歴史民俗博物館　基幹研究　研究者一覧

生業・権力と知の体系に関する歴史的研究

A ブランチ
古代における生産と権力とイデオロギー

青山宏夫（国立歴史民俗博物館）
安藤広道（慶応義塾大学）
海津一朗（和歌山大学）
新谷尚紀（国立歴史民俗博物館）
鈴木靖民（国学院大学）
西谷地晴美（奈良女子大学）
仁藤敦史（国立歴史民俗博物館）
馬場伸一郎（国立歴史民俗博物館）
春成秀爾（国立歴史民俗博物館）
◎広瀬和雄（国立歴史民俗博物館）
藤尾慎一郎（国立歴史民俗博物館）
水林彪（一橋大学）
山中章（三重大学）
義江明子（帝京大学）
和田晴吾（立命館大学）
渡辺信一郎（京都府立大学）

B ブランチ
中・近世における生業と技術・呪術信仰

青山宏夫（国立歴史民俗博物館）
伊藤大輔（名古屋大学）
◎井原今朝男（国立歴史民俗博物館）
宇田川武久（国立歴史民俗博物館）
岡田莊司（国学院大学）
栄原永遠男（大阪市立大学）
平雅行（大阪大学）
高橋一樹（国立歴史民俗博物館）
中島丈晴（国立歴史民俗博物館）
永嶋正春（国立歴史民俗博物館）
奈倉哲三（跡見学園女子大学）
野本寛一（近畿大学名誉教授）
服部英雄（九州大学）
春田直紀（熊本大学）
菱沼一憲（国立歴史民俗博物館）
藤井恵介（東京大学）
松尾恒一（国立歴史民俗博物館）
山本隆志（筑波大学）
横田冬彦（京都橘大学）

（注）配列は五十音順
◎はブランチ代表者

目 次

I

新しい歴史学と生業
——なぜ生業概念が必要か——

1　生業から民衆生活史をふかめる

井原今朝男

はじめに

戦前日本の歴史学、とりわけ官学歴史学にあっては百姓・民衆に対する強い偏見があった。皇国史観を展開した東京帝国大学教授平泉澄《ひらいずみきよし》は「百姓に歴史があると思うのは豚に歴史があると思うのと同じだ」と言明していた。民衆を主体とした歴史学―民衆史を考えようとする研究動向は、戦後歴史学の中で登場した。歴博が、民衆生活史を中核にした歴史学や歴史展示を実現するには、戦後歴史学の成果を学び取るとともに、民衆生活史をトータルに把握するための方法論を鍛える必要がある。戦後歴史学の民衆史研究の成果としては、一九七四～七六年に刊行された『日本民衆の歴史』(三省堂)がある。その後、八〇～九〇年代には社会史の高揚や民俗学・考古学との協業が強調されるようになった。しかし、三学連携の学際的研究によって、民衆生活史をどのような方法論で深めるかの意図的な共同研究の試みは見られなかった。そこで、今回の歴博基幹共同研究では、「生業・権力と知の体系に関する歴史的研究」において、民衆生活史を深めるための方法論や分析概念の共有化について論議を深めようと計画したのである。

(1) 民衆のもっていた知の体系と生業

まず、民衆生活史を三学協業で考える場合、前近代においては民衆が生き抜くためにもっていた知の体系が存在していたと考えられ、その全体像を解明することが大きな課題にならざるをえない。民衆の知の体系は、文字化された知であった場合もあるが、実際にはむしろ経験知や暗黙知・生活知・慣習知など無文字の知として存在したものが多かったと考えなければならない。しかし、これまでの研究では、前近代社会において民衆がもっていた知識体系・世界観の全体像を概念化してとらえる試みがなされてこなかった。近年、日本近世史の分野で塚本学「民衆知と文字文化―ひとつの試み―」(『都会と田舎―日本文化外史―』平凡社、一九九一年)は、「民衆知」という概念を提起した。横田冬彦「近世村落社会における「知」の問題」(『ヒストリア』一五九、一九九八年)も、民間の学問や国政批判が武士身分よりも優位にあることを指摘し、近世村落社会において庄屋層の「知の水準」を民衆知との関係で論じている。奈倉哲三『諷刺眼維新変革―民衆は天皇をどう見ていたか―』(校倉書房、二〇〇四年)は、幕末維新期に国政や天皇批判を生み出した民間における知の集積を「民衆知」としてトータルに把握しようとする研究を提起している。これらは、前近代の民衆が生き抜くためにもっていた知の体系の到達点を示すものであろう。前近代の民衆が創り上げた知の体系を解明し、それによって現代人の近代知を相対化したいと考えたのである。もとより、「知の体系」という用語も仮説的な用語にすぎず、共同研究の中でそのこと自体を探究することも課題にしている。

民衆知の解明方法　前近代の民衆のもっていた知の体系、民衆知は、文字化されない場合が一般的である。暗黙知・慣習知や経験知などとして蓄積されていくものが多い。そうした民衆知の構造や特質は、どのような方法によって解明することができるのであろうか。その分析方法のあり方を議論し交流する中で、鍛え上げなければならない。

服部英雄『地名の歴史学』（角川書店、二〇〇〇年）は、地名が海底や半海半陸にも付けられており、地域によっては中世以前の歴史の痕跡を示すものが多く残り、それによって「地名による歴史叙述」が可能であるとする。いいかえれば、地名は各時代の民衆の歴史や地誌に関する記憶装置であり、前近代の知識の集積手段であったと評価できる可能性がある。山本隆志「荘園制下の耕地・農法」（『年報日本史叢』二〇〇〇年）は、耕地に関する地名に注目し、「ほした」「川原田」「砂田」という地名を乾田系、「沼田」「洪田」「深田」「稗田」「堀田」などを湿田系と見て、それらが地理的空間的に併存していることから、中世の農法を復原する研究を行なっている。文字知を残さなかった民衆の農法を、地名と景観復元の手法によって解明する方法を提起している。

これらの研究からいえることは、民衆のもっていた知の体系は、民衆が生き抜くための生業にもとづくものが骨格になっていたといえるのではないか。そうだとすれば、民衆のもっていた技術や知の集積は、民衆が生き抜くための生業論とリンクしなければならないことになる。民衆の生業や技術は、民衆が働きかける自然環境に左右されるから、きわめて多様性と変動性をもっていたと考えなければならない。春田直紀「中世の海村と山村―生業村落論の試み」(『日本史研究』三九二、一九九五年)は、森林社会学や環境民俗学の成果に学びながら、「生業とは生活を立てるための仕事」であり、「自然のもつ多様な機能から生活に役立つ価値を引き出す行為である」と幅広く定義している。民俗学の白水智『知られざる日本』(日本放送出版協会、二〇〇五年)は、山村での生活に適した形で、山の生業・生活にともなう知識・技能・心性・習慣が成立していたと主張している。

こうしてみれば、民衆のもつ知の体系は、民衆が生き抜くために自然から多様な価値を引き出すための生業と密接不可分な関係にあるといえよう。基幹共同研究プロジェクトでは、AB両ブランチが共同で生業という概念について、考古学・民俗学・歴史学がどのような意味内容をもつものとして使用しているのか、そこにズレがあるのか、どうしたら概念の共通化をはかれるのか。それによって民衆生活史にどのような貢献ができるのか、などの諸点について、正面から議論・再検討することにしたのである。

(2)　考古学・民俗学・歴史学での生業の取り上げ方

生業をめぐる研究状況の問題点　共同研究では、まず一年目の二〇〇五年六月四・五日に、春田直紀(熊本大学)「歴史学における生業論の登場と変遷―日本中世史・近世史の場合―」と、藤尾慎一郎

（歴博）「考古学における生業論の変遷」の報告をもとに、合同研究会の討論を行なった。春田報告では、日本史では、網野社会史の影響の下で、稲作中心史観批判と非農業民の実態解明の中から、海民・山民の存在や中世近世史での生業論が進展しているとの提起が出された。藤尾報告によれば、考古学での生業論は、分業論によって原始社会・農耕社会・工業社会などの時期区分を前提にした上で、先史・縄文時代での「生き抜くための生業論」が登場して弥生時代についても論じられているという指摘がなされた。

二年目の二〇〇六年六月三・四日には、安室知（歴博）「民俗学における生業論」と、安藤広道（慶応大学）「水田と畑の日本史—原始・古代を中心に—」の報告をもとに合同研究会の討論を深めた。安室報告では、柳田民俗学では有形文化・言語芸術・心意伝承という三つの研究対象のうち、有形文化の中に「生産・生業」として位置付けられていたが、七〇年代の「畑作文化論」「照葉樹林文化論」の登場の中で生業・生業技術の作業暦記録化の取り組みと生業論が発展し九〇年代以降、複合生業論（生業複合論）が登場しているという報告があった。安藤報告では、日本考古学でも弥生時代における米や水田の生産量を限定して理解し、縄文的生業との連続性・生業の多様化を指摘する生業論が登場したが、その後、弥生時代の生業多様化論について、近年佐原真らによる批判が登場しているとの学界の研究状況が報告された。

こうしてみると、民衆が生き抜くための生業という概念について、歴史学・考古学・民俗学の分野での検討によれば、いずれも戦後歴史学の枠組みを批判するという八〇年代以降の研究動向の中から登場した概念である点で共通していることが判明する。

生業論をめぐる問題点　いいかえれば、一九八〇年代、稲作水田中心史観への批判、社会的分業論・戦後歴史学の社会構成体論への批判、さらには歴史の進歩史観を批判するという文脈の中から、生業という概念が提起された。その結果、研究史上の問題点などが整理されないままとなり、生業論の問題提起は学界の中で順調に受け止められ研究が深化するという道をたどったわけではなかった。むしろ、二〇〇〇年代に入ると、研究者の世代交代もあって、考古学・民俗学・歴史学分野での生業論は衰退しており、学問領域の再編成と論争の衰退と拡散化が進展しているように見える。

そうした混乱や停滞の原因の第一は、各分野の研究者が恣意的に生業という用語を用いるのみで、学問的な分析概念として論じるための研究史上の問題点を出し合って論議したことがないという研究状況に起因している。今回の基幹共同研究でも、考古学・民俗学・日本史学の各分野では「生業とはなにか」「どういう意味で生業概念を使用してきたのか」という問題をこれまで真正面からつきあわせ論議を闘わせたことがなかったことがあらためて指摘された。

産業・生産・職業と生業　そこで、研究史上の問題点を整理してみると、これまで、日本史学においては戦前から戦後歴史学にかけては、「産業」と「生産」「職業」などという用語を研究分析にもちいており、八〇年代になって「生業」という用語があらたに加わったことがわかる。『広辞苑』では、産業＝「生活していくための仕事、なりわい」、「生産を営む仕事」と解説し、職業＝「生計を立てるための仕事。生業。なりわい」、生業＝「生活のための仕事。なりわい」としている。産業・職業・生業のいずれの用語も、「なりわい」という同一意味の語彙になっている。したがって、これらの用語を分析概念として規定しないままでは、社会科学の分析概念としては使用できない。ところが、日本の人文・社会科学の分野では、この用語と分析概念とを明確に区別して概念規定してきたかというと大いに疑問になる。

それゆえ、考古学・民俗学・歴史学の中から、どのように生業概念が提起され、それぞれの分野でどのように論じられてきたのか、を出し合い三学共通の討議の場をつくることが重要な課題になっている。同一のテーブルで相違点と共通性を出し合い、各学問分野の独自性を尊重しながら、分析概念の共有化をはかる努力が、今後の学際的な共同研究においては必要不可欠な課題になっているものと考える。もちろん、すぐに結論の出る問題ではないが、ねばり強く長期的展望の中で議論していくことが必要であろう。

共同研究での論点　これまでの共同討論などでの論点整理を紹介しておきたい。まず、第一に、生業概念によって民衆生活を具体的にあきらかにしようとする方法論は、いち早く民俗学によって提起され、それが日本考古学に導入されたが、日本史学での論議や導入はもっとも遅れているという研究史上の事実がある。

民俗学においては、常民の生産・生業を民俗調査や民具調査の中で聞き取り、生業暦を復元する手法として一九六〇年代には生業概念が導入されていた。柳田国男に代表されるように、文字知を残さない常民の日常生活を復原・解明するうえできわめて有効な手法として提起されていったといえよう。

考古学においては、八〇年代アメリカで取り組まれた人類考古学で、先史時代における生命維持・食料確保の意味で生業問題が取り上げられた。日本考古学でも、縄文時代を中心に生き抜くためにどのような食料を確保していたかという問題意識から動植物遺存体の分析によって生業暦や縄文カレンダーを復元する手法を開発してきた。考古学には人類学や民俗学との交流の中で発展してきた研究史があったため、生業概念の導入は早かった。

一方、文字史料から歴史を分析しようとする日本史学の中では、民衆史に対する根強い偏見と相まって、考古学や民俗学が提起した生業概念によって生活史を解明しようとする研究動向ははるかに遅れることになった。

原始諸産業から生業へ　産業史という分野において、豊田武は「原始産業」という概念をつかい、「中世の原始諸産業および手工業」という論文を網野善彦・渡辺則文・中村雄三らと共同執筆した（豊田武編『体系日本史叢書　産業史Ⅰ』山川出版社、一九六四年）。そこでは、一六世紀以前では「産業の中核は農民による自給的な主穀生産にあったということができる」「それ以外の産業としては……まだ一部を除いて専門的な職業として成立していない。林業・鉱業・手工業、すべて農業の余暇におこなわれた程度である」と述べる。つまり、専門的な職業として未確立で農業の余暇として行われた諸生産活動を「原始諸産業」という用語を用いて分析しようとしていた。

大山喬平「中世村落における灌漑と銭貨の流通」(『日本中世農村史の研究』岩波書店、一九七八年、初出は一九六一年)は、水田耕作を中心とする農業生産力の低劣な西田井村の百姓らが鎌倉時代の末、周辺村落にさきがけて銭納を強く望んでいたことをあきらかにした印象深い論考を発表した。そこで、大山は「自然と社会の環境が稲作経営以外の生業を強制するような地域と階層が、銭貨をまず最初に吸引する」と定式化した。ここでは「生業」という用語を、稲作経営以外の諸生産という意味でもちいていることがわかる。しかし、大山はその著書の件名索引に「生業」を立項していない。日本史学での生業という概念の登場は、もっと遅れる。

八五年～九〇年代にかけてアナール学派の影響と網野社会史のブームの中で、稲作中心史観批判として非農業民という分析概念が受容されるとともに、生業論も日本史学で取り上げられ、山村史や海村・漁村史の提起も見られるようになった。網野善彦『中世民衆の生業と技術』(東京大学出版会、二〇〇一年)は、「農業以外の諸生業」を重視して「日本社会はきわめて多様な諸生業によって維持されてきた」と述べ、豊田が「原始諸産業」といっていたものを「諸生業」と呼び換えていることがわかる。

こうした「民衆が生き抜くために農業の余暇としておこなってきた諸生産活動」を解明しようとす

る研究動向は、日本近世史において「諸稼ぎ」として具体的に資料分析が行われ、深谷克巳『百姓《ひゃくしょう》成立《なりたち》』という学説が提起された。百姓としての生活が自立的に再生産されていく構造を分析している。この「諸稼ぎ」「百姓成立」は生計を立てるという意味合いが強い概念になっており、生業概念とリンクしやすいものと考える。

こうして日本史学史のうえでは、「生業」概念は、「社会的分業の進展によって専門的な諸産業が独立・自立する段階に到達する以前の民衆の生産活動全般をとらえる概念」として限定的に使用されているように思われる。ここに日本史学における生業概念の個性があるといえよう。

各学問分野での生業概念のちがい　こうした研究史をたどってみると、それぞれの学問分野での生業概念のちがいが少し見えてくる。民俗学での生業概念は無文字世界の常民の具体的な生産・生活を解明するものとしていち早く登場し使用されてきた。考古学では、先史時代や縄文時代などの生命維持・食料確保のための活動としての側面が重視され、生業概念がもちいられてきた。日本史学では、前近代における専門的職業に未分化な諸生産活動を意味するものとして稲作以外の諸生産という意味合いで生業概念が理解・活用されてきたものといえる。同じ、生業という分析概念でも、民俗学・考古学・日本史学では、それぞれ個性的な違いをもった分析概念だといえる。

分業と生業　第二の論点は、これまで生業概念が分業・産業・職業といった分析概念を批判する中で登場してきた。しかし、共同研究の討論の中では、生業という用語と、分業・産業・職業などの用語とを対立させて理解するのではなく、生業概念と旧来の分業概念との棲み分けをはかる方向で研究を深化させるべきであるという点で意見が一致した。そのため、分業論と生業論のそれぞれのメリットを整理する必要があるように思う。

分業論のメリット　討論の中では、日本近世史では社会的分業論から山村・漁村などの諸稼ぎ論が出て、最近は農村地帯での生業論にもなってきているという研究動向の紹介があった。分業論の発展としての生業論の提起が生まれてきたという研究史の捉え直しの提起である。いいかえれば、分業論は第一に歴史の大きな時期区分や産業発達史・発展段階論としてマクロの歴史変動を分析するうえで大きなメリットがある。第二に、分業により諸産業に分化し、職業の分化がすすみ、階級や階層の形成が進展していくという社会変動をとらえる概念としては分業論のメリットが大きい。第三に、多様な職業・社会階層・社会集団を権力がそれぞれ職業別・身分別に社会編成し、職業に応じた役負担を課していくという社会編成論を分析する上では分業論こそ大きなメリットをもっている。

生業論のメリット　生業論のメリットについては、討論の中で水林彪（一橋大学）が「生業概念を生き抜く意味で理解するといつの時代にも共通する超歴史的概念となる。どのような英訳をもちいているか、普遍性を考える必要がある」という問題点を指摘した。生業の訳語はサブシステンス subsistence であり、生命維持の意味になっている。日本語でも、産業・職業・生産や生業という語彙には「なりわい」という共通した意味が存在していた。民俗学の野本寛一（近畿大学）は、民衆生活を詳細に見ると、養蚕・畜産・稲作が一年間の循環・サイクルになっており、生業要素という概念を入れて生業複合ということを考える必要があると問題提起している。こうしてみると、民衆の側から生活を維持し、生き抜くための生産活動の全体像を分析するための概念として生業概念をもちいて民衆生活史を深化させることが可能になるものといえそうである。「民衆が生き抜くための生産」・「生計を立てるための生活暦」をあきらかにすることによって、いつの時代においても民衆が生き抜くために積み重ねてきたミクロの歴史を考察することが可能になるといえよう。

文字史料を残さなかった前近代の民衆生活の細部・日常生活の基礎的部分を解明するために、生き抜くための多様な生業暦を解明することが新しい歴史学の大きな課題である。文献史料を偏重し、民衆史に対する偏見が濃厚であった官学歴史学を払拭して、民衆生活史を具体的に解明していくためには、生業論の視点から、歴史を見直すことによって、新しい研究課題が見えてくる。以下、考古・民俗・歴史学などの共同研究の中で今後深めなければならない課題を問題提起しておきたい。

(3)　民衆生活史のための新しい研究課題

環境の変化と列島の低湿地環境　これまで日本史学は、歴史学固有の分析概念を自分の力で独自に設定するという手法を取ってこなかった。官学アカデミズムとしての国史学は、ドイツ歴史哲学を導入して、はじめに農業ありきという前提で経済学の知識をそのまま借りて歴史分析に用いてきた。そのため、原始・古代・中世・近世といっても日本の自然環境や気温・気候条件・生産条件・耕地条件について歴史的に解明しようとする問題意識をもたなかった。民衆の生業をあきらかにするためには、民衆が生きた生活環境・自然環境の時代的変遷をおのおのの時代にそくして復原することを第一の研究課題にしなければならない。

現代の日本史学や歴史地理学などでは、縄文時代と弥生時代、古代・中世の日本列島の海岸線と近世・近代の海岸線とは、ほぼ同じものだという前提で自然環境をとらえて、歴史分析や史料解釈を行なってきた。いいかえれば、生活環境や気象環境の歴史的変遷を時代的に解明しようとする方法論や問題意識を自覚的に追究しようとしていない。

しかし、最近の国立歴史民俗博物館の『水辺と森と縄文人—低湿地遺跡の考古学』（二〇〇五年）は、全国で縄文時代から低湿地遺跡が出土しており、縄文時代の低湿地利用が弥生時代の低湿地利用と時代的差異が明瞭ではないほど発達していたことを指摘している。西本豊弘・宮尾享「低湿地遺跡の有効性」（『図録』）は、炭素一四年代による年代研究の見直しとともに、縄文文化と弥生文化の差異を食物栽培で区分する手法そのものが限界にきており、食物事情の解明が難しいことを指摘している。

では、なぜ、縄文から弥生時代にかけてそれほど低湿地遺跡が多いのか。それはこの時期の生業を解明しようとするとき、きわめて重要な問題であり、今後の研究課題にしなければならない。たとえば、日本海沿岸の新潟平野で一九九九〜二〇〇一年に東北自動車道建設にともなって、享保十八年

（一七三三）に干拓された紫雲寺潟《しうんじがた》（中世の塩津潟）の旧湖底から縄文時代の青田遺跡が出土した。この結果、新潟平野では、古代になって地盤沈下が進み、中小河川が砂丘を破堤できずに潟湖が形成・発達し、近世社会になって干拓によって潟湖の歴史に幕を下ろしたことがあきらかになった。新潟平野では、古代中世には大潟《おおがた》・塩津潟《しおつがた》・岩船潟《いわふねがた》など潟湖《せきこ》が連続しており、海岸線は現代と大きく変動していたことが判明した。高橋一樹「中世日本海沿岸地域の潟湖と荘園制支配」（矢田俊文・工藤清泰編『日本海域歴史大系　第三巻中世篇』清文堂、二〇〇五年）は、阿賀野川《あがのがわ》から塩津潟へと内水陸交通が発達し、市・町や津・湊などの形成とともに巨大な潟湖や低湿地周辺での多様な生業の展開・生業の複合性を考察すべきことを主張している。かつて、国立歴史民俗博物館編『中世都市十三湊と安藤氏』（新人物往来社、一九九四年）は、十三湊《とさみなと》において海岸線にそった砂丘地帯の背後に潟湖が展開し、低湿地帯の中に市・町・津・湊が形成されていた自然景観を復元し、その中で玉井哲雄「十三湊の都市空間について―その立地と地割―」は、十三湊と同様の立地条件をもつ湊として九頭竜川河口の越前三国湊、信濃川河口の新潟湊、最上川河口の酒田湊をあげていた。

しかし、河口と砂丘と背後の潟湖と大低湿地帯の分布という水辺環境は、列島の平野地帯、とりわけ大中小河川の河口付近にはどこにも見られたといえるのではなかろうか。平野地帯の考古学を進化させ、気象学や地質学などの協力を得て、かつて展開していた古代・中世の水辺環境を復原し、さらには前近代における列島の海岸線の復原作業をしながら、自然環境・生業環境の時代史的変遷を解明することが大きな研究課題になっているといわなくてはならない。

列島の海岸線復原研究の重要性　こうした原始・古代・中世の海岸線が、現代の日本列島と異なっていたのではないかという痕跡は近年各地で見つかっている。加賀・石川・能登方面でも河北潟から邑知潟《おうちがた》にかけての海岸線は、河川の河口湖とあわせて考えると、古代中世では瀬戸内的景観を取っていた海岸線が多かったのではないかと考えられる。太平洋岸でも、静岡県磐田市の洪積世台地を流れる太田川河口には古代中世に河口湖《かこうこ》が存在し巨大な低湿地帯がひろがっていた。そこで在国司と伊勢神宮の共同出資で鎌田御厨が開発されたことが指摘されている。神奈川県藤沢市の相模川と引地川に挟まれた一帯も、砂丘地帯の背後に河口湖につづく巨大な低湿地帯が発達し、その一帯に大庭御厨《おおばのみくりや》が、砂丘上に国府や平塚八幡宮が所在したという歴史景観が復原されている（藤沢市教育委員会『大庭御厨の景観』一九九八年）。金沢称名寺近辺も中世には「瀬戸内海」と呼ばれる景観をもっていたし、江戸川河口と古利根川流域のデルタ地帯は、巨大な低湿地帯であり、太田荘《おおたのしょう》・葛西御厨《かさいのみくりや》・船橋御厨《ふなばしのみくりや》などが発達し印旛沼に抜ける水陸交通網の発達していたことが指摘されている（鈴木哲雄『中世関東の内海世界』岩田書院、二〇〇五年、湯浅治久『中世東国の地域社会史』岩田書院、二〇〇五年）。青山宏夫「干拓以前の潟湖とその機能―椿海と下総の水上交通史論―」（『歴博研究報告』一一八、二〇〇四年）によれば、古代中世には九十九里浜に椿海《つばきのうみ》という潟湖が存在しており、下総台地周辺部に内水面と海水面の混合地帯が発達し、現在とはまったく異なった水辺環境が展開されていたという。

西国でも河内平野の淀川・大和川の河口一帯が巨大な湖沼地帯で、古代・中世には御厨子所《みずしどころ》の河内国大江御厨《おおえのみくりや》が設置されていたことがよく知られている。鹿児島県南さつま市の万ノ瀬川河口でも、縄文時代に吹上浜の砂丘が形成されるにともなって背後に潟湖とはいえないが低湿地帯が形成され、西南海貿易の湊や市、町、津ができあがり、平安期には阿多郡司の拠点となり、平安から鎌倉期の持躰《もったい》松《まつ》遺跡が形成されていたことがあきらかになっている。現在の瀬戸内海地方を含め、列島の海岸線はきわめて広範囲な水辺環境が展開し、瀬戸内海景観が見られ、稲作とは異なった多様な生業環境を想定しなければならないのではなかろうか。

そうした海岸線や扇状地の乱流地帯に見られた河川・湖沼による水辺環境は、近世・近代の新田開発・埋立・干拓事業の中で、現代につながる平野地帯へと人為的につくられた自然環境に変貌したのではなかったか。そうだとすれば、原始・古代・中世と近世・近代の日本列島の自然環境は大きく異なっていた可能性が高い。あらためて、列島の海岸線の復原研究とともに、考古学分野における原始・古代・中世の列島における低湿地環境の復原研究が大きな研究課題になっているといえよう。

低湿地環境と古代中世の生業　海岸線に沿った砂丘とその背後の潟湖や中小河川の河口と周辺の低湿地帯の分布という水辺環境は、内陸部における信濃川、利根川、荒川、淀川、筑後川、吉野川などの全国各地での扇状地での乱流と自然堤防と後背湿地と氾濫原という水辺環境の分布と共通する自然景観である。そうした水辺環境に分布・展開したのが、古代中世の伊勢神宮や王家領の御厨《みくりや》や牧《まき》であり、湊・津・市・町に賀茂神社・石清水八幡宮・日吉神社などが勧請され、神人が展開したことは、網野史学の強調したところである。

御厨・御牧・荘園からの御贄《みにえ》・年貢などは、加工・精選して御膳物として食物に利用されているが、『類聚雑要抄』によれば、蛸《たこ》・海月《くらげ》・ホヤなど海産物、鮭の楚割《すわやり》・鮑・鯛・鱸《すずき》などの魚類、海松《みる》・青苔《あおのり》・古布《こぶ》などの海藻類、川骨《こうほね》・蓮根・白根などの水草類、牛蒡・瓜・白瓜・黒瓜・茄子・蕪《かぶ》・干瓢《かんぴょう》など蔬菜《そさい》類、鯉・鮎など川魚類、松子・栗・柿・柏・棗《なつめ》・柘榴《ざくろ》など果樹類、松茸・シメジなど山菜類、獣の生肉細切の膾《なます》、雉の干物・小鳥・白鳥など鳥類、などなど多種多様である。これらは、農業の生産物といえるほど単純ではなく、山の幸・里の幸・海の幸・川の幸・空の幸など大地の産物そのもの、諸生業の産物というべきものである。

仁平年間（一一五一～五四）、鳥羽天皇の皇后高陽院《かやのいん》泰子は、毎年正月・五月・九月の晦日に釈迦講とともに「百種供養」の法会を行い、女院司・院侍ら家政職員に三種づつの産物を割り当てて合計百種の産物を調達し、それらを小分けして百味を盛物として小机に配置し、法会を実施している（『兵範記』）。藤原清種が越前国宇坂荘から三種を調達したように、家政職員は手分けして自分が預所《あずかりどころ》や領家を勤める荘園の名主・百姓らから百種類の品物を調達している。正月・五月・九月という春・夏・秋に大地からの収穫物や生産物を百種類・百味という別々のものにして調達した内実については史料上不明である。当時、稲作を専業とした農業が社会の基本であったと考えた場合には、それほど多様な食品を確保できたのか疑問になる。むしろ、地域の自然条件に合わせた春・夏・秋の季節に応じて山野河海で取れる狩猟・採集・漁業・林業・塩業・果樹・蔬菜・畑作・稲作・五穀栽培や山稼ぎ、さらには織物・編物・干し物・発酵業・塩和え業など加工技術の成果品と考えざるを得ないのではないか。高陽院領の荘園では、山野河海のあらゆる自然界の産物を春・夏・秋の季節に応じて百種づつ調達し得るほどに多様な生業を営んでいたと考えるべきであろう。こうしてみると、古代・中世の農業は、稲作主体の専業化されたものではなく、もっと未分化で多様性のきわめて巨大な諸生業の集合体であったと考えた方が歴史の実態に合致しているのではあるまいか。稲作主体の近世農業と、収穫物の多様な中世農業とは、その内実が大きく異なっていたのではないか。歴史学における農業の概念は、経済学・農学などとは別に時代的変遷を具体的に含んだものでなければならないといえよう。前近代の農業そのものが、多様な諸生産活動を含みこんで展開されてきたのであり、その内部構造をトータルとして解明するための分析概念としても生業概念の存在は重要だといえよう。

生業と産業との区別　生業概念を明確にすれば、当然産業の意味についても、生業との違いを明示しなければならない。社会構造では、権力を掌握した支配層が大陸から先進的技術を導入し、中央官司や地方国衙の工房で直属の手工業者を編成して専門的職業を生み出すことが行われた。こうした権力による上からの産業育成は、太田博太郎『日本建築史序説』(彰国社、一九四七年)、遠藤元男『日本職人史の研究』(雄山閣、一九八五年)、小野晃嗣『日本産業発達史の研究』(至文堂、一九四一年)、豊田武『中世日本商業史の研究』（岩波書店、一九四四年）、『講座日本技術の社会史』（日本評論社、一九八三〜八六年）などをはじめとして多くの研究実績をもっている。生業が専門的に分化して社会的分業が発展し、専門的職業を生み出したものが産業であると概念化されてきた。したがって、生業は、産業や職業の分化がすすむ世界とは異なった世界を分析する概念として活用されなければならない。

生業論と分業論の棲み分け　たとえば、中世や近世の文献史料に「檜物師」「塗師」「塗物師」などが登場する。その職業の内部を見れば、さらに細かな分業の世界にわかれている。「檜物師」の職人の場合でいえば、大鋸《おが》の伐採、木挽《こびき》の製材、曲物《まげもの》の木地《きじ》、指物《さしもの》の木地、挽物《ひきもの》の木地、櫛の木地などの細かな分業になっていた。曲物職人と指物職人とでは、細かな道具や技術・技能をまったく異にしていた。

「塗師」の場合にも、木粉と米糊と生漆《きうるし》で刻苧《こくそ》をつくり木地を整え、寒冷紗《かんれいしや》を糊漆で貼り付け錆塗《さびぬ》りを行う「下地塗」。錆研ぎと松煙墨《しようえんぼく》や弁柄《べんがら》で着色した色漆を重ね塗りするタメナカ・中塗と研ぎ出し作業を繰り返す「中塗」。生漆をクロメて精製漆をつくり、和紙で漉して上塗漆で仕上げる「上塗」。特殊な仕上げ技術職人の「蒔絵《まきえ》」や「沈金《ちんきん》」。などの職人に分化しており、いずれも分業が徹底していたことがわかる。下地塗職人と上塗職人とは、道具も技術も技能も異にした専門職人であった。

これまでの歴史学では、こうした分業の進展を生産力の発展としてとらえ、それで産業史を構成してきた。それ自体はまちがいではない。しかし、そうした職人の分業論を、民衆が生き抜くための生活という視点からとらえるとどうなるか。

近世・近代においても、現代においても、漆器職人は、ひとりで下地から上塗まで行うことはまったくなかったのであり、協業の中の一分業を分担するのみであったから、手間賃稼ぎであり、それだけで一家が生活することはきわめて困難であった。職人の女房や子どもは山仕事・畑仕事や諸稼ぎで食いつないだという。下塗や中塗りを担当する職人自身が、生き抜くための諸稼ぎにも出ることが多かったという。「民衆が生き抜くための生産」・「生計を立てるための生活暦」を解明するという分析視角をはっきりしておけば、ひとりの民衆が、複数の職業をもち、多様な生業の中で、家計を維持し、生活をし生き抜いてきた歴史を生活実態の中から考察することができる。生業論と分業論との棲み分けは、研究の上で十分可能であり、新しい研究課題が見えてくる。

職業と身分編成　民衆が多様な生業活動を展開する中で、下からの職業分化の萌芽が出てきたとき、権力者が上から職業身分を編成して社会編成していった構造も、身分と階級の分析の中からあきらかにされてきた。黒田俊雄「中世の身分意識と社会観」（『日本中世の社会と宗教』岩波書店、一九九〇年、初出は一九八七年）、竹内理三編『荘園制社会と身分構造』（校倉書房、一九八〇年）、丹生谷哲一『日本中世の身分と社会』（塙書房、一九九三年）、朝尾直弘『日本近世史の自立』（校倉書房、一九八八年）などの研究によって社会的身分と政治権力によって編成された政治的身分との区別もあきらかにされている。こうした身分論との関係についても、「民衆が生き抜くための生産」「生計を立てるための生活暦」を具体化するという視点から見直せば、ひとりの人間が、社会の中で複数の身分や多様な職業をもって現れるという社会の多面性をあきらかにしていく新しい課題が提起される。これまでの研究では、分業によって専門的な産業として独立した仕事を職業と概念化し、それによって生活できることが暗黙の前提となってきた。商業・塩業・漁業・林業・流通史など各専門分野の研究は、第一次研究世代によって一段落したように思われ、研究が停滞している。しかし、彼ら職人の生活実態や多様な身分関係などが解明されているわけではない。

たとえば、『大徳寺文書』建武二年（一三三五）十月十三日信濃国伴野荘野沢原郷百姓等請文によれば、「野沢原御百姓」として署名した民衆の中に「町屋小四郎光重」「町屋道忍」や「鍛冶屋四郎三郎宗重」が登場する。権力によって野沢原郷の百姓身分に編成されながら、職業として「町屋」として商業活動を営み、「鍛冶屋」として野鍛冶・大鍛冶業を営んでおり、社会的には町屋・鍛冶屋という職業身分として地域から認められていたのである。彼らは、野沢原の百姓身分でありながら、町屋や鍛冶屋でもあるという二重の身分関係にあったのである。中世では、ひとりの人間が百姓でもあり、町屋でもあり、職人でもあるという重層的な身分関係が存在し得たのである。そのうえ、田舎や都市の職人の日常生活がどのような生業によって成立・展開されていたのかは、ほとんど解明されていない。

生業という概念を導入することによって、民衆生活史のあたらしい未開拓の研究分野を発見することができ、考古・民俗・歴史学などの学際研究の未来と課題は大きい。

諸報告のテーマと内容の位置付け　最後にフォーラムでの個別報告の位置付けを簡単に行なっておきたい。まず、甲元眞之は、弥生文化での生業論である「弥生時代の食糧事情」（佐原真・都出比呂志編『古代史の論点　一環境と食料生産』小学館、二〇〇〇年）を提起された方であり、考古学における生業論の諸問題を論じてもらう。

木村茂光は、網野の問題提起とほぼ同時期に古代中世の畠作研究に取り組み、最近は雑穀栽培を論じており、中世史から見た生業論の方向性について提起をもらう。

野本寛一は、民俗学における生業論の先駆者であり、生業複合論を提起しており、考古学や歴史学での生業論への意見をもらう。

横田冬彦は、分業論から諸稼ぎを通じて職人と権力による身分編成論を提起しており、近世史の視点から生業と分業や国家権力との関係について問題提起をうけたい。

フロアーからの質問を含めて活発な議論・討論をお願いしたい。

2　考古学による生業研究のあゆみ

甲元眞之

はじめに

今日、考古学研究の用語として通用している「生業」という言葉は現代中国語にはない。強いて翻訳するとすれば「生産」となろう。「なりわい」とすれば中国では伝統的に「業」で表すのが普通である。『史記』巻一〇九「貨殖列伝」に、

而邯鄲郭縦、以鉄冶成業、与王者埒富。

(而《しこう》して邯鄲《かんたん》の郭縦《かくしょう》は、鉄冶《てつや》を以て業と成し、王者と富を埒《ひと》しうす)

とあり、また『漢書』巻七八「蕭望之伝《しょうぼうしでん》」には、

蕭望之字長倩、東海蘭陵人也。徙杜陵、家世以田為業。

(蕭望之、字は長倩《ちょうせん》、東海蘭陵《とうかいらんりょう》の人なり。杜陵に徙《うつ》り、家世《かせい》田を以て業と為す)

として、「なりわい」は「業」であったことを示している。

しかし、中国の史書に「生業」という文言が使われなかったわけではない。『史記』巻二〇八「封《ほう》禪書《ぜんしょ》」には、方術家の李少君について下記のようなエピソードが記されている。

人聞其能使物及不死、更饋遺之。常余金銭衣食。人皆以為不治生業而饒給。

（人、其の能く物を使いて死せざるに及ぶを聞き、更《こも》ごも之に饋遺《きい》す。常に金銭・衣食を余す。人皆以為《おも》えらく生業を治めずして饒《ゆた》かに給《た》すと）

しかし、『史記』巻一二の「孝武本伝」には、李少君に関する同一の表現があり、

人聞其能使物及不死、更饋遺之。常余金銭帛衣食。人皆以為不治産業而饒給。

（人、其の能く物を使いて死せざるに及ぶを聞き、更ごも之に饋遺す。常に金銭・帛衣・食を余す。人皆以為えらく産業を治めずして而して饒に給すと）

となっていて、ここでは「生業」が「産業」に置き換えられている。このことからすると、生業という表現が定着的ではなかったことを示している。

『史記』巻一一〇「匈奴伝《きょうど》」には、

其俗寛則随畜、因射猟禽獣為生業。急則人習戦攻以侵伐。

（其の俗寛《のびやか》なれば則ち畜に従い、禽獣《きんしゅう》を射猟するに因りて生業と為し、急ならば則ち人びと戦攻を習い以て侵伐す）

とあり、ここでは今日で言うところの「生業」の意味で使われている。

『晋書』巻八八「顔含伝」に、

闔家営視、頓廃生業、雖在母妻、不能無倦矣。

（闔家《こうか》を営視するに、頓に生業を廃し、母妻在りと雖も倦む無きを能《あたわ》ず）

と「業」に近い意味で生業が使われることもある。さらに陶淵明《とうえんめい》の伝記である『晋書』巻九四「陶潜伝」には、

又不営生業。家務悉委之児僕

（又た生業を営まず、家務悉く之を児僕に委ぬ）

とあり、降って『旧唐書』巻一六〇「韓愈伝」の仏教の排除を願い出た文章に、仏教の弊害を説いて、

百十為羣、解衣散銭、自朝至暮、転相倣効。唯恐後時、老幼奔波、棄其生業。

（あまた羣《ぐん》を為し、衣を解き銭を散じ、朝より暮に至るまで、転《うた》た相《あ》い倣効《ほうこう》し、唯《た》だ、後時、老幼奔波《ほんぱ》し其の生業を棄つることを恐るるのみ）

と記されていることから、生業という文言が必ずしも使用されなかったわけではない。

しかし、『史記』「匈奴伝」には、「儀礼祭祀ための動物や肉食用の動物は飼育する」という中原的活動とは異なることを強調して、粗野あるいは野蛮なという意味を含ませている。また、それ以外の使用例は、「最低限の糧を得る営みさえも放擲《ほうてき》して」というネガティヴな文脈の中で使われていることがわかる。本来「生」という言葉は「発芽生成の象をとるもの」であり（白川静『字統』平凡社、一九八四年）、転じて「若い」「粗野な」「未熟な」とされ、「成熟」の反語となってあまり良い意味では使われない語彙である。このことからも中国的語感においては「生業」という文言は決して一般的で

はなかったことが考えられよう。

(1) 日本での生業使用

中国では「なりわい」としての語彙は「業」が普通に使われ、「家業」「世業」「成業」などとして使用されることが、唐代以降一般的であり、近代になり「業務」などに拡大された意味に転化した言葉も使われるようになった。

ただし、中国史家でも例外的に「なりわい」の意味で生業を使用することがある。西嶋定生氏は『中国の歴史　第二巻秦漢帝国』（講談社、一九七三年）の中で、「生業を失った農民」とか「生業を破壊された農民」などと表現しているのがそれである。また、貝塚茂樹氏の『中国の古代国家』（中央公論社、一九七六年）では、「中国民族は新石器時代の仰韶《ぎょうしょう》文化から、定住して農業を主生業とし、傍ら牧畜、漁猟をおこなっていた」とか、「殷民族にしても、多方の諸国にしても、どちらも人民たちは農耕を生業としている」とあって、「生業」という言葉が使用されているのが知られる。一九七〇年代当時の中国史研究においても西嶋氏や貝塚氏が日本的な「なりわい」の意味で「生業」という言葉を使われていることは注目に値する。

日本での事例を見ると、『日本国語大辞典　第二版』（小学館、二〇〇一年）によれば、日本における生業という言葉使用の始まりは、『続日本紀』巻八、養老二年（七一八）四月乙亥の条に、道君の首名の業績を掲げた中に次のような表現があるのが最初であるという。

和銅末出為筑後守、兼治肥後国。勧人生業、為制条、教耕営頃畝菓菜。
（和銅の末出て筑後守と為り、肥後国を兼ね治む。人に生業を勧めて制条を為り、耕営を教へて頃畝《けいほ》に菓菜を樹えしむ）

ここでは、今日考古学で使用する意味での文言として生業が使用されているのがわかる。
降って、明治になると、『明治月刊』（大阪府編、一八六八年）には、

唯人民の敏捷にして生業に勉力する耳《のみ》にあらず。

や、『小学読本』五（一八七五年）に、

母一人にて紙を商う傍らに小銭など両替して生業とせり。

などが見られるとする。中世に『史記』の翻訳本に見られる以外は、日本では生業という言葉はほとんど使用されていない。古代以降では「盛業」「家業」「生活」「営農」と漢字が異なっていても、「なりはひ」と訓じることから（『日本国語大辞典　第二版』（小学館、二〇〇一年）、生業が普通に使われだしたのは、明治以降であるとすることができよう。
「生業」という言葉は、本来の中国語ではあまり使用されないことや、語感からすると、今日使用される意味での「生業」は明治になり翻訳語として造語された可能性が高い。ドイツ国制史などヨーロッパの研究書の翻訳本に生業という言葉が頻繁に使用されることからも、「哲学」や「科学」「人

民」などとともに、この言葉が新しい時代表現として取り入れられたのではあるまいか（伊藤正彦氏の御教授による）。

野本寛一氏によれば（「民俗学における生業複合論の意義と課題」『新しい歴史学と生業』〈第五六回歴博フォーラムレジュメ〉国立歴史民俗博物館、二〇〇六年）、「生業」という言葉が民俗学に使用された最初の例は、渋沢敬三氏を中心として結成されたアチック・ミュージアムによる『民具蒐集調査要目』（一九三六年）にまで遡及するという。渋沢氏の履歴からすると、民具採集の試みを「生業」という翻訳語で表現しながら、新しい民具研究の始まりとしたことは素直に理解できる。一九四四年に発行された本山桂川氏の『日本民俗図誌』（東京堂）でも第十八冊と第十九冊は「生業上」「生業下」のタイトルが付けられていて、第一次産業に関係する民具をこの言葉で表現することが戦前には普通に行われていたことを知ることができる。一九六〇年代の後半になって渋沢敬三先生追悼記念出版と副題して刊行された『日本の民具』全四巻（慶友社）の本文中に、基本的な食料獲得活動を「生業」として捉える文言が多く使用されていることを見ても、民具の研究と「生業」研究の結び付きの可能性が高いことを示唆しているといえよう。

(2)　考古学における生業研究

一九七〇年代以前の考古学界においては、「生業」という言葉を使用する例はほとんどない。考古学者が今日いうところの生業に近い観念としては、「生活＝くらし」で表現することが当時は一般的であった。

大場磐雄氏の『古代農村の復元』(あしかび書房、一九四八年)は登呂遺跡の調査内容を紹介しながら、弥生時代について概観した書物である。この第四章は「登呂を中心とした当代人の生活」で、弥生時代農耕を基盤とする社会生活が描かれている。また、八幡一郎氏は『古代の生活』(筑摩書房、一九五三年)で考古学的知見を援用しながら、ヨーロッパの旧石器時代から鉄器時代までの生活＝くらしを記述している。しかし、また同時に八幡氏は『日本史の黎明』(有斐閣、一九五三年)では、第二部黎明で、生業の項目をたて「弥生式文化時代の生業については、折に触れて幾度も書き記した通りである」として、『魏志倭人伝』に描かれた実態を併せ紹介している。この本の前の章では「稲籾の痕跡」「田作り」「米食」「地機」の項目に分けて詳しい論及がなされており、水稲栽培を中心とした弥生時代の営みを「生業」として捉えていることが窺われる。これは先に見た『日本の民具』と同じ脈絡で使われていて、考古学者が使用する「生業」のはしりともいえる。さらに遡って八幡氏は「中枢民族の文化的基礎」『フィリピンの自然と民族』(河出書房、一九四二年)の論文の締めくくりにおいて、「以上は常識的に考へられる衣食住に関する素描に過ぎぬから、彼らの生活の全貌を示すには不充分である。彼らの土器作り、鍛冶、染色、機織等の生業のみに就いても、述べることは多々あるが、茲《ここ》では省略する」として、農村社会の諸々の基本的営みを「生業」という言葉で代弁しているのである。

これらのことから、考古学者の中では例外的に生業という言葉を早くから八幡氏が使用していることがわかる。

八幡氏は戦前、渋沢敬三氏のアチック・ミュージアム運動に賛同し、当時西東京市保谷にあったアチック・ミュージアムの資料収集に少なからず協力しておられる。こうした経緯から八幡氏が生業という言葉を考古学研究にはじめて取り入れたのではないかと推定される。しかし、一九五〇年代に刊行された日本の考古学関係の本では「生活」が依然として一般的に使われたことは、乙益重隆氏『肥後上代文化史』（日本談義社、一九五四年）や当時の研究者を総動員して発刊された『日本考古学講座第四巻』（河出書房、一九五五年）では「生活」で統一されていて、農耕中心の世界が描かれていることでも知られる。また、動植物研究の専門家であった直良信夫氏『古代人の生活と環境』（校倉書房、一九六五年）でも狩猟・漁撈・採取生活であり、生業というまとまりではなく、あくまでも「業」としての個別的な扱いがなされているにすぎない。一九六〇年代の日本考古学の到達点である河出書房の『日本の考古学』「縄文時代」「弥生時代」の巻でも、章のタイトルは「生活と社会」であり、この時期においても、生活＝くらしと捉えるのが日本の考古学界では一般的であり、八幡氏の研究視点が受け入れられるにはまだ時間が必要であったことが窺われる。

坂詰秀一氏の「縄文時代晩期の生業問題」（『古代文化』第一五巻第五号、一九六五年）に見られるように、一九六〇年代の半ば以降、考古学界においても生業という言葉が使われはじめている形跡がないわけではない。一九六六年三月に行われた東北大学日本文化研究所主催のシンポジュームで、司会の泉靖一氏は「最近原初農耕と申しまして、生業の重要な部分を占めるわけではないが、ごく初期的な農耕の発生の契機や意味においては、日本ばかりでなく、世界のあちこちで問題になっています」（『日本農耕文化の起源』角川新書、一九六八年）と今日使われる生業とほぼ同じ意味合いで述べられている。司会者の言葉で参加者が納得していることは、一九六〇年代後半期の日本考古学界においては、この言葉に対して一定程度の理解があったことを示している。

「生業」という言葉は、考古学に隣接する民俗学の世界では、考古学の研究よりも早くから普通に使用されていた形跡が認められる。郷田洋文・井之口章次両氏による「日本民俗調査要項」『日本民俗学大系　第十三巻』（平凡社、一九六〇年）には、第五節生業―農業、漁業、林業・狩猟、生業暦が掲げられ、「業」の有機的な相関性の証跡として「生業暦」を完成させることで、具体的な生活の行為・労働を把握することの必要性があるとの主張が掲げられていると推察されるのである。民俗学における生業という調査項目は一九五〇〜五二年に民俗学研究所が行なった「離島村落調査項目表」に辿り付く。項目表の第九節には「生産・生業と労働慣行」が設定されていて、生業という概念で生活実態を把握しようという意図を窺うことができる。これらのことは「生業」という概念は歴史学研究の中においては、民俗学の研究分野でいち早く用いられていたことを物語っている。

民俗学界や民具研究においては、生業という文言が早くから一般的であったとすると、これがどのようなプロセスを経て、考古学の世界にもたらされたのかは現在のところ不明である。八幡氏も『日本史の黎明』以降、生業という言葉を使用された形跡はほとんど見当たらない。この時期八幡氏は「営み」という言葉で生業概念を越えた先史時代人の生活全体を把握することを目指されていたことは、一九六〇年代に直接教えをいただいていた筆者の記憶に生々しくある。八幡氏は生業という言葉を考古学研究に最初に取り込んだが、積極的にこれを広めることはしなかったといえるであろう。

一九六〇年代から七〇年代にかけてのころには、人文系の学会を糾合して、「九学会」が組織され、学問分野横断的な総合調査が毎年地域を違えて試みられていた。奄美、対馬、能登、佐渡、下北、利根川などの地方をその対象とした野外調査が基本的取り組みであり、そうした共同研究という雰囲気の中で、「生業」という言葉が学界の垣根を越えて通用する概念となった可能性も考えてみる必要はあろう。

(3)　「生業」を扱う考古学者の流れ

一般に「考古学」と汎称される学問分野には、主として古典古代の物質的研究にあたる「考古学」と、古典古代が開花しなかった地域で展開した「先史学」がある（甲元眞之「先史学研究と民族誌」『新版古代の日本』角川書店、一九九三年）。先史学研究は文献史料を欠く世界で発達したことから、即物的研究が進展し、三時期法や型式学をあみ出すとともに、研究の出発点から生活の実態を民族誌に依存して描くことが始まっている。一九世紀中頃のダニエル・ウィルソンの『先史時代人』（マクミラン、一八六二年）やラッボクの『先史時代』（ウィリウムズアンドノルゲート、一八六五年）はそのはしりであり、二〇世紀はじめ、ソーラスの『古代狩猟民と現代の類例』（マクミラン、一九一一年）により、民族誌を用いて先史世界を復元する手法が大系化された。ソーラスは先史学的に時期区分された各段階を技術レヴェルが同一と想定される諸民族の発展段階を「類似」という概念で結び付けて、文献史料のない先史時代世界をいきいきと描きだしている。技術史の分野ではドイツ人のファイファーは『石器時代人の営み』（グスタフ・フィッシャー、一九二〇年）において、先史時代遺跡から出土する各種の道具の具体的な使用例を、世界各地の民族誌を利用することで明らかにした。このように先史学研究は民族誌との関わりにおいて研究が推進されてきたのである。

こうしたヨーロッパ先史学の信奉者であった八幡一郎氏が、生業という言葉を使い、先史時代人の「営み」を把握することに努めたのは当然の成り行きであったと想定できる。実際、八幡氏は「中枢民族の文化的基礎」（『フィリッピンの自然と民族』河出書房、一九四三年）において、フィリッピンの焼畑耕作や水田耕作を行なっているティンギアン族を取り上げて克明な叙述を行い、弥生時代の水稲農耕社会の具体的なイメージを表出することに努めている。二〇世紀初頭の先史学は、一名『古民族誌』と称されたほどで、民族学者が眼前の民族の営みを綴るように、失われた過去の世界を、発掘してえた物質資料をもとに復元することが先史学者の務めと考えられていたのである。そこでは当然のことながら、生業活動の実態を具体的な資料から取り上げる必要性が要請されるのである。八幡氏は『日本文化のあけぼの』（吉川弘文館、一九六八年）の中で、生態環境の復元からはじまり、生業活動を中心とした稲作社会の変遷を見事に描きだしている。注目すべきは季節ごとの生業についても論及していることである。この論の背景には先のフィリッピン民族誌が念頭にあったことはいうまでもない。この八幡氏の書物の中では、従来の「生活」で表していた内容から踏み込んで、営みの実際を、動植物遺存体を含めて具体的な証跡から論じたもので、いわば二〇世紀初頭の先史学研究が目指した方向性の延長線上に位置付けられるものであり、それはまた民俗学研究の目標と一致して、考古学における生業研究の先駆けとすることができよう。研究者の中でも渡辺誠氏は早くから独自に動植物遺存体の研究を推進してきたが（『縄文時代の漁業』雄山閣、一九七三年、『縄文時代の植物食』雄山閣、一九七五年）、それは八幡一郎―江坂輝弥―渡辺誠という先史学研究ラインで結ばれた学問の継承関係を考慮すると容易に頷けるのである。

こうして一部の研究者のあいだでは事実上の生業研究が古くからなされていたのであるが、本格的に研究の俎上にあげられだしたのは、一九七六〜七八年の文部省科学研究費特定研究による自然科学者との共同研究であった。共同研究といっても大部分の自然科学者に一部の考古学研究者が参加したものであったが、その報告書『考古学・美術史の自然科学的研究』（学術振興会、一九八〇年）では、生業の節で個々の研究の取りまとめが行われている。しかし、この段階の生業研究はいわば「実験段階」で、発掘を担当する研究者は資料を提供するだけで、その結果を踏まえての総合的な考察はなされないという奇異な現象がしばらく続くこととなる。それは遺跡・遺物の分析において自然科学者の協力はえるものの、その結果は「付編」として調査報告書に記載されるのみで、考古学研究者による総合化・体系化がなされていないことに示される。先に述べた八幡氏の生業論とは、そこに大きな違いが横たわっていることは容易に窺いうるであろう。また、この時期遺跡遺物の即物的検討を加えないで、自然科学者による独自の見解や新説が生業に関して語られていたが、それらは多くの考古学研究者には容易には受容れがたい内容をもつものも少なくなかった。

考古学研究者によって生業研究の取り組みが本格的に開始されたのは、一九七〇年代に入っての大規模な緊急調査に伴い、従来はあまり鍬を入れることがなかった低湿地での発掘調査が頻発化し、多くの自然遺物や遺構が発掘されだしたことにもよる。この新しい事態において、自然遺物の分析を通して生業を考察することの重要性を認識するための刺激を与えたのは、クラークの研究法であった(『中石器時代の欧州―その経済基盤』ケンブリッジ大学出版会、一九五二年)。この中でクラークは、生態学的な背景と技術の相関性から先史時代ヨーロッパの生業活動の様相を明らかにし、スター・カー遺跡の報告では(クラーク『スター・カーの発掘』ケンブリッジ大学出版会、一九七一年)、推定される食料とそれにより許容される人口の検討をも試みて、考古学資料を用いた生業研究の新視点を展開したのである。さらにこの時期、狩猟民族に対する再検討が行われ、今日まで残存する狩猟民たちは所与の生態環境に上手に適応した社会を形成していたことが、彼らの食料源の分析から明らかにされ（リチャード・リー、ディヴォア編『狩猟民』アルディン・パブリッシュ・カンパニー、一九六八年）、ひいてはサーリンズの『石器時代の経済』（タヴィストック、一九七四年）により、高度に発達した経済社会を組み立てていたとの主張さえ提示されるようになり、狩猟民に対する評価が高まったことがあげられる。

大多数の日本の考古学研究者にとって、生業問題へのより直接的な刺激は、生態学・民族学・考古学の研究者が共同して提唱した「照葉樹林文化論」が提示されたことをきっかけとするものであり、縄文文化にはじまる生態環境適応論の優位性が論じられるに及び（上山春平編『照葉樹林文化』中公新書、一九六九年）、所与の生態環境との相関関係で生業を論じるという視点が次第に強化されてきたのである。

こうした生業研究が受け入れられてきた背景として、上記したように全国各地で大規模な緊急調査が展開され、自然遺物を豊富に留める低湿地での発掘調査が盛んに行われたという歴史的状況を考慮する必要がある。調査担当者が否応なく自然遺物との対応を迫られ、自然科学の分析結果を考古学の報告書の中で、遺構や遺物との相関性について考えなければならない状況にあったことを示している。

当時、新進の研究者を糾合して出版された加藤晋平・小林達雄・藤本強編『縄文文化の研究』（雄山閣、一九八三年）、金関恕・佐原真編『弥生文化の研究』（雄山閣、一九八八年）においては「生業」で一巻をなすまでに至ったが、同じシリーズの『古墳文化の研究』（雄山閣、一九九一年）では「生産と流通」であって、この時期生業研究は弥生時代以前という限られた世界に留められていたのも事実である。また、当時の研究者を集結して編集された有斐閣『日本考古学を学ぶ　第二巻』（一九七九年）では「生産と生活」、岩波書店『日本の考古学　第三巻』（一九八六年）は「生産と流通」であり、一九八〇年代までは「生活」「生業」「生産」が並列する段階にあった。

こうした研究の流れを受け、発掘報告書において自然科学的分析を踏まえた形でのまとめが考古学研究者によりなされるのが趨勢《すうせい》となったことは発掘報告書の体裁にも反映されている。すなわち、それまでは自然科学的分析結果は付編として報告書の最後に置かれていたのが、遺構遺物との相関関係の中に自然科学的分析結果を取り入れて、総括的に考古学研究者のまとめが掲載されるスタイルがとられることが一般化してきた。こうした研究史の状況を勘案すると、一九九〇年代に入り考古学における生業研究が一般化したといえるであろう。

(4)　生存のための経済論の問題点

一九七〇年代以降アメリカの文化人類学の影響を受けて、「生存のための経済論」（Subsistence Economy—生命維持のための最低限の食物獲得行為）の観点から生業分析を試みる研究者が次々に論文を発表したことに関して、日本の考古学研究との関わりの中では、評価が分かれるところである。生存のための経済論もしくは生存のための生態論の立場でなされた論文の問題点として、出土した資料に対する資料批判が甘いという点が共通して見られる。泥炭層の多くは二次堆積であり、そこに含まれる植物遺存体などではコンタミネーション（汚染）を常に考慮しなければならない。それらの論拠となる資料は、考古学研究者により発掘現場から提供されたものか、あるいは考古学的コンテキストとは無関係に当該自然科学者が採取した資料に依拠した分析であって、こうした研究の場合、遺跡の形成過程や埋没過程での資料の位置付けの検討を欠いていることが多く、導き出された結論も妥当性を欠くものが少なくなかった。

二番目は、出土した資料すべてが、あるいは潜在的食料植物がすべて実際の食料に供されたわけではないことであり、しかもこのことは生存のための経済論の出発時点で、すでに指摘されていたことであった。ヤーネルによる民族誌の検討では（一九六四年）、アメリカ五大湖のインディアンは可食植物五五八種のうち、実際食料とするのは一三〇種で全体の二三％に過ぎないことが明らかにされている。また、アメリカ・ニューメキシコのデンジャー洞窟で出土した糞石の分析でも、可食植物と糞石から検出される植物には一致しないことが指摘されている。すなわち可食植物であっても、食料以外の多様な目的に使用される植物の割合が大きなことを示している。こうしたことの検討が当時の日本ではほとんどなされていなかった。

三番目に問題となる点は、推定された可食植物は、毎年豊作とは限らないという経験的事実が看過されている点である。ドングリ類は三〜四年に一度は不作となるのが当たり前であり、水稲栽培も中世段階で「かたあらし」をして維持しなければならない技術段階にあったことを充分に考慮する必要があることはいうまでもない（戸田芳美氏『日本領主制成立史の研究』岩波書店、一九六七年）。また、食料の季節性と保存方法の検討が十分にはなされていないために生存のための経済論は、ごく少数の資料から観念的にすこぶる安定した環境適応型社会の存在を、結果として導き出す場合がしばしば見られた。この点、アメリカ人類学の研究状況を熟知している小林達雄氏が「縄文カレンダー」を作成したことは（『日本原始美術大系　第一巻』講談社、一九七七年）、生存のための経済論や生態適応論を消化して、さらに生業研究の目指す本来の目的を究明しようとする点で生存のための経済論の研究とは著しい対極をなしているのである。すなわち小林氏の観点は、民俗学研究が求めた生業暦の作成や八幡一郎氏が目指した人間の営みの具体化と軌を一にするものであり、したがって、日本の考古学研究における生業論は、生存のための経済論から一定の距離を置いて、民族誌的な研究の伝統を踏まえながら、具体的資料からどのようにして「営み」あるいは「暮らし」を把握するかという傾向性を内在させて展開してきたといえる。

おわりに

ここで日本の考古学研究者を世代別に分けると、坪井正五郎氏から浜田耕作氏までの考古学研究の創世期を担った第一世代、考古学研究の基礎を作り上げた山内清男氏・八幡一郎氏などを第二世代、戦後考古学資料だけで「歴史」を叙述することを目指した近藤義郎氏などを第三世代とすると、「生業」という言葉は使用しなくても先史学的方法を身につけていた第二世代は、事実上の生業研究を試みていることは十分に考慮する必要があろう。これとは逆に、第三世代は考古学資料に基づいて社会の発展段階を希求することが当面の目標であったために、生産関係・社会関係を重視する視点が強く表出していた。このことから生産体制論・分業論に傾く傾向があったことは否めない。日本の考古学研究においては、加藤晋平・小林達雄・藤本強・佐原真の各氏などの第四世代になってはじめて、欧米の研究を咀嚼《そしゃく》しながら本来的な生業研究が出発したと見ることができよう。このことはイギリスにおいて、クラークの研究手法に見られる、チャイルド的な社会構造を究明する研究から民族誌（民俗誌）からの情報を重要視するソーラス的研究への回帰という流れとも一致している（ただしそれは技術史や生態学的分野に限られるのであるが）。

今後の生業研究を進めるにあたっては、生態環境との相関関係を踏まえての社会関係をも念頭においた生業活動の検討により、歴史的展望をもった生業研究が初めて可能となり、文献史学との意識の共通性が熟成されることとなろう。その中でも「人間が作り出す二次的環境を生業活動の中でどのように取り込んでいたか」、という観点からの分析を重要視する必要がある。文献史の領域で開拓された「諸稼ぎ」という概念は、ある意味では二次的環境から生じる副産物を対象としていたとも考えられ、同様な現象は東南アジアにおいて二次的植生が生み出す産物がしばしば「換金作物」となることは、焼畑耕作民の事例から容易に推察することができる〈東南アジアの焼畑耕作民が畑を放置したあとにできる二次的植生の中に安息香がある。これには香料のエキスであるベンゾミンが含まれていて、村人の貴重な換金資源となっている。これなどは一定の範囲内での周期的な開墾を行うことで、遷移の中途で出現する二次的植生を生業に生かす働きをする好例であろう〈横山智「東南アジアの地理学的調査」『熊本大学海外学術調査研究』二〇〇五年〉〉。里山こそはそうした人間の作り出す二次的環境の最たるものであり、日本的農耕社会にとっては不可欠な生態環境を作り出していたことが知られるのである。生態環境をも含めた二次的環境こそが、「諸稼ぎ」の場となったことに、今後一層の関心を寄せる必要があろう。

本文を草するにあたり、熊本大学伊藤正彦氏のご教授にあずかることが多かったことを記し、謝意を表する。

〔参考文献〕

八幡一郎『日本文化のあけぼの』吉川弘文館、一九六八年
クラーク著・大塚初重訳『石器時代の狩猟民』創元社、一九七一年
オズワルト著・加藤晋平・禿仁志訳『食料獲得の技術史』法政大学出版局、一九八三年
民族考古学研究会編『民族考古学序説』同成社、一九九八年
国立歴史民俗博物館編『考古資料と歴史学』吉川弘文館、一九九九年
甲元眞之『中国新石器時代の生業と文化』中国書店、二〇〇一年

甲元眞之『日本の初期農耕文化と社会』同成社、二〇〇四年
佐原真『衣食住の考古学』岩波書店、二〇〇四年

〔補注〕　中国の唐代以降、業と並んで生計という意味で「生理」が使われることもある（杜甫『春日江村』、『旧唐書』「日知伝」など）。

3　畠作史から見た生業論

木村茂光

はじめに

畠作史研究の意図と限界　中世史における畠作史研究は、主に農業史・産業史の一環として行われてきた（簡単な研究史は後述）。私は、後に横田冬彦報告に出てくるように、中世封建制論との絡みで、稲作生産だけで生産力を評価しようとしてきたそれまでの研究に疑問を感じ、畠作論を加味することを意図して研究をしてきた。したがって、その後、農事暦の研究を踏まえて民衆史・民衆生活史の研究も行なってきたが（木村二〇〇〇年）、「生業論」という視点は十分意識できなかった。

それは、私の問題意識の立て方にもよるが、中世史における史料の残存形態の特徴にも要因がある。一般的に、歴史学が対象とする史料の多くは支配者によって残される傾向が強く、とりわけ前近代においてその傾向は強い。古代国家の土地制度を班田制《はんでんせい》といい、中世の一国規模の土地台帳を大田文《おおたぶみ》、さらに近世の収奪体系を石高制《こくだかせい》、といっていることに象徴的に示されるように、前近代の国家は水田中心の支配体系・租税賦課体系を採用してきたから、水田に関する史料は厖大に残されたが、畠地などそれ以外の耕地や生産地目に関する史料はまれにしか残されなかった。

さらに、中世において中心的に残された水田関係史料も、「検注帳《けんちゅうちょう》」「検田帳《けんでんちょう》」など経営規模や所有面積などを示すと思われた帳簿史料には、その作成過程において相当の作為＝再編成が行われていることが判明し、数量的把握が不可能になったのである。例えば、興福寺領の大和国諸荘園では「均《きん》等名《とうみょう》」といって、それぞれの名田の面積が均等に配分された例を多く確認することができるが、これは所有や経営の実態を反映したものではなく、年貢や公事を均等に賦課するために意図的に編成されたものであることが明らかにされている（表1、渡辺澄夫『増訂畿内荘園の基礎構造　上・下』、吉川弘文館、一九七〇年など）。

表1　大和国池田荘の均等名の面積

名	田	畠	屋　敷	荒　地	計
	反　歩	反　歩	反	反　歩	反　歩
有　友	19.340	.180	1	1.160	22.320
貞　垣	16.060	2.180	1	1.280	21.160
則　方	19		1	.060	20.060
則　元	19.060		1	.060	20.120
国　則	17.120	1.060	1	.180	20.000
重　遠	20.240		1	1.180	23.060
則　行	19.180		1	1	21.180
安　近	18.300		1	.060	20
重　方	18.300	1	1	.060	21
国　末	19.240		1	.120	21
末　貞	27.120	1	1	.060	29.180
計	216.160	6.060	11	7.140	241

以上のように、史料の残存性の低さと帳簿史料の作為性という二重の困難性を抱えた畠作史研究は、実態的な研究を行うことができず、どちらかというと、わずかな史料からその存在と農法の特質を指摘するという「存在」論的アプローチしかできないという弱点を初めから持たざるを得なかった。したがって、畠作史研究に、厖大な水田史料をそのまま疑うことなく使用

する傾向が強い「水田中心史観」への批判や、稲作文化論を前提とする「日本文化論」に対する批判、というイデオロギー批判的雰囲気が強いのはそのためである。

「柳田民俗学」成立の背景　ところで、いま、「稲作文化論を前提とする日本文化論」といったが、これに関して興味深い指摘があるので紹介しておこう。

「東北学」を提唱するなどして現在活躍中の民俗学者赤坂憲雄は、『柳田国男の読み方―もうひとつの民俗学は可能か』（ちくま新書、一九九四年）という著書の中で、柳田の『雪国の春』が「民俗学」の出立の記念碑であったことを確認したうえで、次のように述べている。

> 「民俗学」が排除したモノたち、物語という異形の身体、山の神や山人・アイヌの人々、漂泊の徒や被差別の民……、そのいずれもが稲作・常民・祖霊の周縁ないし外部であることは、いったい何を意味するのか。（略）それらのすべてに背を向けた「民俗学」とは、そもそも何者なのか。

すなわち、柳田はその前期の仕事で、引用文にあるようなさまざまな階層・職能・身分の人々を対象にしていたにもかかわらず、『雪国の春』を記念碑として成立した「民俗学」はそれらを「排除」することによって成り立っていた、というのである。

これだけでも柳田「民俗学」に対する厳しい問題提起だと素人ながら思うが、赤坂はさらにその『雪国の春』が刊行された昭和三年（一九二八）が昭和天皇の大嘗祭《だいじょうさい》の年でもあったことを関連させて次のように述べている。

そこに通底している核となる貌のひとつは、稲にたいする偏愛ともいうべき強い志向性であった。稲を選んだ日本人、という。柳田はまさに、その意味における日本人の一人であった。昭和三年の柳田は、おそらくはある思想的な確信《イデオロギー》とともに稲を選んだ。それが昭和天皇の稲の祭り＝大嘗祭が挙行された年でもあったことは、やはり偶然ではあるまい。

ものすごく怖ろしい文章ではないだろうか。柳田の常民＝稲作民の「民俗学」は昭和天皇の大嘗祭が行われた昭和三年に「ある思想的な確信とともに」成立したのである。

先に私は「水田中心史観」の要因を関係史料の残り方の偏頗性に求めたが、実は私たちが認識するような「水田中心史観」はそれだけが原因でなく、もしかしたら上記のような経過を通って成立した近代的「知」としての「柳田民俗学」＝稲作の民俗学の普及とその影響の方が強いのかもしれない。

(1)　研究史の概略と新しい動向

畠作史研究の概略　「はじめに」の中の「畠作史研究の意図と限界」でも述べたように、畠作史研究は農業史・産業史の一環として始まった。その研究水準は古島敏雄の一連の研究によって築かれたといっても過言でないほど、古島の研究の位置は大きい（『日本農業史』岩波書店、一九五六年、『古島敏雄著作集　第六巻　日本農業技術史』東京大学出版会、一九七五年など）。鋳方貞亮の古代穀物史に関する研究もあり（『日本古代穀物史の研究』吉川弘文館、一九九七年）、豊田武編『体系日本史叢書　産業史Ⅰ』

（山川出版社、一九六四年）の中に畠作に関する論考もあったが、畠作史研究にとって大きな画期となったのは、『産業史』と同じシリーズの一巻として出版された竹内理三編『土地制度史』（一九七三年）である。そこに収録された網野善彦「荘園公領制の形成と構造」は、荘園公領制の内部構造を説明することを目的にしていたが、その中で畠地など水田以外の耕地を水田に並ぶ耕地として明確に位置付けたのである。

この論文は私が畠作史に取り組むことになった要因の一つである。その成果の一端は拙著にまとめることができた（木村一九九二年）。最近は「雑穀」栽培や「粉食」の実態に関する研究にも着手し始めたが（木村二〇〇三年・二〇〇六年）、研究者も限られており、歴史学の分野ではまだまだ緒が付いたばかりである。

近年の新しい動向　それに対して、民俗学の分野で増田昭子の『雑穀の社会史』（吉川弘文館、二〇〇一年）が出版されたり、歴史地理研究の分野で米家泰作の『中・近世山村の景観と構造』（校倉書房、二〇〇二年）や白水智『知られざる日本―山村の語る歴史世界』（日本放送出版協会、二〇〇五年）のように、一村規模の生産構造の解明を目指した「山村史」研究が進展してきたことが注目される。山村という自然的・歴史的環境から、研究対象を稲作や畠作に限定できないこともあって、一村丸ごとの解明を目指す研究方法は、今回のフォーラムのテーマである「生業」論に接近できる可能性を持っており、今後の研究が大いに期待される分野といえよう。

また、増田は前著の終章「雑穀から五穀世界へ」で、沖縄の八重山を中心に米を含めて「五穀」と認識する例を検出し、それを「五穀の思想」と呼ぶとともに、次のように説明している。

食料の危機を幾度となく乗り越えてきたであろう人間の生活にリスクを負わせないものが「五穀」である、言い方をかえれば、米がなければ粟を食えばいい、粟がなければ芋を食えばいいといった心持ちが「五穀」なのである。

増田とはやや視点が異なるが、フランス国立高等研究院のシャルロッテ・フォン・ヴェアシュアも日本平安時代の農業文化を「五穀の文化」として把握しようとしている（『LE RIZ DANS LA CULTURE DE HEIAN, MYTHE ET RÉALITÉ』Collège de France Institut des Hautes Études Japonaises　二〇〇三年）。

これらの動向も、これまでの稲―雑穀という二項対立的な把握を超えようとしており、新しい研究動向として注目される。

(2)　畠作・雑穀論と生業論の可能性

近世における「百姓成立」　以上、「はじめに」で史料の性格から畠作論の限界性を、(1)節で一村規模の生産構造を目指す山村史の可能性を指摘したが、そこで浮かび上がってくるのが、稲作や畠作以外の生産の問題である。山村史がこの点の評価を抜きに成り立たないことは明白である。

実は、このような観点は近年近世史研究からも指摘されている。近世の百姓一揆、さらに近世百姓の「成立《なりたち》」を一貫して研究してきた深谷克己は、それまでの近世的小農の理解に対して、あまりにも「農耕専一」に捉えすぎたのではないかと疑問を呈し、小農経営が持っていた「兼業」の部分＝諸稼《しょかせ》ぎに注目すべきであると主張している（『百姓成立』塙書房、一九九三年）。深谷がその主な史料として用いているのが上州高崎藩の郡奉行大石久敬が著した『地方凡例録《じかたはんれいろく》』で、その中で久敬は家族五人で田畠五反五畝を経営する小百姓を設定し、その経営構造を次のように復元している。

① 水田四反の表作には稲を植える。

② 稲の跡には全部麦を植える（二毛作）。

③ 畑一反五畝ぜんぶに麦を植える（冬作）。

④ その畑には、夏から秋にかけて諸作をつくる。五畝に大豆、三畝に稗、三畝に粟、一畝に小豆、二畝に芋、残りの一畝に菜・大根・なす・大角豆その他を栽培する（夏作）。

①と②から水田二毛作、③と④から畠二毛作が志向されていたことがわかるが、このような集約的な経営を実現しても、久敬の計算によると、金一両一分二朱、永（銭の異称）三七文八分の赤字になるという。天候の状況・年貢の高低・米価の高下などの条件によって、この計算は違ってくるであろうが、当時の農業経営が収支的には赤字を前提にした相当苦しいものであったことは間違いない。

久敬はその赤字を埋めるために、

麦ばかり食するにもあらず、粟・稗・菜物・木葉・草根をも加へ、又は米拵《ごしら》への砕《くだ》け、粃《しいな》等の落ちあぶれをも食する、

などと倹約を勧めるとともに、「何国にても、農業の外に少しずつの稼ぎはあるものなり」と稼ぎ仕事を奨励して、次のようにいっている。

上州ハ蚕飼あり煙草《たばこ》作あり。又何れの村々にても、縞《しま》木綿を織出し、自分の着用にもし、又売出す処もあり。或ハ莚《むしろ》を織り縄を綯《な》ひ（下略）

養蚕・煙草・木綿・筵・縄など、いまでも農村で見かけるような作物による稼ぎが奨励されているが、これらが「自分の着用」だけでなく「又売出す」ことも想定されていた。まさに「稼ぎ」である。久敬が考えた「百姓成立」は「稼ぎ」を必然的に含み込んでいたのである。

このような稼ぎ仕事は「農間《のうま》稼」とか「作間《さくま》稼」といわれ、全国的に確認することができるが、一方で久敬は、「その外農業の間、男女とも其処に仕馴《しな》れたる相応の稼ありて、少々の助成を以て取りつゞくこととなり」ともいっている。その地域地域で「仕馴れたる相応の稼」があるものであって、それによって「取りつゞく」ことができる。すなわち、農業経営を維持することができる、というのである。

「相応の稼」という文意の中に、「農間稼」「作間稼」といわれるような、農作業の暇な期間に行う

臨時的な稼ぎのイメージとは異なった、ある程度恒常的な稼ぎを見い出すことができるのではないだろうか。神奈川県の畠作優位地帯（愛甲・高座郡）の産業構造を分析した山口徹によっても、畠作地帯における製糸・織物生産の位置の高さが解明されている（『近世畑作村落の研究』白桃書房、二〇〇〇年）。

古代・中世の公事と商品　中世においては、前述のように畠作関係史料から生業論に接近することは至難の技であるが、視点を変えてそれらの生産物が供給される場に注目するとによって、逆に当該期の生業を捉える可能性が出てくるように思う。そのうちの一つが領主に「供給」される公事《くじ》であり、もう一つは市場に「供給」される商品生産物である。

公事に関しては多くの研究があり、季節ごとに多種の公事物が領主へ納入されていることが明らかにされているが、それらの多くは畠作物であった。

例えば、一二世紀前半の長承三年（一一三四）の「淀相模窪《よどさがみのくぼ》領在家所課注文案」は、淀川沿いにあったと思われる山城国淀相模窪領の住民に賦課された公事を書き上げた貴重な史料であるが（『平安遺文』二三〇〇号）、そこには次のように記されていた。

① 地子　藁《わら》八百余束許
② 五月　菖蒲《しょうぶ》
③ 七月　盆供瓜・茄子《なす》二十六籠、宇別一籠

④　歳末節料　薪《たきぎ》二百六十束、宇別十束
⑤　臨時鮮物等、毎度召しに随う
⑥　居屋形船等を舁ぎ、川尻ならびに木津・鳥羽殿辺を上下するは、連日召しに随う（漢字は常用漢字などに改めたりしている）

相模窪の住人たちは、①＝所在した畠七段余の地税として藁八〇〇束余の納入、②＝五月五日の節供料である菖蒲の納入、③＝七月一五日の盂蘭盆料として瓜・茄子の納入、④＝歳末の公事である薪の納入、さらに、⑤と⑥＝臨時の鮮物（野菜や魚）は「召し」（要求）があるたびに納入しなければならず、屋形船の上下運送ための夫役《ぶやく》（舟引き）も連日召しがあるごとに提供しなければならなかったようである。

ここで注目しなければならないのは、五月・七月の節供に菖蒲や瓜・茄子といった畠作物が供給されていることである。ここには出てこないが、平安時代後期の史料には、七月七日の七夕に「索餅《さくべい》」（うどん状の食べ物）を供給する例も散見するから、公事として供給される畠作物を整理することによって、当時の農民の生産の広がり＝生業を理解する道が拓けてくるように思う。

もう一例、典型的な例をあげておこう。興福寺大乗院領荘園の一つである大和国楊本荘《やなぎもと》では、預所《あずかりどころ》（上級荘官）に納入すべき公事として、次のような物が指定されていた（『三箇院家抄』）。

御菜月別三荷／馬草六〇把／白瓜五／茄子五／暑預（イモ）一カ／栗一斗／梅五升／サヤマメ五

升／木ノメ五升／橘二升／ササキ（ささげ）／炭五籠／コモ（菰）三枚／花代七尺莚《むしろ》／五月五日雑粽／九月九日センカウ（線香）／一二月節季センカウ／歳末薪・柴・夫賃、

まさに多種多様な種類の公事の供給が行われていたことがわかる。と同時に、菜・白瓜・茄子・薯蕷（ヤマイモ）・栗・梅・サヤ豆・木の芽・ささげ（大角豆）など多数の畠作物が納入されていただけでなく、炭があったり、菰や筵・線香・薪・柴が供給されていることが注目される。というのは、これら公事物の存在は、それらを農民がみずから生産していたのか、それとも市などで購入していたかは不明だとしても、それらの品物を供給できるような条件＝さまざまな生産が楊本荘の農民の周囲には広がっていたことを示しているからである。

これら多種多様な公事物を生産する側＝農民の側から捉え直すことによって、当該期の農業経営の多様性と多重性が明らかになり、当時の生業論への接近が可能になるように思う。

市と商品　商品生産に関する研究も蓄積されているが、しかしどちらかというと「座」など生産する側の組織的・構造的な特質に関するものが多く、どれだけのものがどのように生産されていたを明らかにしたような研究はそれほど多くない。

例えば、これは中世ではないが、一〇世紀前半に編纂された『延喜式《えんぎしき》』東西市司式《いちのつかさしき》には東市五一店舗、西市三三店舗が記されているが（表2）、その規定によると、東市は月の前半に、西市は月の後半に開かれることになっていた。しかし、表2にもあるように、両市出店の店が一七店あったから、

表2　平安京東西市の店舗

東　市	絁　羅　錦　巾子　帯　布　苧　木綿　沓　筆　墨　丹　珠　玉　薬　太刀　弓　箭　兵具　香　鞍橋　鞍褥　韉　鐙　障泥　鞦　鉄并金器　漆　木器　麦　醤　蒜　馬　海菜（34店）
両　市出　店	絲　針　菲　油　米　塩　索餅　心太　海藻　菓子　干魚　生魚　紵　櫛　染草　幞頭　縫衣（17店）
西　市	絹　錦綾　錦　紗　橡帛　裙　帯幡　調布　麻　続麻　雑染　蓑笠　土器　味醤　糖　牛（16店）

（注）『延喜式』をもとに作成。

これらは月の前半も後半も開かれる、いわゆる常設の店舗と考えることができる。全体として錦や帯・太刀・弓などいわゆる手工業品も多いが、布や苧《からむし》、米や油など農民らの生産と直接関連する商品を売る店も多い。とくに常設の店舗で、糸や針、米や索餅、油や塩といった日常生活に必要な品物が扱われていることが注目される。

これら東西市に供給された多様な商品を生産する者の側から捉え直すことも、生業論に近づく方法の一つではないだろうか。

また、これら商品の実態に迫る方法として、絵巻物や荘園絵図に描かれた市場の研究もあるように思う。

例えば、『一遍上人絵伝《いっぺんしょうにんえでん》』で有名な備前福岡の市の場面には、少なくとも五軒の店が描かれ、そこでは、魚や鳥・米・布・履物・壺などが売られていた。明確にわからないが、水か茶を入れたような大瓶もあるし、お面などの玩具らしい物を売っているようにも見える。また、それぞれの店先で、魚をさばく男、筵に米を広げて量り売りをしている男、そして布の品定めをしている女、などがみごとに活写されている（図1）。また、『直幹中文絵巻《なおもともうしぶみえまき》』に描かれた三軒の店棚も注目される。右端の店では臼で杵をついている。餅などを造っているのであろうか。真ん中と左の店は雑貨屋のようで、魚や果物・草履・鼻紙・鰹節などが整然と並べて売られている。両方の店先には薪も並べられている（図2）。

いわゆる荘園絵図といわれているものにも市場が描かれている。その多くは「〇〇市」などとその所在を示すものが多いが、中には「備前国西大寺境内市場図」や「豊前国小山田荘放生殿《ほうじようでん》市場図」のように、具体的な構造がわかるものもある（ともに、西岡虎之助編『日本荘園絵図集成　上』東京堂出版、一九七六年）。

絵図の説明の詳細は省くが、前者の紙背には注記（紙背文書）があり、それには酒屋・魚座・餅屋・筵座・鋳物《いもの》座の存在が明記されている。そして、その最後には「其の外は皆、一座に一年百文宛て」と公事の額が記載されているから、この五座以外にも座＝店舗が開かれていたことは間違いない。後者には、大鳥居の前に通路を挟んで南北両側に仮店棚が並んでいるが、そこには唐物《からもの》座が三軒、酒屋・茶屋があり、店棚の裏側にも茶屋が三軒記されている。店棚が切れた東側の空き地には「牛馬市」と記され、「殺生禁断札」と書かれた札が立ち、そこにも茶屋があったから、ここでは牛馬売買のための博労市《ばくろういち》も立ったのであろう。

以上、絵巻物や市場図の一端を覗いただけであるが、これからだけでも多様な品物が市場に供給されていたことを読み取ることができよう。公事について述べたことの繰り返しになるが、このような

図1　備前福岡の市（『一遍上人絵伝』より）

図2　店棚の風景（『直幹申文絵巻』より）

多様な品物が市場に供給されていることは、その背景にそれを支える多様な生産構造が存在したことを示している。したがって、このような商品と公事物の「供給」とを連関させることによって、豊かな生産構造＝生業を解明する糸口を見つけることができるように思う。

(3)　中世における生業論を豊かにするために

道具・農具の研究　以上、畠作物・山村研究・公事と商品への「供給」などを素材に、中世における生業論への可能性を追究してみたが、最後にこのフォーラムの問題提起にもあったように、生業を「危機を生き抜く『知』の総体」と理解したとき、今後の中世史研究で取り組まなければならない課題を二・三指摘して拙い報告を終えることにしたい。

その一つは農具を中心とした道具論である。この間、粉食に関して勉強する機会があったが（木村二〇〇六年）、前近代における製粉技術に関する研究の遅れを実感した。

前書で「近世における粉食」を執筆した原田信男は、近世が「臼の時代」であると提唱し、一七世紀後半以降、都市江戸に粉食（蕎麦など）が急速に広がった要因として、磨臼《すりうす》の農家への普及と水車を利用した精米・製粉業の開始をあげている。そして、一九世紀初頭には、江戸で消費される米粉・小麦粉・蕎麦粉などのほとんどが、江戸近郊の武蔵野周辺の村々の水車で製粉されたものであったと指摘している。

石臼は縄文時代から確認されるし、水車も平安時代には確実に存在した。しかし、水車が最初揚水《ようすい》機《き》として利用されていたように、臼や水車がどのように利用され、さらにその利用方法がどのように変化してきたかを研究することは、緊急の仕事といえるであろう。

年中行事の研究　二つ目は、前述の公事論とも関係するが、年中行事の研究である。とくに農耕神事に関する研究は同時代的多様性と時間的な変容を含めて解明することが必要である。以前、古島敏雄は「農書」出現以前の農業技術の伝播を問題にし、「生産力の発展が、旧来の社会関係の中で、集団的な慣行として維持・伝承されるならば、文字に記す必要はない」と明言していた。その意味では、「集団的な慣行として維持・伝承される」重要な農耕神事である「田遊び」に関する研究は重要であろう。

〔史料1〕

番外天狗、一番長刀、二番振取、三番御獅子、四番鍬入、五番荒田、六番寄塗、七番水口申、八番鳥追、九番山田、十番徳太夫、十一番麦搗、十二番田植、十三番代草、十四番孕早乙女、十五番小編木、十六番早乙女、十七番高野殿、十八番棒、十九番神子舞、二十番間田楽、二十一番猿田楽、二十二番宝来、二十三番稲刈、二十四番長刀、二十五番御獅子、番外鯛釣、天狗

（遠江国初倉荘藤守郷大井八幡宮）

右に掲げた史料1は遠江国初倉荘《はつくらのしょう》藤守郷大井八幡宮で行われていた田遊びの演目を列挙したものである（黒田日出男『日本中世開発史の研究』校倉書房、一九八四年）。最初と最後に神事的色彩の強い演目があるが、「四番鍬入《くわいれ》」から始まって「二十三番稲刈」までは、春から秋にかけて農耕の作業を芸能化したものである。これらが正月の神事として老若男女が参加している前で毎年行われているということは、まさに農業技術が田遊びという神事の場で「集団的な慣行として維持・伝承され」ていた証となろう。田遊びは、現在でも愛知県設楽郡地方では新春の行事として伝承されている。

農書的メモの研究　ところで、中世において農書がまったくないかというとそうでもない。もちろん、農書としてまとまったものは確認できないが、私流にいえば「農書的メモ」は残存している可能性がある。その一つが寛元元年（一二四三）の「大隅やさ入道・同妻西面売券」に付随した「八条田地差図」である（図3）。

売買の対象である耕地が「ツクテ」（作手＝水田）と「井種《いだね》」（藺草《いぐさ》の栽植地）などと栽培する作物によって区分されているのも興味深いが、その図の右端に記された文字はもっと興味深い。そこには次のように書かれている。

籾種田升《マスノ》四升　カシキシウノ八升也　麦種同升九月七升
十月八升

井栽《ウフ》時十月九月　コヘツクコトナシ麦ニッ一二両ハカリツク

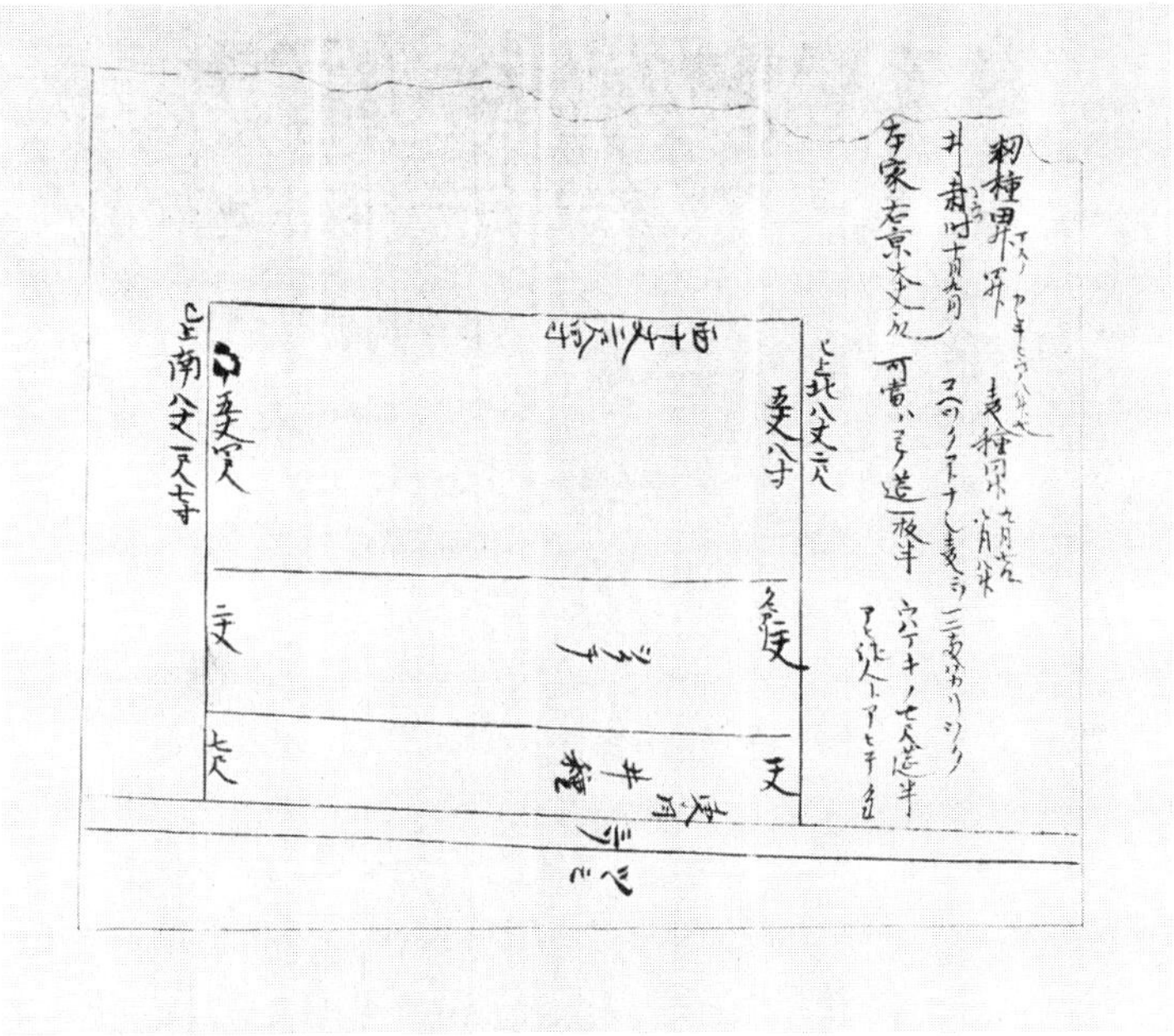

図3　「八条田地差図」(「大隅やさ入道・同妻西面売券」付図)

本家右京大夫殿　所当ハコモノ莚一枚半ウハマキノ七尺莚半
　アヒ作人トアヒテ進

詳細は拙著（木村一九九二年）を参照していただくとして、前半の二行を現代語に訳すと次のようになろう。

田に籾《もみ》を播く時は四升の種子が必要。麦を播く時は九月ならば七升、一〇月ならば八升の種子がいる。藺草を栽培するのは一〇月ないし九月がよい。「コヘ」＝肥料は使用しない。麦に限って一・二両ばかり使用する。

播種の量の規定、播く時期の指定、肥料の使用の有無などが丁寧に指示されており、農書的メモに相応しい記載ではないだろうか。とくに、麦の場合は九月と一〇月で播種の量が異なるのは、気候による発芽率の違いを認識した結果であると考えられる。意外に緻密な農法が用いられていたことを想定させる記載である。

このようにまとまった農書的メモは他には発見していないが、上記のような的確な記載から判断すると、中世においてそれなりのメモが存在していた可能性は十分にあるように思う。今後の大きな課題であろう。

地目の研究　最後は土地台帳などに現れる地目の研究である。

私が「畠地二毛作」を発見する契機になったのは「夏畠」という地目の発見であった。この語句自体はすでに先学によって知られていたが、それを「畠」と関係させて理解することはなかった。それは畠と夏畠が別の史料に現れる例が多かったことによると思われる。しかし、その二つが同一史料に記載されていたのである。

それが永暦元年（一一六〇）の「弓削《ゆげ》荘田畠検注帳」（『平安遺文』三一一九号）で、そこには

合三十二町三段八十八歩の中
　田十二町七段三百十歩の内
　畠十九町五段百三十八歩の内
　夏畠十九町五段百三十八歩の内

などと記載されていた（煩雑になるので、必要な部分だけを摘記した）。

まず、弓削荘は田と畠と夏畠から構成されていたことがわかる。しかし、それら三つの地種の面積を合わせると五一町余となり、「合（合計）」に記された三二町余を大幅に超えてしまう。そこでもう一度検注帳の面積に注目すると、畠と夏畠の面積がまったく同じであることに気づく。それで田の面積にその一方の面積を加えると、「合」の面積とまったく一致する。ということは、畠と夏畠は同じ畠地を二度検注したことを意味しており、それだからこそ面積がまったく同じなのだ、ということがわかったのである。

改めて畠と夏畠の「地子（年貢）」を調べてみると、畠は油で夏畠は麦であった。当時、油は荏胡《えご》

麻《ま》から採っていたからこれは夏作物であり、麦は冬作物であるから、弓削荘においては、夏作＝荏胡麻、冬作＝麦、という畠地二毛作が行われていたことが確認できたのである。

また「栗林」と「桑畠」という地目の微妙な相違が古代の「林」の性格について考えるきっかけになった。これも拙著を参照願いたいが、栗は「栗林」と表記されることが多いのだが、売券などでは「栗林一町」と面積で表示されるのである。それに対して桑は「桑畠」と表記されながらも、ほとんどの場合「桑　二三本」などと本数で表示されるのである。すなわち、栗林＝面積、桑畠＝本数、この違いはなんなのか。これが論文執筆の最初の動機であった。

このような地目に焦点をあてて、中世成立期の開発の具体像を明らかにしたのが黒田日出男の「広義の開発史と「黒山」」である。「黒」色のシンボリズムを検討しながら、未開発地名としての「黒山」を確定し、それが開発の対象になっていく過程をみごとに解明している（黒田前掲書）。

このように、古代・中世の人々は、現在の私たちのように自然の景観をそのまま認識したわけではなく、自分たちの有用性を基準にネーミングすることが多かったと思われる。したがって、これらの地目の意味する内容を当時の人々の価値観にのっとって明らかにするとともに、その内容の変化などを追究することによって、当時の人々がなにに有用性を求めていたのか、またいつからどのような地目に有用性を認めるようになったのかを知ることができ、まさに人間と自然との葛藤の具体相を発見することができるように思う。

以上、これまでの成果をまとめなおしたに過ぎないが、中世史における畠作・雑穀研究の現状と生業論へ向けてのいくつかの論点を提起して、報告に代えたい。

〔参考文献〕

木村茂光『日本古代・中世畠作史の研究』校倉書房、一九九二年
同『ハタケと日本人』中央公論社新書、一九九六年
同『中世の民衆生活史』青木書店、二〇〇〇年
同編『雑穀─畑作農耕論の地平─』青木書店、二〇〇三年
同編『雑穀Ⅱ─粉食文化論の可能性─』青木書店、二〇〇六年
同「前近代日本の畠と水田」『歴史評論』第六二〇号、二〇〇一年

4　生業民俗研究のゆくえ

野本寛一

(1)　民俗学と生業

生業研究の系譜　民俗学における「生業」という語、その概念と適用範囲などについては、坪井（郷田）洋文の「民俗調査の歴史」（『日本民俗学大系　第十三巻日本民俗学の調査方法・文献目録・総索引』平凡社、一九六〇年）や湯川洋司の「生業の相互関連」（野本寛一・香月洋一郎編『講座日本の民俗学　第五巻生業の民俗』雄山閣、一九九七年）などに詳述されている。生業という語が機能し始めたのは渋沢敬三を中心としたアチック・ミューゼアムによる『民具蒐集調査要目』（一九三六年）からで、ここでは、「生業に関するもの」として、農業・山樵用具・狩猟用具・漁撈用具・紡織色染に関するもの・畜産用具・交易用具・其他、の八分野に分けられている。平凡社刊行の『日本民俗学大系』には第五巻として『生業と民俗』（一九五九年）が設けられ、その項目として、稲作・畑作・漁業・林業・現代民俗と林業・山菜ほか・鉱山業・狩猟・牧畜・養蚕・手工業―木地屋・大工・石屋・鍛冶屋・染色付藍―、交通・運搬―水上交通と民俗・商業、などが扱われている。また、吉川弘文館刊の『新版民俗調査ハンドブック』（初版一九七四年、新版一九八七年）の「民俗調査の方法と基礎知識」という章では「生産と技術」の標題のもとに、農業・漁業・狩猟・林業・諸職・交通、交易の項があげられ、「民俗調査質問文例集」には「生業」という標題があり、そこには農業・漁業・林業・狩猟・交通・交易の諸項が立てられている。この間、昭和二九年（一九五四）に行われた文化財保護法の改正で生業が重視されるようになり、諸職に対する関心も深まった。

柳田國男は「生業」という語を積極的に使うことはなかったが、生業的内容に無関心であったわけではない。『郷土生活の研究法』（刀江書院、一九三五年。のち『柳田國男全集　第八巻』筑摩書房、一九九八年）の「有形文化の資料取得方法」という標題の中で、自然採取・漁・林・狩・農・市と交易の項目を設けている。また、『日本農民史』（刀江書院、一九三一年。のち『柳田國男全集　第三巻』筑摩書房、一九九七年）の中では、農業という生業が仕事の斑《むら》をもたらすという本質に注目し、地主側の小作的小農確保と小農側の日雇いや季節労働による経済補充によって暮らしを立てるシステムがあったことに言及している。

交通・交易や諸職にも目は配られてはきたものの、民俗学がとりあげてきた生業の中心は第一次産業系だったことがわかる。日本民俗学会は、『日本民俗学』一〇〇号（一九七五年）以降、「日本民俗学の研究動向」という特集号を設けて、特徴的な研究や研究動向を概括してきたのであるが、その柱の一本として「生業」（二〇〇号のみ「生業の構成」）という項目を設定した。その中の細目を見ると、例えば同誌一二四号（一九七九年）で湯川洋司は農耕・漁業・狩猟・山の生業・諸職その他といった項目を立てている。同誌一四八号（一九八三年）で神野善治は、稲作・畑作・漁撈・養蚕・狩猟・諸職・染織、手工といった項を設け、同誌一六〇号（一九八五年）では田辺悟が、農耕・漁撈・狩猟・諸職・その他と分けている。いずれも、第一次産業系中心で、各生業分野別の個別研究を対象としている。

『日本民俗学』は二二七号（二〇〇一年）では「生業」という項目設定を廃し、「生業」を、「経済」の中に位置付け、「生業Ⅰ」として、農業・漁業・林業・狩猟・その他を扱い、「生業Ⅱ」として、商工業その他を扱っている。「生業」を「経済」の中に包括する形は同誌二三九号（二〇〇四年）でも踏襲されている。生業を「経済」の中に位置付ける考え方は、つとに和歌森太郎を編集主幹として編集された、朝倉書店の『日本民俗学講座』全五巻の中に見られる。その第一巻が『経済伝承』（一九七六年）であり、その章立ては「山と海に生きる人びと」「農地からの生産」「移動する職能集団」「生産をめぐる社会関係」「交易と交通」「日々の消費生活」となっており、斬新なものが見られた。

単一生業研究と生業複合論　さて、『日本民俗学』二二七号「生業Ⅰ」は、「複合生業論を超えて」というサブタイトルのもとに小島孝夫が詳細な叙述を行なっている（「生業Ⅰ（農業・漁業・林業・狩猟・その他）複合生業論を超えて」二〇〇一年）。中に注目すべき諸点がある。まず、生業概念の規定が次のようになされている。「生業とは生計を維持するために行われる生産活動のことで、職業や家業が指し示す所得形成を念頭においた活動よりも幅広く、現金収入に直接結びつかない活動でも日常生活を支える上で欠くことのできない活動をも含んでいる。また個人や家を単位とした労働行為をいう場合が多く、この点でも産業と区別されるものである」――。次いで、一九五四年の文化財保護法改正以降の生業調査の盛行、自治体史における生業調査資料の集積と問題点などが指摘されている。さらに、生業複合論とその問題点やマイナー・サブシステンスなどにも言及している。

民俗学が生業分野で主要な対象としてきた第一次産業系の、個々の単一生業に関する調査研究業績は多大なもので、小島が指摘する自治体史・地方史誌類、報告書類の資料を併せれば厖大なものになる。それでも単一生業のすべてが明らかになったわけでなく、精度の高い成果は近時においても陸続と加えられている。例えば川島秀一の『漁撈伝承』（法政大学出版局、二〇〇三年）、『カツオ漁』（法政大学出版局、二〇〇五年）、赤羽正春『鮭・鱒Ⅰ』『鮭・鱒Ⅱ』（法政大学出版局、二〇〇六年）、永澤正好『四万十川Ⅰ山行き』（法政大学出版局、二〇〇五年）、『四万十川Ⅱ川行き』（法政大学出版局、二〇〇六年）、今井敬潤『柿渋』（法政大学出版局、二〇〇三年）などがある。新しい動きとして次のものも目をひく。川野和昭の「竹の焼畑と水―栽培と跡地の再生と水―」（『季刊東北学』第二号、二〇〇五年）や田口洋美の「東アジアの中の日本の狩猟」（『季刊東北学』第一〇号、二〇〇七年）はアジア的視野の中で焼畑や狩猟の民俗をとらえようとしたものである。また、朝倉奈保子の「苧の道」（『会津学』第二号、二〇〇六年）は、カラムシの生産と流通に関する貴重な調査報告として注目される。

右のような特定の生業分野に関する生業技術や生業伝承に関する調査研究の意義の重さは当然のこ

とではあるが、別の視点からの生業研究がある。安室知は、「存在感なき生業研究のこれから―方法としての複合生業論」(『日本民俗学』一九〇、一九九二年)の中で次のように述べている。「稲作は歴史的展開過程の中で畑作や漁撈といった他生業を自分の理論の中に取り込む力をもっていたと考えられる。これを筆者は稲作による他生業の『内部化(稲作論理化)』と規定し、稲作の拡大展開の最大の原動力となったと考えている」――。ここには生業を複合的にとらえようとする複合生業論が提示されているのである。安室はこうした視点に立って『水田をめぐる民俗学的研究―日本稲作の展開と構造―』(慶友社、一九九八年)、『水田漁撈の研究―稲作と漁撈の複合生業論』(慶友社、二〇〇五年)といった独自な生業研究の成果をあげた。

筆者も、暮らしを成り立たせるためには単一の生業要素のみではそれは叶わず、さまざまな生業要素を複合させなければならなかった実態に注目し、そうした事実の報告を続けている。「生業複合論の意義と課題」という小主題を与えられているので、以下に事例報告をしながら「意義」と課題について考えてゆく。

(2)　生業複合とその周辺

生業複合の実際　生業の複合性、生業複合を強く意識したのは『庶民列伝・民俗の心をもとめて』(野本一九八〇年)にかかわった時だった。同書は、静岡県内の海・山・里の、主として明治生まれの生活者三一人のライフヒストリーをまとめたものであるが、そのあとがき「見返り坂にて」の中で次のように記している。「ひとりの人間はひとつの職業についているものだという観念が一般化しているのは〝半農半漁〟といった立場が特例的に受けとられていることでもわかる。ところが、職業の複合性、重層性や、転業の複雑さはまことにはなはだしいものがあるのだ。加藤正さんは、杜氏・茶師・農業、岩見功さんは、強力と臼職人、藤波義松さんは、砂糖繰り・海苔づくり・農業、青島弥平治さんは、葺師と農業という具合に、ほとんどの人が複合的、重層的に仕事をしており、ひとつの職業でおのれを象徴させることはとても無理なありさまである。職業、仕事の重層性は、地勢や風土の特徴を見きわめ、その季節的循環を巧みに生かすことによって可能となっていることが多い。別な角度から見れば、そのような複合的な仕事をこなすことによって初めて、おのれの生活を支えることができたとも言える。そして彼らが、かなりの修練を要する仕事や、厳しい労働を複合させ、やりこなすだけのエネルギーをもっていたのも事実だった」――。次いで、『焼畑民俗文化論』（野本一九八四年）にかかわり焼畑地帯の調査を行なった折、焼畑を営んだ人びとの多くが、狩猟・採集といった始原性の強い生業要素を焼畑農業と複合させ、暮らしを立てていたことに気づいたのだった。同書の中で「食の民俗化にみる文化複合」としてふれている。焼畑地帯の生業複合については別に「焼畑文化の形成」（野本一九八七年）、『山地母源論1・日向山峡のムラから』（野本二〇〇四年）などで事例を紹介している。以下、生業複合の具体例を示しながらその特色を考えてみたい。

表3は、静岡県浜松市引佐町三岳の安間文男さん（大正五年〈一九一六〉生まれ）が体験した生業複合の実態であり、昭和一〇年（一九三五）をめどとしている。引佐町三岳地区は、平地水田地帯と北遠江山地の中間にあたる、いわゆる中山間地、三岳山（四六六・八㍍）の裾のムラで、浜松市街地の後背地にあたる。昭和一〇年代前半の安間家の栽培作物の種類と作付面積の概略は以下の通りである。

稲作水田＝三反三畝、糯種《もちしゅ》＝二畝・粳種《うるちしゅ》＝三反一畝、藺草《いぐさ》田＝三畝、モロメ田＝三畝、白畠＝六反歩、白畠表作―粟＝三畝・黍＝一畝・モロコシ（高黍）＝一畝、甘藷＝二反歩・大豆＝二畝・小豆＝一畝・里芋＝一畝・生姜＝三畝・ヘチマ＝二畝・イチビ＝三畝・ソバ＝五畝・野菜＝三畝・コンニャク＝九畝、裏作―大麦＝三反歩・小麦、茶＝一反歩、楮《こうぞ》＝三畝、みかん＝二畝――。

じつに多くの作物を、耕地を細分しながら栽培していたことがわかる。ヘチマ・藺草・モロメ・イチビ・茶・楮・みかんなどは換金作物で、生姜は自家・換金両用である。これらを除いてみると、当時の安間家の食生活の様子も浮上してくる。当地では琉球藺《りゅうきゅうい》のことをイグサと呼び、備後藺のことを

10月	11月	12月
	↔収	
←収→		
	←蒔→	
	収→	
収→		
↔収		
→		
←収→		
↔収	←苗場へ株分→	
		↔移植
収→		
		←収→
	←収	→

表3　安間文男家の生業暦（昭和10年代前半、静岡県浜松市引佐町三岳）

生業要素 ＼ 月				1月	2月	3月	4月	5月	6月	7月	8月	9月
農業	穀類	1	アワ					蒔				収
		2	キビ					蒔				収
		3	モロコシ					蒔				収
		4	ダイズ				蒔				収	
		5	アズキ				蒔				収	
		6	ソバ								蒔	
		7	イネ					苗代	田植			
		8	ムギ						収			
	根栽類	9	サトイモ				植付					←
		10	サツマイモ			苗床			植付			←
		11	コンニャク			植付						
		12	ショウガ			植付						収
	換金作物	13	ヘチマ			蒔		移植		タナ作り		
		14	イグサ					移植				
		15	モロメ							収		
		16	イチビ						蒔			←
		17	茶				一番			二番	三番	
		18	コウゾ									
		19	みかん									

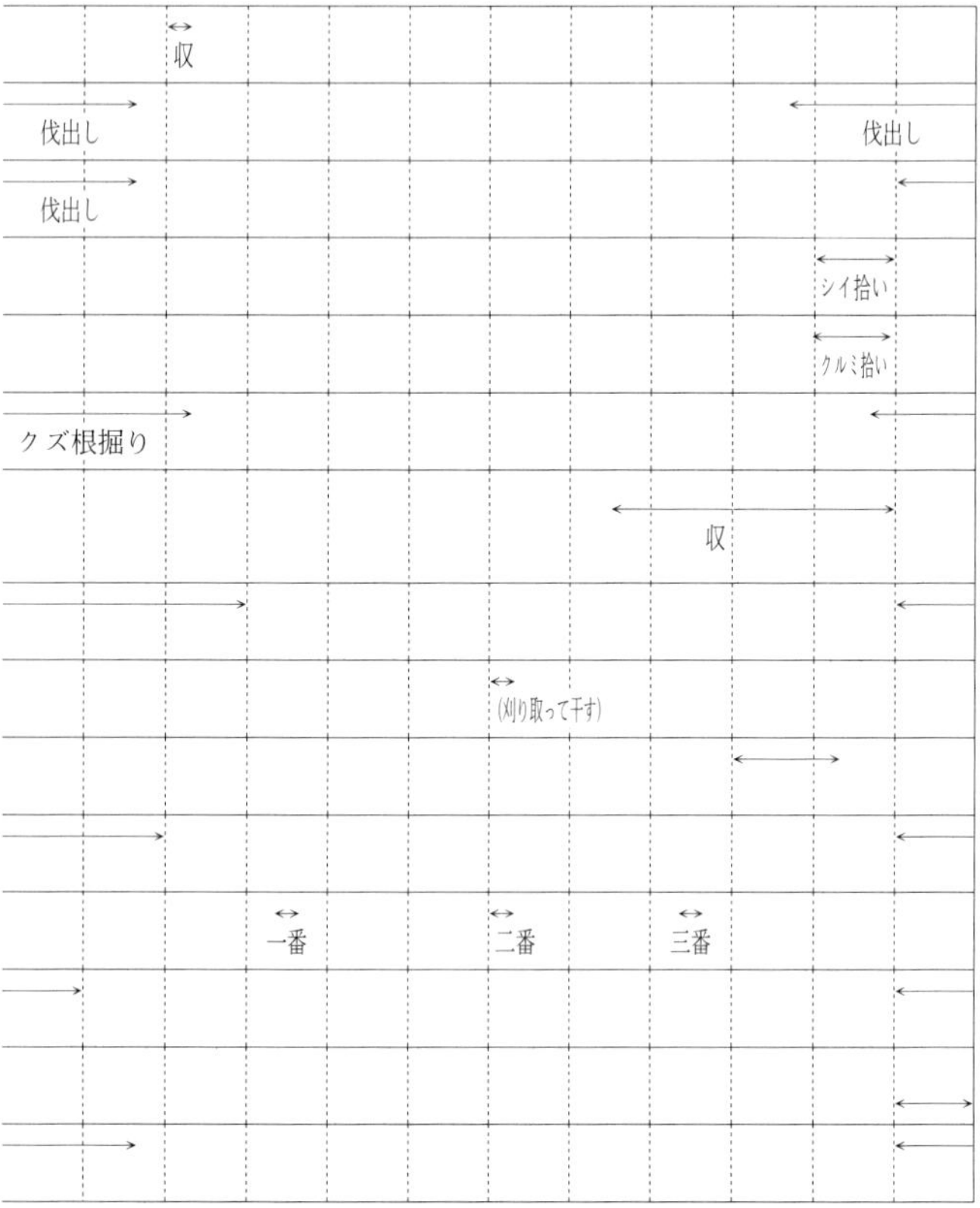
収
伏出し
伏出し
伏出し
シイ拾い
クルミ拾い
クズ根掘り
収
(刈り取って干す)
一番
二番
三番

（表3つづき）

採集	20	カヤ
	21	薪
	22	ガンピ
	23	シイの実
	24	クルミ
	25	クズ根
半栽培	26	クリ
加工調整	14′	イグサ織り
	15′	モロメ干し
	16′	イチビ調整
	10′	サツマイモキリボシ
	17′	茶モミ
	12′	ショウガアライ
	18′	コウゾ皮はぎ
	21′	ガンピ皮はぎ

モロメと呼ぶ。表3を見ると、採集にも力を入れていたことがわかる。採集物の中ではガンピと椎の実を換金した。椎の実にはツノジイ（スダジイ）とマルジイ（ツブラジイ）があり、マルジイの方が味もよく、採集量も多かったが売れるのはツノジイだった。一〇月末に仲買人が買付の予約にまわってきた。一二月、浜松の西の市《とり》に椎の実を荷車で運んで行って売ることもあった。一一月に入ると椎の実拾いを始め、月半ばまで拾った。箒で寄せて篩で通してから家に持ち帰り、水につけて虫喰いを除いた。二俵は換金用、三俵は自家用にした。食法は、「シイ飯」と称して飯に混ぜる方法と、粉化して砂糖を加え、湯がいて食べる方法とがあった。一俵は常時保存するよう心がけていた。

図4は昭和一〇年代前半の安間家の周辺に関してカイトバタケと水田などの位置関係と作物の概略を模式図としてまとめたものである。安間家の母屋は東南向きで、母屋の前、すなわち図中のB域が谷底の形となり、それに対してAとC・Dは三〇度ほどの傾斜を持つ。焚木山→セドガイト→母屋→野菜畑→生姜畑→里芋畑→イチビ畑→琉球藺田→備後藺田→稲田と二〇度ほどの傾斜で続いている。

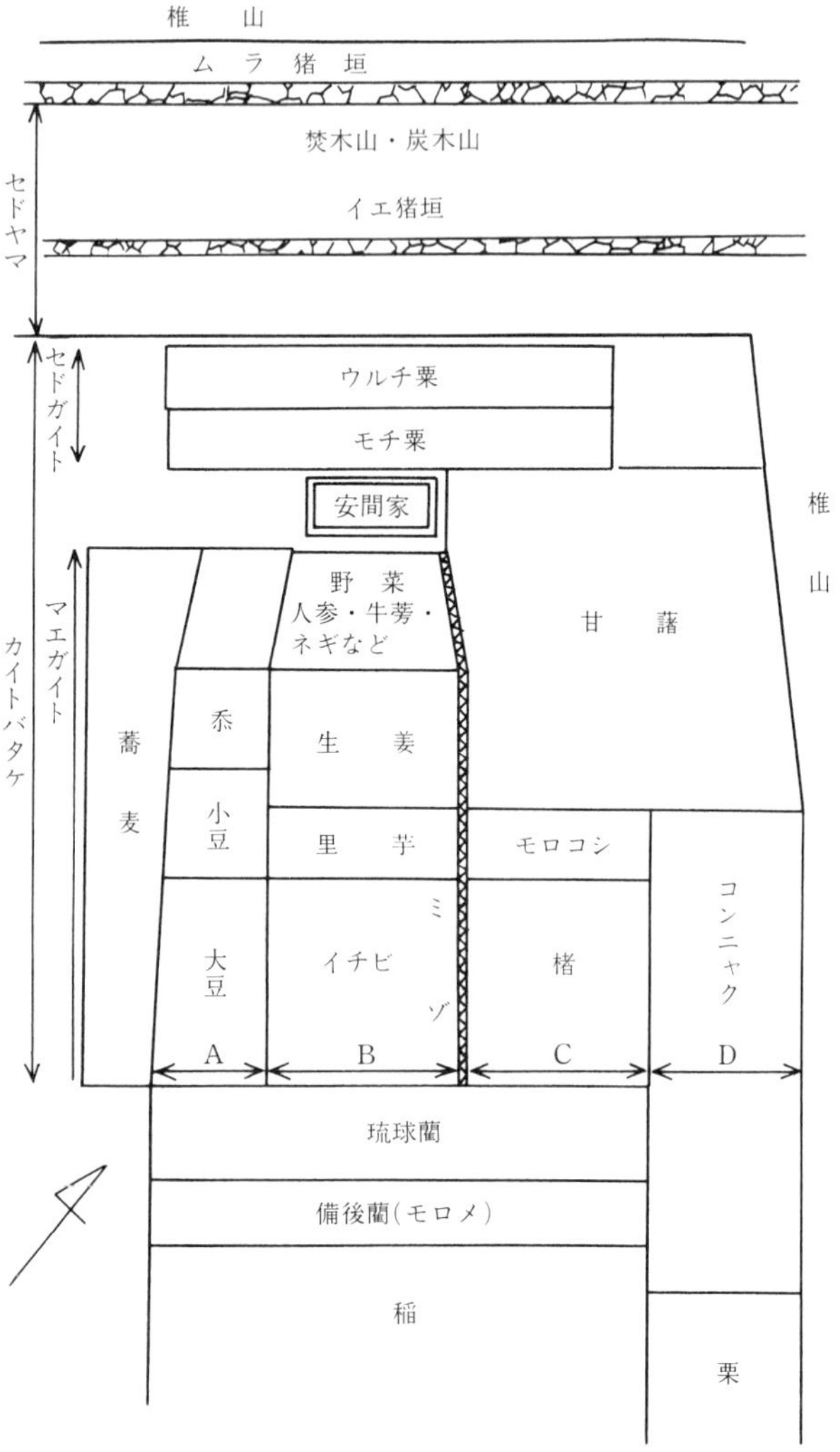

図4　安間文男家のカイトバタケ利用模式図（昭和10年代前半）

安間家は谷の詰まりの陽あたりの良いところに位置している。当地には耕地の特徴を示す語として「クユリ」と「シケヂ」がある。クユリとは乾燥地のことで、「畝をかくとホコリが立つようなところ」と規定する。クユリを好む作物の第一は粟で、粟の中でもモチ種よりもウルチ種の方が乾燥を好む。その他、ソバ・甘藷・胡麻などもクユリを好む。一方、シケヂは湿性耕地で、里芋・生姜・人参・大根などがよい。安間家が地形・地質を生かした作物栽培をしてきたことがわかる。安間家が多くの換金作物を栽培し、採集堅果の椎の実などを換金してきたことは、比較的浜松市々街地に近く、流通の便がよかったこととも深くかかわっている（野本一九九三年）。

表4・5は一連のもので、宮崎県西都市上揚の浜砂久義さん（大正八年〈一九一九〉生まれ）の生業複合と生業暦の表である。表は昭和一二年（一九三七）に焦点を合わせている。同地は日向山地の焼畑地帯に属し、この時点では焼畑が盛んに営まれていた。浜砂家の母屋のある位置は標高約四五〇メートルで、同家の生業空間概念図は図5の通りである。以下、表4・5、図5にそって同家の生業複合について述べる。同家の生業複合の構成要素は、大枠で農業・狩猟・渓流漁撈・採集からなっている。農業は、さらに、焼畑・定畑・水田稲作からなるが、自給作物以外に茶・椎茸・三椏《みつまた》などが換金作物として栽培された。焼畑も原生林伐採の原初の焼畑を行なっていた。茶は一斗罐四本が販売用、椎茸の出荷量は一五〇キロほどだった。狩猟・採集でも換金物があった。昭和一〇年前後で、クマタカの皮つきの羽が一羽分で二〇円、狸の毛皮が一枚二〇円で売れた。採集物ではカズネ（葛の根）の澱粉・ノ

8月	9月	10月	11月	12月
コバキリ	9/25	木オロシ キリツケ		
		ヒエ刈り		
		ヒエ刈り		
		ヒエ・アワ刈り		
			小豆収	
	カザコ収	10/14・15 ソヤノキ伐 原木伐採	11/15↔11/20 クヌギ伐 11/20↔11/30 シラカシ伐 11/30→ミズナラ伐	
			大根収	
		収穫		
焼・蒔付		収		
		収		
→				伐取
		サエヤマに準じる		
		収		
		収		
		収		
			蒔付	
			蒔付	
除草		稲刈		

リウツギなども出荷していた。猪・鹿・山鳥・兎などの狩猟の獲物や渓流で漁獲されるマダラ（ヤマメ）・イダ（ウグイ）・ウナギなどは海から遠く離れた当地の人びとにとっては貴重な蛋白源だった。栗の実の採集料は一〇俵あったという。根茎類からの澱粉採取も盛んで、葛根・蕨根・コベ（キカラスウリ）などから採っている。狩猟・渓流漁撈・採集といった始原的生業がきわめてさかんであり、それらが食料確保の上で重要な役目を果たしていたことがわかる。浜砂さんは戦時中、司罐特技兵として戦艦榛名に乗船し、ミッドウェー海戦に参戦したことがあった。その浜砂さんが、表4・5のような生業体験をしているのである。自給作物栽培を初め、換金作物栽培、始原的な生業要素を組み合わせた生業複合はこの時代、一つのクライマックスを迎え、以後は次第に単純化していった。

表6は長野県下水内郡栄村和山の山田重数さん（大正二年〈一九一三〉生まれ）が昭和一〇年前後に

表4　浜砂久義家の生業暦〔1〕（昭和12年、宮崎県西都市上揚）

		耕地		輪作・作物	1月	2月	3月	4月	5月	6月	7月
農業	焼畑（この表には非焼畑のシイタケを含む）	サエヤマ	オリハギ	翌年ニイコバ準備							
			アオザサA	ニイコバ				↔火入れ ↔キヤキ	↔ヒエ蒔き		↔草とり
			アオザサB	キャーギャーシ					↔ヒエ蒔き		
			アオザサD	コナ					↔ヒエ・アワ蒔き		
			アオザサC	ナツウチ							↔小豆蒔き
			オリハギ	（シイタケ）		2/20↔3/20 鉈目入れ ↔カンコ収		↔		ハルコ収	
		コーマ		大根コバ1年次・大根						↔7/7 伐・焼・蒔	
				大根コバ2年次・サトイモ				↔植付			
				大根コバ3年・4年次・茶					↔茶摘・茶揉		
				ソバコバ1年次							↔伐
				ソバコバ2年次・サトイモ				↔植付			
				ソバコバ3年4年次・茶					↔茶摘・茶揉		
				茶					↔茶摘・茶揉		
				ミツマタコバ	→	伐取	→	↔種蒔		↔移植	←精製
				（シイタケ）							
	定畑	ソノ		トウモロコシ					↔蒔付		
				大豆					↔蒔付		
				甘藷			↔苗床		つるさし	↔	
				ハダカ麦					↔20-25 収		
				小麦					↔25-31 収		
	水田稲作			稲					↔田植・準備	↔田植	↔除草

体験した生業複合の実際である。同地は秋山郷として知られる奥深い山村である。生業複合の構成要素は、焼畑・稲作を行う農業、始原性の強い狩猟・渓流漁撈（マスを含む）・採集、それに、栃の木を素材としたコネ鉢の製造販売、ダム工事馬方、国有林木出しなどの賃金労務などで、じつに多岐に及んでいることがわかる（野本一九九六年）。

右に、静岡県・宮崎県・長野県の事例によって生業複合の実際を眺めてきた。これらを見ると、暮らしを立て、生計を維持するためにはいかに多くの生業要素を複合させなければならなかったかが浮上してくるのである。単一生業研究の中からは見えてこなかった生業のディテールや総体が浮上してくるのである。生業・生活の総体を生動的に把握することのできるのが生業複合論の大きな意義である。どの事例を見ても、生業環境・社会環境・時代の要請などとのからみの中で生業複合が展開されていることがわかる。

浜松市引佐町の例にヘチマの栽培が見られたが、栽培種にはダルマ・ツルクビの二種があり、精製

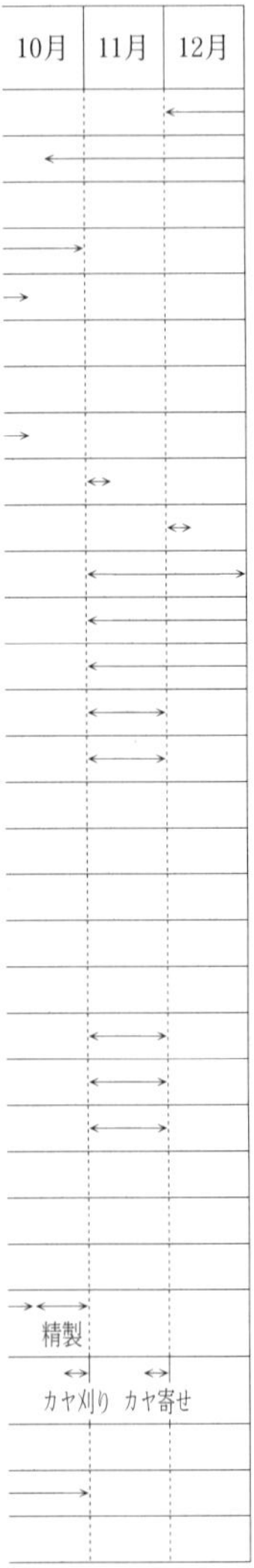

表 5　浜砂久義家の生業暦〔2〕（同前）

			月／生業要素	1月	2月	3月	4月	5月	6月	7月	8月	9月
狩猟	マブシ猟		猪鹿猟	―	―	→3/15						
	ワナ猟		鳩・山鳥・兎(猪)	―	―	→						
	笛猟		雉子・キジブエ					←→				
			笛鹿猟									←
淡水・渓流漁撈			マダラ				←	―	―	―	―	―
			ウナギ					←	―	―	→	
			イダ					←	―	―	―	→
採集	食料	堅果類	クリ									←
			シイ									
			ハトガシ									
			茶の実									
		根茎類	カズ根	―	―	→						
			ワラビ根	―	―	→						
			ヤマイモ									
			コベ									
			スミラ							←	→	
		山菜類	ワラビ			←	→					
			ゼンマイ					←	→			
			ウド				←	→				
			葉ワサビ				←→					
	生活・生業素材	蔓類	ツヅラカズラ									
			カネカズラ									
			フジカズラ									
		樹皮類	カバ皮								←→	
			ツガ皮								←→	
			桜皮								←→	
			ノリウツギ								←→ 伐	← 水つけ
		草本類	カヤ(薄)									
			スゲ								←→	
			牛餌草					←	―	―	―	―
		木	焚木	←	―	→						

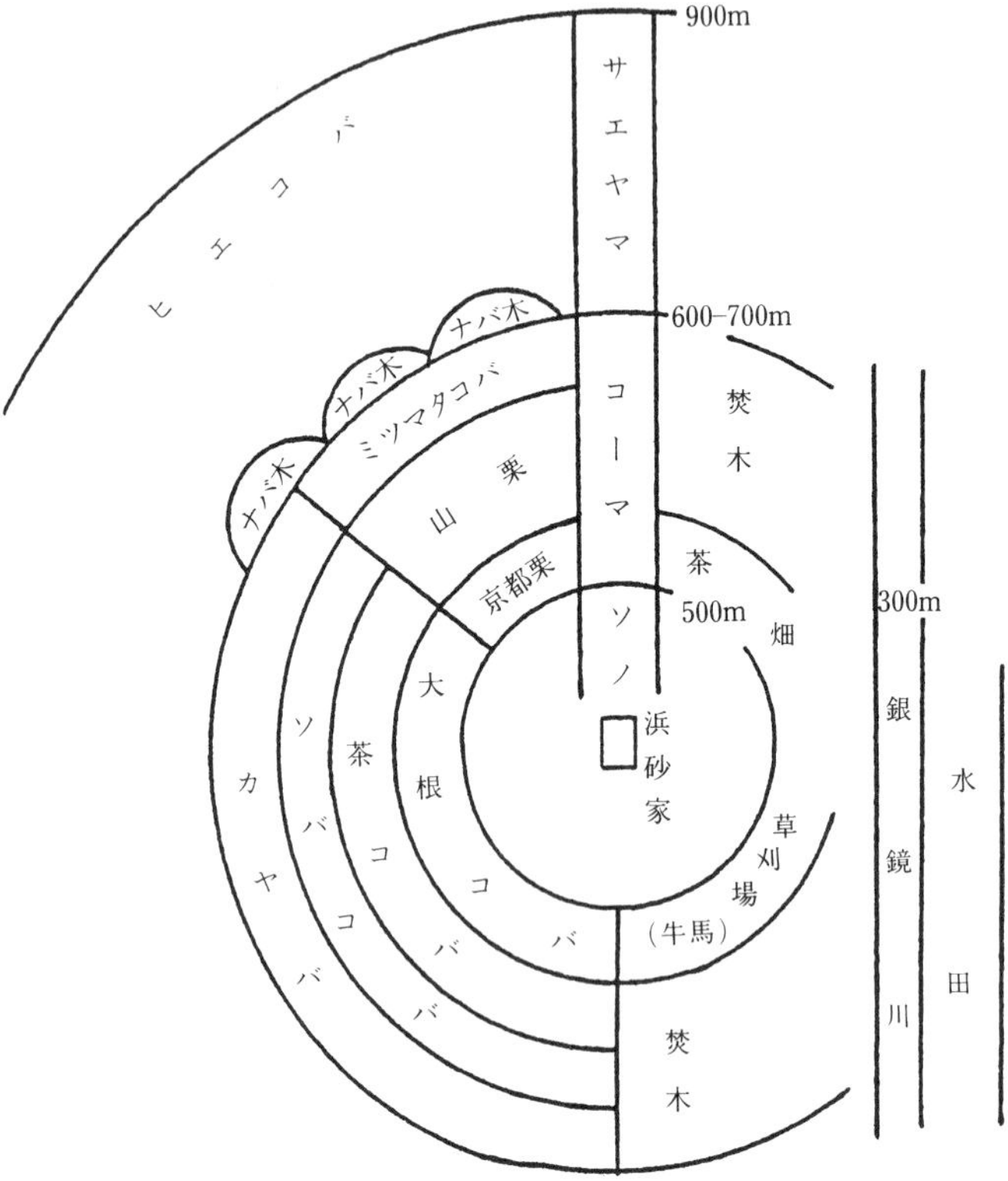

図5　浜砂久義家の生業空間概念図（昭和12年）

したものは油の濾化用として輸出されたり、靴の中敷として軍用にも需要があった。今は昔の話である。藺草は畳全盛の時代で需要が多かった。現在ならば中国産に押されて、このような小規模な栽培は成り立たない。椎の実の恵みは照葉樹林帯ならではの環境連動である。引佐町で換金物がとりわけ多種に及んでいるのは、リスク分散という側面もあるが、消費地・中継地としての浜松との距離の近さがあったことを忘れてはならない。

宮崎県西都市上揚でも正しい環境認識のもとに生業複合を展開している。図5の中に、サエ・コーマ・ソノという区分があるが、ソノは屋敷周辺定畑・野菜畑・果樹栽培地を指す。日向山地の神楽セリ唄の中に、〽サエは雪　コーマは霰　里は雨　何とて雲にへだてあるろか――というのがある。ここにはこの地方の人びとの環境認識がある。浜砂さんの例でいえば、サエは原生林の焼畑を行うような山で主として主食の稗の大量収穫を狙うところであり、猪や鹿の狩猟の猟場でもあった。コーマはソノ＝里に近い山で、換金作物や、運搬時に重量のある大根などを栽培する場にしていたことがわかる。

秋山郷の場合も、各生業要素は環境や環境変化と連動した。ダム建設は、賃金労務をもたらした代りに、長い間山びとに対する大きな恵みとなっていたサクラマスの溯上を阻むことになった。コネバチの素材となる栃の木は、食料としての栃の実を恵んでくれる大切な木でもあった。そこで、ムラ近くの栃の木を伐ることを禁じ、男たちは、ムラから遠く離れた山中の栃の木を伐ってコネ鉢の素材にしたのであった。コネ鉢は善光寺の縁日で販売することもあった。

右に見た事例にあった多くの生業要素は時を追うごとに諸要素を欠落させてゆき、すべて単純化・平準化の道をたどった。とりわけ、高度経済成長期にその動きは加速し徹底した。稲作に焦点をあててみても、安室の注目した水田漁撈は消え、畦豆も減り、大麦・小麦・菜種などの裏作も消えた。表7は、静岡県沼津市桃里の鈴木善一郎さん（明治四五年〈一九一二〉生まれ）の体験した生業変化である。畑作と漁撈の複合が、次第にその諸要素を欠落させ、単純化してゆく有様がよくわかる。この流れは全国的なものだと見てよかろう。

生業要素の連鎖　「生業複合」の実態を見つめてゆくと、生業にかかわるさまざまな民俗事象が見えてくる。その一つとして、生業複合の構成要素、個々の生業要素の相互連関が連鎖的に見えてくることが指摘できる。その事例を二、三あげてみよう。長野県の佐久地方や伊那谷では水田養鯉が盛んだった。コイノコの餌は米糠だが、当歳ゴイを一〇〇匹一束単位で田植後の水田に入れ、稲刈り前の

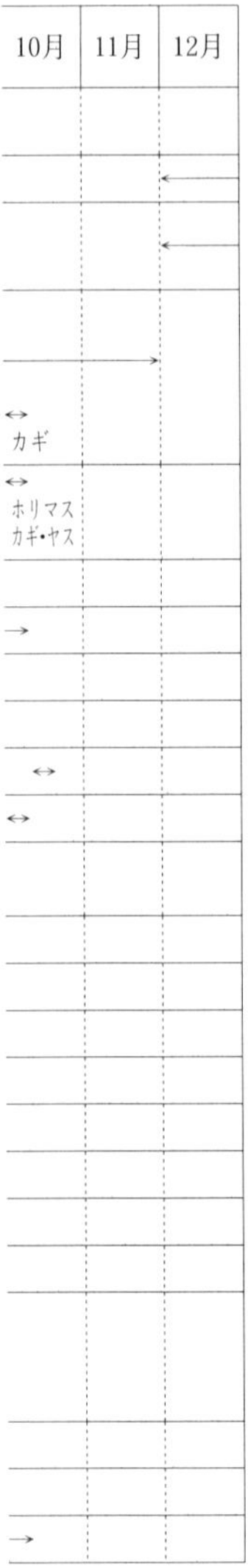

表6　山田重数家の生業暦（昭和10年前後、長野県下水内郡栄村和山）

			月 / 生業要素	1月	2月	3月	4月	5月	6月	7月	8月	9月
狩猟			クマ	←――	――穴熊――	――→	4/10←――出熊	―→5/5				
狩猟			カモシカ	――――	――→							
狩猟			ムササビ・ウサギほか	――――	――――	→						
渓流漁撈			ヤマメ・イワナ				←――投	――――	――網――	――――	――――	――→
								←―――	釣り	――（毛	針）――	――――
								←―→ 釣り（ミミズ・カゲロウ幼虫）				
渓流漁撈			（マス）						←―→ ハルマス マスカゴ	←――― ナツマス	トアミ ―→	
採集採取	食用採集	木の実	トチ									彼岸↔
採集採取	食用採集	木の実	ブナ									←
採集採取	食用採集	木の実	山ブドウ									210日
採集採取	食用採集	木の実	ナラシグミ						↔			
採集採取	食用採集	木の実	秋グミ									
採集採取	食用採集	木の実	ハシバミ									
採集採取	食用採集	根茎	サイカブ					↔				
採集採取	食用採集	山菜	フキのトウ				↔					
採集採取	食用採集	山菜	コゴミ				←→					
採集採取	食用採集	山菜	ウド					↔				
採集採取	食用採集	山菜	ワラビ					←―	――→			
採集採取	食用採集	山菜	ゼンマイ						←→			
採集採取	食用採集	山菜	フキ						←―	――→		
採集採取	食用採集	山菜	ミズ						←―	――――	→	
採集採取	食用採集	山菜	根曲筍					←―	――――	――→		
採集採取	食用採集		キクラゲ・クリタケ・ムラサキシメジ								←――	―→
採集採取	食用採集		ブナタケ									↔
採集採取	食用採集		マエタケ									↔
採集採取	食用採集		ネズミタケ								←――	――――

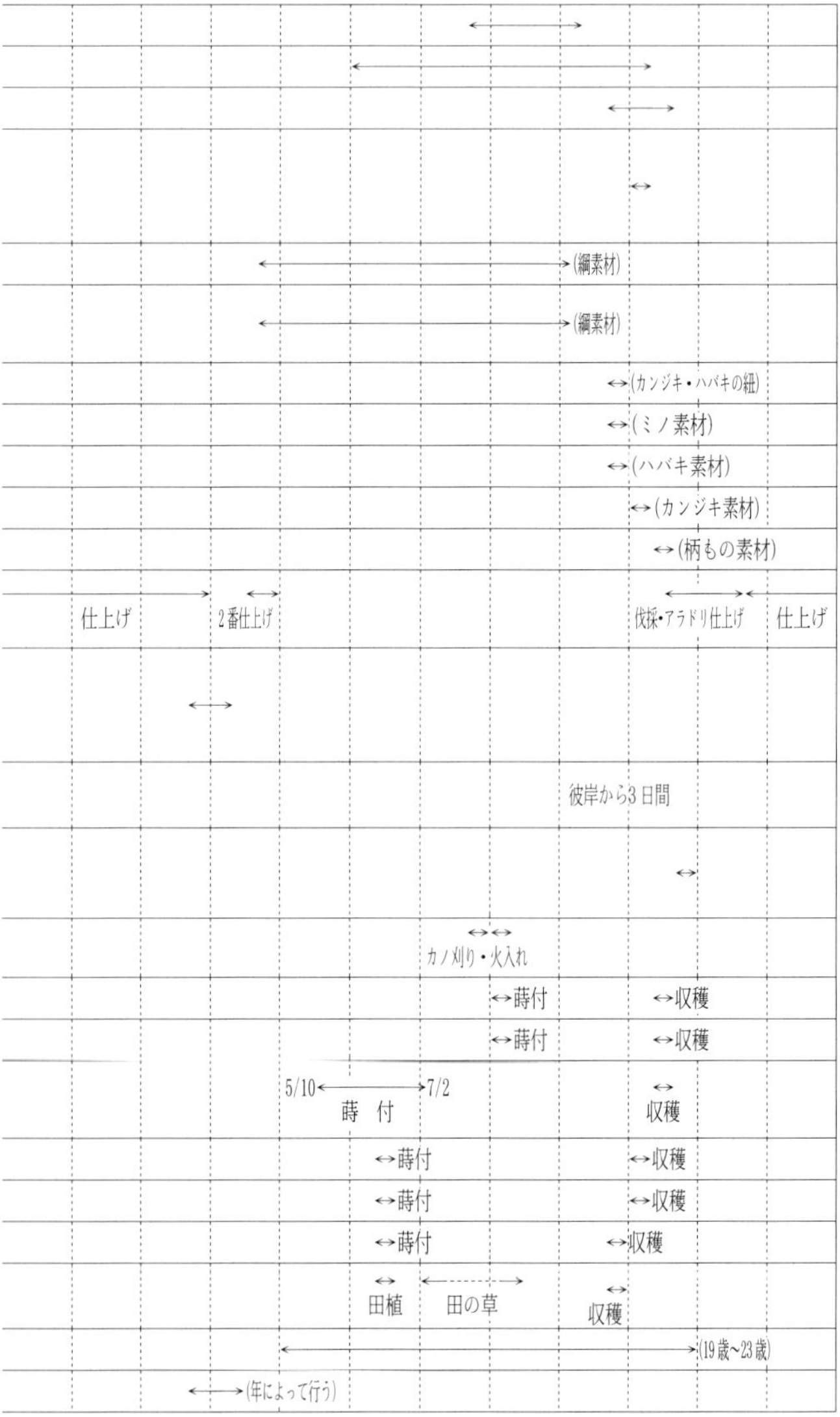
(綱素材)
(綱素材)
(カンジキ・ハバキの紐)
(ミノ素材)
(ハバキ素材)
(カンジキ素材)
(柄もの素材)
仕上げ
2番仕上げ
伐採・アラドリ仕上げ
仕上げ
彼岸から3日間
カノ刈り・火入れ
蒔付
収穫
蒔付
収穫
5/10
7/2
蒔　付
収穫
蒔付
収穫
蒔付
収穫
蒔付
収穫
田植
田の草
収穫
(19歳~23歳)
(年によって行う)

（表6つづき）

	キノコ	キクラゲ
		ワカギ
		ナメコ
		カタハ
		ブナハリタケ
		モトアシ
加工素材採取	樹皮	シナ皮
		ウリハタカ
		エデ皮
	草木	イラクサ
		ヒロノ
		ガマ
	樹木	クロモジ
		イタヤカエデ
		トチ（木鉢製造）
燃料	樹木	ブナ・ナラ・イタヤカエデ（ハルキ）
飼料		フジ（葉）
屋根材	草本	ススキ（カヤ）
農業	カノ（焼畑）	準備
		ソバ
		カブ
		アワ・ヒエ・キビ
		大豆
		小豆
		エゴマ
	水田	稲
賃金労務	ダム工事馬方	
	国有林木出し	

水落とし前までは蚕の蛹《さなぎ》の粉と大豆の粉を混ぜて与える。二年ゴイには丸蛹、三年ゴイには丸蛹と麦を煮たものを与えた。鯉を水田に入れて飼うことについて、佐久市桜井では「米魚両善」といわれていた。鯉を水田に入れると次の利点があるといわれていた。

① 鯉の糞が稲の肥料となり、土質もかわる。

② 鯉が田の水をかきまわすので水温があがり稲のために良い。

③ 鯉が稲の害虫を食べるので稲のために良い。

ここには、稲作と養鯉と養蚕という生業要素の連鎖があり、リンクがある。この連鎖は、初め、一軒の農家の中で自己完結的に行われていたのであるが、やがてその連鎖は拡大した。戦前、桜井の農家の鯉の年間出荷量は一〇〇貫～二〇〇貫あり、最大は五〇〇貫だったという。五、六〇貫の鯉を出荷するためには約一〇〇貫目の蛹が必要だったという。そうなると、イエの中での自己完結的な連鎖ではまかなえない。桜井は二二〇戸で二八〇の養鯉池があり、蛹は群馬県の下仁田・富岡、長野県の

表7　鈴木善一郎家の畑作・漁撈変遷（静岡県沼津市桃里）

年代	ウミ	ハマ	ガーラ	シタミチ	タジマ
明治20年～大正元年	エビ・サクラ	イワシ（イワシ網）、マグロ（大網）、イナダ（イナダ網）、シラス（タフ網）、カワハギ・ホウボウ・タイなど（小網）	桃	栗・黍 甘藷・麦	里芋 麦
大正元年～昭和元年		イワシ（イワシ網）、マグロ（大網）、イナダ（イナダ網）、シラス（タフ網）、カワハギ・ホウボウ・タイなど（小網）	桃 ──▶ 桑	陸稲 甘藷・麦 ┊ 桑	桑 ┊ 里芋 麦
昭和元年～昭和10年		マグロ（大網）、イナダ（イナダ網）、シラス（タフ網）、カワハギ・ホウボウ・タイなど（小網）	桃 ┊ 桑 ┊ 蔬菜	陸稲 甘藷・麦 ┊ 桑	桑 ┊ 里芋 麦
昭和10年～昭和16年		マグロ（大網）、イナダ（イナダ網）、シラス（タフ網）、カワハギ・ホウボウ・タイなど（小網）	桑（～昭和15年）／ブドウ（昭和15年～）┊ 蔬菜	陸稲 甘藷・麦 ┊ 桑（～昭和15年）	桑（～昭和15年）┊ 里芋 麦
昭和16年～昭和20年		マグロ（大網）、イナダ（イナダ網）、シラス（タフ網）、カワハギ・ホウボウ・タイなど（小網）	ブドウ ┊ 甘藷・麦	陸稲 甘藷・麦	里芋 麦
昭和20年～昭和25年		マグロ（大網）、イナダ（イナダ網）、シラス（タフ網）、カワハギ・ホウボウ・タイなど（小網）	ブドウ ┊ 甘藷・麦	陸稲 甘藷・麦 蔬菜	里芋 麦
昭和25年～昭和40年		マグロ（大網）、イナダ（イナダ網）、シラス（タフ網）、カワハギ・ホウボウ・タイなど（小網）	ブドウ ┊ 丸桃 ┊ 生姜モヤシ	蔬菜	里芋 麦
昭和40年～昭和45年		マグロ（大網）、イナダ（イナダ網）、シラス（タフ網）、カワハギ・ホウボウ・タイなど（小網）	ブドウ ┊ 菊 ┊ 生姜モヤシ	蔬菜	東洋パイル 工場用地
昭和45年～昭和55年		イナダ（イナダ網）、シラス（タフ網）、カワハギ・ホウボウ・タイなど（小網）	ブドウ ┊ 菊	高橋紙業 工場用地	東洋パイル 工場用地
昭和55年～昭和60年		シラス（タフ網）、カワハギ・ホウボウ・タイなど（小網）	自家用野菜	高橋紙業 工場用地	東洋パイル 工場用地
昭和60年～		シラス（タフ網）、カワハギ・ホウボウ・タイなど（小網）（点線）	栗・梅・桃 自家用野菜	高橋紙業 工場用地	東洋パイル 工場用地

諏訪・丸子・須坂などの製糸工場から佐久の桜井に集った。養蚕と養鯉の連鎖、その鎖は太くなり、広域に展開されたのだった。

静岡県榛原郡川根本町は茶の生産地として知られる。製茶に焙炉《ほいろ》を使っていた時代、焙炉には、和紙が用いられ、燃料としての炭も必要になった。同町崎平の堀井惣一さん（明治四四年〈一九一一〉生まれ）は、畑作・製茶・紙漉き・製炭といった生業要素を複合させ、自分で栽培した茶の葉を摘み、それを、自分で漉いた和紙を貼った焙炉を使い、自分で焼いた炭を使って揉みあげたのだった。ここでも、生業複合は生業要素の連鎖・リンクを生んでいたのだった。同地では、茶栽培・製茶と並んで椎茸栽培が盛んだった。製茶にも椎茸栽培にも炭が必要だったので、自家で製炭を行う家が多かったが、焙炉用の和紙までは及ばず、和紙は購入する家が多かった。堀井さんはそうした家々の需要に応え大量の和紙を漉き、供給する紙屋へと特化してゆき、地域の中での生業連鎖を支える立場になっていった。

長野県飯田市三穂地区では、戦前まで木曾系馬を飼っている家が多かった。木曾系馬の飼育目的は、水田の馬耕・代掻き、農産物・刈敷などの駄送、仔とり、厩肥・堆肥の獲得などだった。当地は稲作に加え、養蚕・果樹栽培などを複合させていた。家畜としては木曾系馬のほかに、兎・緬羊《めんよう》（ヒツジ）なども飼っていた。養蚕の規模が大きければ大きい程、蚕糞《こくそ》や桑の葉の喰い残しがたくさん出た。その蚕糞や残桑は馬・緬羊・兎などに与えられた。のみならず、晩秋蚕が終えても桑畑に残り、やがて落葉するしかない桑の葉を摘んで乾燥保存し、冬季に馬・緬羊・兎などに与えていたのだという。ここには、畜産と養蚕の複合が見られ、連鎖が見られる。馬の餌には藁も用いられ、敷床にも干し草や藁が用いられた。蚕糞や残桑・藁を食べた馬は敷き床の草や藁と糞尿で厩肥・堆肥をもたらし、それがまた田畑や桑畑に入る。ここには連鎖どころか循環があり、循環型農業が展開されていたのであった。

福島県大沼郡三島町は会津桐の産地として知られている。同地では屋敷の周囲や定畑の隅、時には一部の定畑に桐の木を栽培した。もとより桐栽培は、稲作・畑作・焼畑などと生業複合をなし、現金収入を得ることのできる重要な生業要素だった。冬の積雪期、桐の木は鼠や兎の食害をこうむり、桐の商品価値を下落させられることがあった。同町大石田の秦正信さん（昭和一九年〈一九四四〉生まれ）は猟師で、桐に害を与える兎を駆除するための、共同狩猟について次のように語る。兎の共同狩猟はムラ狩であり、巻狩だった。村落単位で各々から一人ずつ出た。銃が足りない場合は他村落の猟師に加勢を求め、銃を持たない者はセコになって追いたてた。ひと冬七回から一〇回ほど行い、巻狩が終ると定められた宿で、兎を鍋にして宴を開いた。巻狩は昭和末年まで続いた。ここには、桐栽培と狩猟の連鎖が見られる。

生業複合論の負う問題点　「生業」を「複合」という視点でとらえ直すことによって見えてくるものはじつに多い。安室が前掲書（『水田をめぐる民俗学的研究』『水田漁撈の研究』）で追究し続けた水田稲作における他生業要素の内部化という複合生業論は、文化論にまでつながっている。筆者の報告した生業複合の事例によっても、単一生業論や、単一生業技術論では見えない世界をかいま見ることができたはずである。しかし、生業複合論にも問題があり、課題がある。

その第一は計量化の問題である。生業要素を生計維持の営為としてとらえる場合、各生業要素の規模、収穫量・捕獲量・漁獲量・採集量などが必要となるが、これについては聞きとり調査や短期間の参与観察のみでは正確な資料を得ることができない。克明で継続的な業務日誌・業務記録でもなければ叶うものではない。例えば、高橋寛治は、長野県飯田市上久堅堂平の福島一成さん（明治四二年〈一九〇九〉生まれ）が五〇年間にわたって書き記した農業日記の分析を始めている（「昭和三十年の福島一成さん農作業日記」『上久堅の民俗』飯田市美術博物館・柳田國男記念伊那民俗学研究所、二〇〇六年）。稲作・養蚕・果樹栽培・縄綯《なわな》い・ムシロ織り・畜産などの生業複合と家族の業務分担・生業暦などの一部は詳細に報告されてはいるが、計量的分析はこれからである。また小島孝夫は前掲論文の中で次の例を紹介している（前掲「生業I（農業・漁業・林業・狩猟・その他）複合生業論を超えて」）。「ある海女の例であるが、彼女が漁を本格的に開始した年から海女小屋から離脱して恒常的な採集活動をやめた年までの三七年間にわたる漁獲量と漁獲額の分析を行ったところ、生涯の日平均漁獲額が二万二六九四円であり、日平均漁獲額が五万円を超えるようになったのは六十歳から六十六歳までの間であったことが明らかになった。そして、彼女の三十七年間の総漁獲額は実に約七千八百五五万円であった」

――このように計量化が可能になる資料はどこにでもあるわけではない。まして、複合的な資料は稀少であるのだが、探索の努力を続けなければならない。赤羽正春は「生存のミニマム」という視点を導入して研究を進めているが（前掲『鮭・鱒Ⅰ・Ⅱ』）、そうした研究の進展にも期待したい。京都帝国大学農林経済学教室が昭和二年から八年（一九二七～三三）にかけて近畿地方の農家を対象にして実践した「農家経済調査簿」がＤＶＤ化された（京都帝国大学農林経済学教室調査・作成『農家経済調査簿』一九二七～一九三三年、解説野田公夫・水田隆太郎、不二出版ＤＶＤ版、二〇〇六年）。こうした貴重な資料こそ生業複合の計量的理解に大きな力を発揮してくれることであろう。

次に、生業要素の単純化・平準化の問題がある。先に、表7を示しながら生業要素を次第に欠落させ、単純化の道をたどった例を紹介した。このことは、生業要素、時には職の消滅をも意味している。定住した木地屋《きじや》は農業・採集・狩猟などと木地の仕事とを複合させてきたのだが、プラスチック椀の量産、ブライダル産業の盛行、葬儀社葬儀の一般化などで、膳椀の需要が急激に減少し、生業複合の柱となっていた伝統的な木地屋の仕事を棄てざるを得なくなった（野本一九九九年）。生業要素の欠落は伝承の消滅につながっており、ふくらみのある生業世界が民俗学の視野から消えることを意味している。

第三に、「兼業農家」の問題がある。これは、生業要素の単純化とも深くかかわる問題である。平成一六年（二〇〇四）の兼業農家比率は全国平均で七九・六パーセント、最も高いのが福井県で九三・五パーセントに及ぶ。グループ営農者への委託なども漸増している。兼業の中心に給与所得があることはまぎれもない。右の数値を見る時、第一次産業を中心に据えてきた、従来の民俗学における生業観は大きく揺振られることになる。兼業の周辺、都市部には厖大な数のサラリーマンがいる。給与によって生計を立てており、ここに、「民」「生業」の概念が問い直されるのである。民俗学が、今に生きる生活者とかかわる学問である以上、ここを避けて通ることはできない。

右の諸点に留意する時、生業複合論を精度の高いものにしてゆくためには近現代史や経済変動に対する理解を深めなければならないのは当然である。

新時代の生業複合　さて、生業複合という生業形態が内包する最も重い意義は、生業複合の民俗の中に衰微した地域の活力を再生させ、閉塞する都市生活者の窓を開き、活性化させるヒントがあるということではなかろうか。

福島県大沼郡三島町大石田の秦正信さん（昭和一九年〈一九四四〉生まれ）は、稲作・狩猟以外の換金系生業要素を次のように転換させてきたという。

ⓐ昭和三三年～四三年（一九五八～六八）＝タバコ栽培→ⓑ昭和四四年～五四年（一九六九～七九）＝蒟蒻栽培→ⓒ昭和五五年～平成一三年（一九八〇～二〇〇一）＝畜産（肉牛）→ⓓ平成一四年（二〇〇二）～現在＝カスミ草栽培。

めまぐるしい生業転換であるが、こうした生業転換は高度経済成長期からそれ以降にかけては決して特殊なものではなかった。このような生業転換は、いわば「輪切型」であり、「積木型」だといえそうである。こうした転換では、畜舎への投資も畜産技術も次の生業には生かされない。これに対して、先に事例として紹介してきた生業複合は、「打《う》ち簓《ざさら》型」であり、根が一つに収束され、縦に筋が通るのだから伝承知・体験知が生かされてきて、それが集積される。

三島町は会津桐の主要産地である。桐の需要は昭和一〇年前後に頂点に達したものの、和服の衰退、桐下駄の衰退、琴の需要減で、桐栽培は衰退した。クローゼットの普及、居住空間に突出する簞笥を避ける傾向は桐の需要減に追いうちをかけた。しかし、桐材の調湿性や木目の美観、その軽量性などに注目すれば、マンションやコンクリート住宅などの内装材、クローゼットの内装材、工芸品など多様な新時代の需要を創出できるはずである。会津桐は、ソバやカスミ草とともに打ち簓型の生業複合要素として復活するはずである。会津桐は焼畑跡地を最高の栽培地とした。灰が有効だったのである。三島町では、同町西方の五十嵐久さん（昭和九年〈一九三四〉生まれ）を中心に、三島町カノヤキ組を結成して、平成一九年（二〇〇七）、カノ（焼畑）桐を復活させる。もとよりカノソバも栽培されるはずである。

奈良県五條市白銀地区は旧西吉野村に属していた。広大で奥深い吉野山地の西の入口にあたる、いわゆる中山間地である。景観を特色付けているのは柿と梅の果樹園だ。五條市の旧西吉野地区では、昭和四九年（一九七四）から国のパイロット事業が始まり、緩傾斜地四三〇㌶の果樹園が造成された。

果樹の中心は柿で、中でも昭和五五年（一九八〇）に登録された奈良県産の「刀根《とね》早生」が主流で、そのハウス栽培も手がけられている。大正八年（一九一九）旧西吉野村に富有柿が導入されたのであるが、それ以前にも土着の渋柿を吊し柿にして商品化するなど、当地には柿の民俗土壌があった。また、当地には儀礼用柑橘である金柑子、菓子代りに食べたドロ柑子を栽培し、大阪方面に出荷する慣行があり、これを土壌として温州みかん栽培を導入したのだが、これはやや寒冷的な環境に適応しきれずに衰退している。さらに、高市郡高取町や吉野郡下市町の薬種製造業の後背地として、ボタン・シャクヤク・バイモなどの栽培伝統もあった。稲作・畑作は現在まで続いているのであるが、プロパンガスの普及以前、自家の燃料はもとより、五條のマチの人びとに薪・燃料柴を売るという「柴山」があった。これも生業複合の一要素だった。白銀地区では、生業複合と土着的な生業要素を生かしてそれを現代的に展開しているのである。

白銀小字湯川の泉谷幸次（大正一三年〈一九二四〉生まれ）家の果樹栽培と果実の収穫は次のように展開される。田植が終ると梅の収穫にかかる。六月一日〜六月二五日＝早生・鶯宿→六月五日〜七月七日＝中生・白加賀→七月七日〜七月一〇日＝晩生・林洲、続いて柿の収穫が始まる。七月二〇日〜九月初＝刀根柿ハウス栽培（炭酸ガスによって渋ぬき、共同選果場にて）→九月初〜一〇月二〇日＝刀根柿露地栽培→一〇月二〇日〜一一月五日＝平核無《ひらたねなし》柿→一一月一日〜一二月末＝富有柿（富有柿は共同出果とは別に観光果樹園として直売する）。一二月から五月にかけては梅・柿の剪定や消毒を行う。こうしてみると、栽培作物・品種などの配列の工夫によって、一年間の労働力の均化とリスク分散がじつに巧みになされていることがわかる。泉谷家は三世代同居で労働を分担している。稲作は全員で行うのだが、野菜栽培は幸次さん夫婦、露地柿は息子夫婦、ハウス柿は孫夫婦である。もとより、集中作業は一致協力する。

白銀小字平沼田の福田徳夫（大正一三年〈一九二四〉生まれ）家でも、早生・中生・晩生の梅、刀根柿・平核無柿・富有柿・二〇世紀梨などを栽培している。柿の共同選果場への出荷量は一五〇〇コンテナ、その他に同家では富有柿と二〇世紀梨の直販を行なっている。宅急便を使う通信販売である。富有柿の直販はコンテナ一〇〇〇ケースだという。福田家でも果樹栽培・稲作・畑作・直販、柿の葉ズシ用の柿の葉の採取・出荷などを三世代で行なっている。徳夫さんの孫夫婦は五條の街のマンションに住み、果樹園・農地に通って来るのだという。

白銀小字湯川の中西孝仁（昭和四年〈一九二九〉生まれ）家は、稲作・果樹のほかに花山椒・実山椒に力を入れている。また、同地区には、今でも在来種の法連坊という渋柿を吊るし柿として出荷している家が何軒もある。当地の果樹栽培・換金作物栽培は画一的ではない。共通する、柿・梅などの柱は定っているものの、それに加えて、観光果樹園・直販・山椒・吊し柿など、イエイエによって個性的な要素を複合させているのである。

この地には、民俗土壌に根ざした生業要素の選択強化と、新時代における生業複合の光が見える。

しかし、社会全体を見ると、経済のグローバル化・利益至上主義などの波を受け、経済格差が浸透しつつある。契約社員・派遣社員などの増加によって生業概念・勤労実態は大きくゆらいでいるのである。家族の協働と別働、個人のサイドビジネス、都市生活者の労働複合などが模索されるにちがいない。

〔参考文献〕

野本寛一『庶民列伝・民俗の心をもとめて』白水社、二〇〇〇年（初版一九八〇年）
同『焼畑民俗文化論』雄山閣、一九八四年
同「焼畑文化の形成」大林太良編『山人の生業』（『日本の古代』第一〇巻）、中央公論社、一九八七年（文庫版一九九六年）
同『山地母源論1・日向山峡のムラから』岩田書院、二〇〇四年
同「生業の複合性」『引佐町史』下巻、引佐町、一九九三年
同「始原生業複合論ノート―秋山郷・伊那谷から―」『信濃』第四八巻第一号、一九九六年
同「木地師終焉記」『民俗文化』第一一号、一九九九年

5　生業論から見た日本近世史

横田冬彦

はじめに

本基幹共同研究が提起している〈生業〉論という観点から見ると、戦後半世紀にわたる日本近世史の研究は何を論じてきたのか、そこからくみとれるものは何か。これが私に与えられた課題であるが、戦後近世史研究の中で、〈生業〉という用語を明確に掲げた論文や研究書は必ずしも多くはない。

そこで、第一に、生産力とか生産関係という文脈で使われてきた〈生産〉ではなく、〈生業＝なりわい〉という概念が、どのような意味をもって出てきたのかということ。第二に、一つの生活＝生計・経営単位が成り立つための〈生業複合〉という視点、さらには、諸生業が構造化されて一つの社会が成り立つための社会的分業、すなわち〈さまざまな生業〉という視点がどのように議論されてきたのかということ。それらについて、生業という用語を用いているかどうかにかかわらず、一定の方法的な意識をもって展開されてきた議論を研究史上に跡付けることによって考えてみたい。なお、私自身の関心と力量から、近世の前期にかたよることを諒解せられたい。

(1)　太閤検地＝石高制論

網野善彦の稲作一元論批判　網野善彦が、これまでの日本史学に対し、その水田中心史観・水田稲作一元論を厳しく批判してきたことはよく知られている。亡くなる直前の著作『日本の歴史　00「日本」とは何か』(講談社、二〇〇〇年)においても、「『瑞穂国日本』の虚像」という章を掲げ、

「瑞穂国」を理想とする「農本主義」の立場に立つこの国家は、水田を六歳以上の全人民に与え、すべての人々を租税負担にたえうる「農民」にしようとする強烈な国家意志を貫徹しようとした

(傍線引用者、以下すべて)。

そして、律令国家以後も「水田を課税の基準とする体制」は維持され、秀吉以後は、とくにこの時代の土地・租税制度が、貨幣としての米を価値基準とする課税方式「石高制」を基本的に採用しており、そこにたてまえとしての「農本主義」が貫徹されていた。

と述べる。網野は、それをあくまで「制度」「たてまえ」として強調し、現実の日本民衆の、農民・海民・山民などの多様で豊かな生業の実態が覆い隠され、これまでの歴史学は、「百姓」はすべて農民であるという「虚像」にとらわれてきたと批判する。

それは、日本近世史についていえば、「石高制《こくだかせい》」という制度の問題であるとともに、百姓＝農民の実態そのものの問題でもあった。

石高制＝稲作強制論　「石高制」をこのような、近世社会の枠組みを規定するものとして位置付けたのが、安良城《あらき》盛昭の太閤検地論であった。戦後近世史研究の画期をなした、この安良城説は、『幕藩体制社会の成立と構造』（安良城一九五九年）としてまとめられるが、安良城はそこで、近世幕藩領主が太閤検地を起点として、小農民経営（小百姓）を自己の権力基盤とし、彼らの農業経営を自立させる政策基調をもっていたことを明らかにした。そして、その全剰余労働収奪の枠組みとして位置付けられたのが「石高制にもとづく米納年貢制」であった。

石高制に基づく米納生産物地代は、基本的には、耕地を、田も畑も一様に米を生産するものとして石高に結び、かくして得られた石高に一定の取箇を乗じ米を収取する形態の年貢に他ならず、従って現実の米生産額の圧倒的部分（取箇率を上廻って）が年貢となり、……農民の下における商品化を阻止する特殊な生産物地代……である。

安良城は、石高制はたんに価値基準にとどまらず、幕藩領主による兵糧米確保のための現実の米納強制として機能し、農民のもとでの米の商品化を阻止することになったと述べたのであるが、さらに石高制は米納強制としてのみならず、米作強制として理解され、それが定着していく。

たとえば、安良城後の近世史研究をリードした佐々木潤之介は、山口啓二との共著『体系日本歴史四幕藩体制』（日本評論社、一九七一年）の第十章「幕藩体制論」において、石高制について「米年貢制」「稲作強制」の項目をあげて次のように説明した。

このような石高による幕藩制的土地所有関係の編成は、そのまま、米年貢搾取強化の意志の表現でもあった。幕藩権力は全力をあげて水田造成につとめた。……この状況の中で、農民たちも多く稲作農民として編成されていった。すぐれた農民は稲作にたくみな農民でなければならず小百姓の自立も稲作における農業生産での自立でなければならなかった。石高制の主旨は、農村においては、農民たちを稲作農民として編成するということであったから、農村もまた水田稲作生産に基づいて編成されねばならなかった。……農民への稲作強制は、この（村請制の―引用者）村を通じて行なわれ、それが進むにつれて、村はよりいっそう稲作を中心とする協業体の性格を強めてきた。

同じく朝尾直弘も、その著『近世封建社会の基礎構造』（御茶の水書房、一九六七年、『朝尾直弘著作集一』に再収）で、次のように述べている。

近世封建社会における小農民経営を構造的に特徴づけているのは、水田稲作一般ではない。それは刈敷農業と石高制によって規定された水田稲作経営なのである。石高制が存在しなければ、小農民経営はかくも水田稲作経営であることを強制されはしなかったのである。……刈敷農業の特徴である多肥多労働の集約農業は、石高制の存在と、その規定によって、はじめて満面開花させられたのである。

網野がいうところの制度の建前だけでなく、近世百姓の大部分が実態としても稲作農民になったとするイメージは、たしかに近世史研究者の間に共有され、定着していったのである。

基本的生産関係ということ　このような認識が共有された理由の一つは、太閤検地論の方法そのものにも内在しているように思われる。安良城は、

近代資本主義社会の構造が、「資本」関係によって規定されているのと異って、前近代社会においては、その社会の構造は、基本的には、「土地所有」関係によって構成されており、……幕藩体制社会の構造を基本的に規定するものは、そこにおける封建領主・農民間の生産関係であり、それが、太閤検地によって設定せられた封建的土地所有・保有関係に基礎づけられている

と述べ、前近代社会を「基本的」に規定するものは土地所有関係であり、領主・農民間の生産関係にあるとして議論を進めた。

また、役家《やくや》体制論との論争においては、幕藩領主の権力基盤をなした「基本的＝中核的」な農民階層は、個別村落における定量的な実態分析をいくら積み上げても確定することができず、政策構造分析によって確定するしかないとした。

「百姓」身分の中核は如何なる農民類型に求められるか……一地域・一村落の「検地帳」分析からは、それのみを以てしては……設問に答え得ないのである。……それは、権力がどのウクラードに基礎を置いているか、の問題に他ならない……権力の農民支配が、「百姓」身分のうちのどの類型を中軸に構成されているかを検討することによって……権力の農民支配政策の構造とその

歴史的展開の在り方の検討から……明らかにすることができる

この点を方法的に提起した論文は、「幕藩体制社会における基本的関係の確定、ならびに、基本的関係と副次的関係の統一」と題されている（初出時は「日本経済史研究の当面する課題―『理論』と『実証』の関連をめぐって―」。〈安良城一九五九年〉の増補版に収録された）。

このように、「基本的生産関係」を「土地所有関係」とし、基本的な階層＝ウクラードを小農民経営とするがゆえに、基本的生産関係さえ確認すれば、それ以外の副次的関係は政策の未貫徹による遺制、地域的な後進性を示すものとされ、いずれ政策は貫徹し、副次的なものは基本的なものに統一されていくとみた。

佐々木も、幕藩制の経済構造を模式化した図において、「基本経営――水田稲作を基本としている小農経営」のほかに、「特殊経営――山村・漁村・鉱山等の生産者の生活資料の、主要部分をも、自己生産出来ないような経営」をあげる（佐々木一九六四年）。すなわち、山村・漁村は、独自な経済構造をもつのではなく、領主からの「下行米《げぎょう》」で補完される不十分な経営として把握されている。

また、畠作をはじめとする商業的農業や諸稼ぎもまた、基本的な小農ウクラードを解体させる農民層分解を導き、封建的な領主・農民関係の解体過程ないし資本主義的関係の萌芽として位置付けられざるをえなかったことについては、深谷克己がこの頃の研究史をふりかえって次のように述べている（深谷一九九三年）。

近世後期の「余業」……「農間稼」などは、研究史では「農民層分解」「社会的分業」の進展の過程ないしは結果、つまり「解体期」の現象として説明される。しかし解体期にだけ諸稼ぎが行なわれたのではない。

そして、深谷自身は、畠作など商業的農業や諸稼ぎを、近世小農を解体させるものとしてではなく、それに本来的なものとして位置付ける。

上位の経営のみに商業的農業の推進力をみるのでは…説明しきれない…。…近世的小農の成立とその持続の論理そのもののなかに、主穀以外の、明らかに「商い」をこころざす諸産物があった。現実の農民も村落も多様な要素の複合として存在している。「理論」によって、あるいは「権力の政策意図」によって、〈基本的関係―副次的関係〉、〈基本経営―特殊経営〉、〈近世に本来的なものと解体的（近代的）なもの〉とを確定するという方法は、確かに現実の複雑さを切り分けていく一つの方法ではあるが、それが現実の複合的な構造を十分に捉えきれないとすれば、「理論」や方法の枠組みそのものを見直す、ないし拡充する必要があるのではないか。

畠作の位置付けをめぐって　しかし、太閤検地論とその後の展開の中に、今日の〈生業〉論につながる論点の萌芽もあったと思われる。畠作に関わっていくつかあげておきたい。

一つは、安良城自身の畠作についての言及である。

基本的には、水田は、封建地代給付の場であり、畑地こそが、農民再生産の場であるという、耕地種別において、剰余労働と必要労働の差異が、空間的に分離して出現するという「石高制に基づく米納年貢制」の隠された本質が、ここに顕然化してくる。……現実には、米の大部分が、「年貢」搾取率を上廻って、封建地代に吸収せられ、従って、一般に「百姓」が米を常食とし得ない事態が生ずる。

この、「現実には」米生産の大部分が年貢として収奪され、自己の手元には残らないというのは、政策分析ではなく、個別村落の実態分析の結果である。これは、畠作を必要労働部分の再生産として独自に位置付けようというもので、年期奉公もふくめ、全体としてどのようにして小農の生計が可能になるのかという、いわば〈生業複合〉の視点である。

二つは、朝尾が、①「兵農分離以前の段階において、小農民の『自立』……は水田稲作経営においてではなく、畠作農業における生産の発展……としておこなわれた」と述べたことである（「幕藩体制成立の基礎構造」『日本史研究』五九、一九六二年、前掲『著作集二』に再収）。さらに、②兵農分離以後は、幕藩領主の小農自立政策が彼らの「水田稲作経営における『自立』を促進せしめる」のであるが、それについては、『近世封建社会の基礎構造』（前掲）で近世初期の新田開発を分析し、中世末の村は、村と村の間に広大な原野を有しており、双方の農耕空間は互いに相接していなかった……これは、近世の村が耕地の各筆ごとに至るまで、隣村のそれとぎりぎりに接していたのとは全く異なる景観である。

領主権力による大河川下流域の大規模開発とは別に、「野するゐの永荒場」や「川面荒芝地」「葭嶋」などを対象とする、農民による「既成集落の周縁地域の耕地化」によって、それまで原野や葭地などが混在していた中世的景観が、村と村の境界がわからない程の、一面の水田という近世的景観に生まれ変わっていくことを明らかにした。

このように、①小農自立における畠作の独自な意義が位置付けられたこと、そして、②平野部農村における、中世後期から近世への変化が、〈景観論〉として明らかにされていたことに注目しておきたい。

＊なお、①について、朝尾は別に、「農奴主経営は、右の対立（農奴主の直営地経営への農耕夫役提供と小農民経営における集約的な労働投下との対立―引用者）から比較的自由な畠作経営に重点をおき、したがってまた商品生産者的特質を強く帯びるにいたる」と、小農ではなく、むしろ農奴主経営の方に畠作の意義を認める記述もしている（前掲『近世封建社会の基礎構造』「序にかえて」）。この揺れは、なおこの問題が実証的に解明されるべき課題であることを示している。

三つに、古島敏雄編『山村の構造』（日本評論社、一九四九年）をあげたい。ここには、「生産力の高い水田地帯」に対する「後進村落」という対比もあるが、痩せた山畠や駄賃稼ぎに頼らざるをえない、山村独自の経済＝社会構造を明らかにするという視点が堅持されている。また、各分野の専門家の共同作業として、現在の村人が抱えている問題ともかかわって、地域史の全体像を明らかにするという本書の姿勢は、附記に「最近歴史家の間に問題として提唱されている『村の歴史』のサンプルを書きつけたい」とあるように、当時の「国民的歴史学運動」がもっていた一つの側面として評価できようし、そこに、後の〈生業村落〉論につながる側面があったといえよう。

(2)　軍役論から国役論へ

軍役論　安良城盛昭は、『幕藩体制社会の成立と構造』の最後に「残された課題」を四つあげた。すなわち、第一に、領主の「編成原理が『将軍—大名—家臣』という……より上位者の圧倒的優位として出現」するという権力編成の問題、第二に前述した「石高制に基づく米納年貢制」の問題、第三に「都市と農村との分業、農村内部の分業の構造的特質」の問題、第四に「農業生産力発展」の具体的形態の問題である。

一九六〇年代に入ると、佐々木潤之介は、第一の権力編成原理の問題を「軍役論」として展開することになるが、さらにこれを、第三の社会的分業編成の問題と結び付けて展開した（「幕藩制における畿内の地位について」『一橋論叢』四七—三、一九六二年、および〈佐々木一九六四年〉）。

すなわち、①「畿内における農業生産力の発展の結果として、在町を成立させるような分業関係の展開、就中手工業生産の内在的発展」を前提とし、かくて成立した畿内諸都市の手工業の高さが鉄砲生産をはじめとした外来技術の受容を可能にし、②そのことによって中央権力は、在来水準をはるかに越える高水準の手工業技術を独占し、これによって、「軍事力の上位者強大の原則を確固ならしめ、それに基く、個別領主支配或いは個別領主の全幕藩的軍事構成への編成を実現しえた」と述べた。

山口啓二はさらに、①畿内の手工業技術の高さを、古代律令国家および荘園制経済などによる「伝統的な高さとその再発展」として捉えるべきこと、②中央権力による畿内掌握あるいは武器生産の分野だけでなく、各大名レベルの城下町での手工業編成が、「当時の水田生産力の発展を保証したところの」用水普請や農具生産などを通じた生産力の集中編成を可能にし、給人に対する藩権力の集権性を強化したことを述べた（「幕藩制の構造的特質について」『歴史評論』一四六、一九六二年、〈山口一九七四年〉に再収）。

国役論から国土の領有論へ　こうして、領主・農民関係のみならず、社会的分業編成、特に手工業職人の編成が視野に入ってきたが、さらに一九七〇年前後からの国家論の盛行を受けて、高木昭作は、幕府の国奉行が「給地・蔵入地の区別なく……諸職人を国役として徴発」している事実に注目した。そして、「国役と国奉行制が、幕藩制を支える分業編成を構築・掌握する手段として機能し……そのことによって幕府が諸大名に隔絶した軍事的・経済的力をもつことになった」、つまり上位者強大の権力編成を可能にしたというのである（「幕藩初期の国奉行制」『歴史学研究』四三一、「幕藩初期の身分と国役」『一九七六年度歴史学研究会大会報告別冊特集』、ともに一九七六年、〈高木一九九〇年〉に再収）。

しかもこの国奉行・国役の体制は、「領主的土地所有からは一応別個の国家的支配の体系である」とし、さらに「小物成」が大名への知行（年貢）宛行とは区別されていることも示した。また、武士の軍役・百姓役・職人国役・町人の人足役（当初は無役とされたが、吉田伸之「公儀と町人身分」『近世都市社会の身分構造』東京大学出版会、一九九八年、によって修正された）のように、それぞれの生業に対応した〈役〉があり、それによって身分が決まるとした。分業編成の問題を組み込んだという点では軍役論と同じであるが、それが「土地所有」とは区別された、もう一つの「基本的」な編成原理（国家的支配・国家的統治権）であること、分業編成や身分編成の国家的性格を主張した点で画期的であった。

やや先回りして述べることになるが、その後高木は、「『惣無事令』と国土の領有」（『歴史学研究』五四七、一九八五年、〈高木一九九〇年〉に再収）などにおいて、小物成や国役だけではなく、さまざまな役・運上・冥加を列挙して、

①　山年貢・山手や鮭役・網役、舟役、鉱山の運上など、山野河海＝「自然そのものの用益」に関わるもの

②　職人役や問屋運上など、手工業・商業のさまざまな「営業特権」に関わる、「人間の生活するある限定された場所（二次的自然というべきか）を『なわばり』として確保するもの」

の二種類に整理し、それらは、すべて国家＝将軍による山野河海の支配、〈国土の領有〉とその平和保障に基づくものであり、その使用を許された御恩に対する「冥加（奉謝）」を示すもの（「生産関係」

という言葉が避けられていることにも注意）であるとした。この議論は今のところ『地方凡例録《じかたはんれいろく》』などの記録類によっており、高木自身はその後、捕鯨について示しているが（「『将軍の海』という論理—鯨運上を手がかりとして—」〈後藤編二〇〇二年〉所収）、今後それぞれの〈生業〉について丁寧に検討されるべき問題であろう。

生業をになう人々への視座の転換　こうしてさまざまな人々の〈生業〉の問題は、「基本的生産関係」としての領主・農民の土地所有関係という枠を越えて、手工業職人、さらには山野河海など、広汎な社会的分業編成をもその構造論の中に組み込んで展開されることになった。しかも国役論では、これらの非農業分野の編成に対して、国家的支配権ないし〈国土の領有〉という、土地所有関係とは別の、もう一つの「基本的な」支配原理として定立されたのである。

しかし、軍役論にしろ、国役論にしろ、これらはいずれも幕藩領主による上からの分業編成論である。これに対し、一九八〇年代に入ると、手工業職人をはじめとした〈さまざまな生業〉そのものの実態解明が試みられ、その〈生業〉をになう人々の側へと視座を転換させることが主張されるようになる。こうした動向は、中世史における網野善彦の「非農業民」研究（網野善彦『日本中世の民衆像—平民と職人—』岩波書店、一九八〇年、『日本中世の非農業民と天皇』同前、一九八四年）や、広い意味での社会史研究の興隆に対応していたといってよい。『技術の社会史』全六巻別巻一（有斐閣、一九八二〜九〇年）や『日本技術の社会史』全八巻別巻二（日本評論社、一九八三〜八六年）などのシリーズが出たことも、同様の流れを示すものであろう。

(3)　身分的所有論から身分的周縁論へ

身分集団論、身分的資本＝所有論　では、手工業職人をはじめとした〈さまざまな生業〉を、どのように具体的に捉えることができるのか。

近世史では、マルクスの「身分的資本」「身分的所有」の概念に注目した脇田修の問題提起（「近世封建社会と部落の成立」『部落問題研究』三三、一九七二年、脇田二〇〇一年に再収）をうけて、「かわた」の斃牛場処理の権域である「草場」が解明されつつあった（西播地域皮田村文書研究会『近世部落史の研究』上下、雄山閣、一九七六年、峯岸賢太郎『近世被差別民史の研究』校倉書房、一九九六年）。私はこれらの成果に注目しつつ、①「大工所」や「売場」など職人の得意場を「職人的所有」として概念化し、②それを、共同体内分業から近代的な自由競争に至る過渡期の特定の経済の発展段階に対応した、百姓と職人との社会関係が所有対象となったものであること、③それを共同保全をするための職人集団の諸形態があること、④国家による国役編成はそうした職人集団を媒介として実現したことなどを述べた。また、⑤法制史家中田薫の研究を引きながら、芸能民の勧進場や御師の「霞場」、「株」などをも含みうる、より広い概念としても提起した（横田「幕藩制的職人編成の成立」『日本史研究』二二七、一九八一年、「職人と職人集団」『講座日本歴史　五』、東京大学出版会、一九八五年）。

すなわち、かつて中田薫は「徳川時代の物権法雑考」（『法制史論集　二』岩波書店、一九二九年）の中で、「准不動産物権」という概念を提示し、その特徴を

（一）特定の地域内に行はれ、若くは特定の地域に固定する権利

（二）不動産の収益権（天然及法定果実の収取権）の如く、永続的収益の源泉

の二点にまとめ、その具体例として、中世では「或る地域内に行使さるゝ問職・諸商売職、各種商売座等の独占的営業権」「御師職」、近世では「問屋株・酒屋株・髪結床株・湯屋株の如き諸株式」「斃牛馬処理権」などをあげているのである。

他方、朝尾直弘は、「近世の身分制と賤民」（『部落問題研究』一九八一年、前掲『著作集七』に再収）において、①「家屋敷は町人にとっての中心的な資産」であると同時に、「町人の取引をする場合の信用の物質的な基礎」としての「身分的資本」であること、②「商取引に際しては、町中が連帯保証をし、家屋敷は「その場合の抵当の対象」となったのであり、町共同体は「家屋敷・財産・信用の共同保全を目的とした地縁的な共同組織」であること、③したがって、「町の家屋敷の買得・貸借に関しては町衆の同意が必要」であった事実を明らかにした。そして、④こうした町および村を「地縁的・職業的身分共同体」であるとした。

こうして、職人・町人、「かわた」など、土地＝耕地所有以外のさまざまな〈生業〉における「身分的資本」の問題が、それぞれに対応した〈役・運上〉などの問題（それが意味する〈国土の領有〉

の問題)、それを共同保全する身分集団や「身分共同体」(町・村)の問題とともに、視野に入れられるようになったのである。

身分的周縁論―さまざまな生業集団の実態　こうした動向を受けて、一九九〇年代に入ると、雑種賤民研究や都市下層民研究などの進展ともあいまって、さまざまな〈生業集団〉を「身分的周縁」として分析しようとする研究動向が生まれる。その共同研究の成果としての『身分的周縁』の三つのシリーズでは、あわせて一〇〇以上の職種・生業が取り上げられた(表8参照、以下Ⅱ1などと示す)。

Ⅰ『近世の身分的周縁』(部落問題研究所、一九九四年)

Ⅱ『シリーズ近世の身分的周縁』全六巻(吉川弘文館、二〇〇〇年)

1巻『民間に生きる宗教者』、2巻『芸能・文化の世界』、3巻『職人・親方・仲間』、4巻『商いの場と社会』、5巻『支配をささえる人々』、6巻『身分を問い直す』

Ⅲ『身分的周縁と近世社会』全九巻(吉川弘文館、二〇〇六〜〇七年)

1巻『大地を拓く人びと』、2巻『海と川に生きる』、3巻『商いがむすぶ人びと』、4巻『都市の周縁に生きる』、5巻『知識と学問をになう人びと』、6巻『寺社をささえる人びと』、7巻『武士の周縁に生きる』、8巻『朝廷をとりまく人びと』、9巻『身分的周縁を考える』

「身分的周縁」という用語はなお熟さない感もあるが、「基本的」身分にとどまらない「周縁」身分を広く対象として明らかにしようという志向と、それらを明らかにするには、領主・農民関係＝土地

表8　身分的周縁シリーズで取り上げられた職種・生業

	職　　種・生　　業
公　家　系	地下役人Ⅲ8・摂家の家司Ⅲ8・堂上公家の部屋住Ⅲ8・門跡出入の人々Ⅲ8
武　士　系	武士（家臣団）Ⅲ7・幕末の軍団Ⅲ7・禁裏付武家Ⅲ8・八王子千人同心Ⅱ5・町人代官Ⅱ5・在地代官Ⅱ5・牧士Ⅱ5・代官手代Ⅱ5・長崎地役人Ⅲ7・御用宿Ⅱ5・江戸屋敷奉公人Ⅰ・中間Ⅱ3・帯刀人Ⅰ
職　人　系	禁裏大工Ⅲ8・鋳物師Ⅱ3・金掘りⅡ3・絵師Ⅱ5・左官Ⅲ1・西陣箴屋Ⅰ・雪駄をめぐる人々Ⅰ
商　人　系	松前問屋Ⅱ4・薩摩問屋Ⅲ7・材木屋Ⅱ4・薬種仲買Ⅱ4・皮商人Ⅱ4・古着商人Ⅱ4・床店商人Ⅱ4・飴売商人Ⅱ4・在方市Ⅱ4・商人司と商人仲間Ⅲ3・穀商人Ⅲ3・青物商人Ⅲ3・古手屋仲間Ⅲ3・石灰商人Ⅲ3・書物師Ⅱ2・本屋Ⅲ5・屠場をめぐる人々（屠殺商人仲間）Ⅲ4
都市系(その他)	奉公人抱元Ⅰ・宿と口入Ⅲ3・遊廓社会Ⅲ4・かわた村Ⅲ4・非人Ⅱ3・古四郎（非人）Ⅲ4
農村・百姓系	大庄屋Ⅲ7・庄屋Ⅱ5・百姓Ⅲ1・新田請負人Ⅲ1・前地Ⅲ1
山　村　系	杣工Ⅱ3・山方の百姓Ⅲ1
海　村　系	浦請負人Ⅱ3・浜子Ⅲ1・海士Ⅲ2・水主Ⅲ2・船大工棟梁Ⅲ2・荷宿Ⅲ2・天草集荷請負人Ⅲ2・蝦夷地場所三役Ⅲ2
宗　教　系	在地社会の僧侶集団Ⅲ6・山門公人Ⅲ6・祭礼奉仕人Ⅱ1・神職集団Ⅲ6・神道者Ⅱ1・神子Ⅱ1・神人Ⅲ6・札所Ⅲ6・願人Ⅰ・虚無僧Ⅰ・同Ⅱ1・三十三度巡礼行者Ⅰ・三昧聖Ⅱ1・道場主Ⅱ1・陰陽師Ⅱ1
芸　能　系	楽人Ⅱ2・能役者Ⅱ2・猿飼Ⅰ・伊勢大神楽Ⅱ2・鉢叩Ⅱ2・寺中（役者）Ⅱ2・役者村Ⅲ4・抱え相撲Ⅲ7・相撲年寄Ⅱ3・盲僧集団Ⅰ・盲人（三味線）Ⅰ・障害者見世物Ⅰ
知識人系	儒者Ⅲ5・藩医Ⅲ7・国学者Ⅱ2・神学者Ⅲ5・講釈師Ⅲ5・俳諧師Ⅲ5・都市文人Ⅲ5・筆耕Ⅲ5

（注）Ⅲ8などの記述は、第Ⅲシリーズの第8巻を示す。なお、公家系などの分類は便宜的なものである。

所有関係という「基本的」な分析概念とは異なった方法論が必要であるという自覚をあらわしているのだといえよう。その方法については、塚田孝がさまざまな用語で述べているが（『近世身分制と周縁社会』東京大学出版会、一九九七年、など）、私なりにこれまでの研究史との関連でいえば、①それぞれの「身分的資本」（場・株など）の所有と経営の問題、②身分集団のあり方の問題、③共同体や領主・国家による社会編成上の身分的な位置と役割をめぐる問題、といったレベルに整理できるだろう。

また、史料的にいえば、土地所有や年貢関係史料だけでなく、近世ではさまざまな特権をめぐる紛争についての訴訟史料などが豊富に存在することが、そうした分析を可能にし、これらの研究を精彩あるものにしている。

しかし、それらは、なお職種個別的であるため（その点では、労働市場論・都市社会論・商業史・宗教社会史・芸能文化論など、さまざまな分野への広がりをもつが、今は触れない）、第Ⅲシリーズでは全体として地域や社会をどのように支えていたか、という点も提起されており、次の〈生業村落〉論とも重なりあう。

(4)　生業村落論の展開

山村・海村論　身分的周縁論がさまざまな〈生業集団〉の実態を明らかにしようとしたのに対し、それと並行しつつ、それらを〈生業村落〉という視点から解明しようとする研究動向が生まれてきた。

一九九〇年前後から『関東近世史研究』(一九八八年「関東の山間地域と民衆」)や、『民衆史研究』(九八年「環境史への視座」、二〇〇一年「環境史の可能性」、〇五年「中・近世山村像の再構築」)、『歴史評論』(〇四年「環境史の可能性」)、『新しい歴史学のために』(〇五年「環境史の現在」)などにおいて組まれた特集号がそれを示す。米家泰作・白水《しろうず》智らによる「山村」論、高橋美貴・後藤雅知らによる漁業史や春田直紀の「海村」論が提起され、さらには〈環境史〉へという展開を遂げている。

その特徴は、第一に、その〈生業〉を、山や海に生きる人の視点から、人々と自然との関わりにおける「なりわい」として見ていこうとしていることである。そして、生業が行われる場であり、それが働きかけの対象とする自然との関わりにおいて見るとき、〈生業〉は個別経営の問題としてではなく、海村・山村といった単位で人間と自然との関係を再生産する営みであり、そこに〈生業村落〉という概念が生まれる(春田直紀「中世の海村と山村─生業村落論の試み─」『日本史研究』三九二、一九九五年)。

第二に、「漁場」や「草山」などの領有について。たとえば、水本邦彦は、山野が、里からの距離によって草山〜奥山などと区別されていること、草山が下草刈りなど日常的な手入れなしには、荒々しい自然に戻ってしまうことなどを指摘しており(『「草山」の語る近世』山川出版社、二〇〇三年)、高橋は地先海面や鮭川などの漁場の〈資源保全〉の問題について述べている。「草山」や漁場も、けっして山や海という自然そのものではなく、大地が耕地として領有されるように、一定の人工的に手入れされた、あるいは舟などの技術的条件に規定された、一次的な自然の領有として把握されるのである。さらに高橋は、こうした漁場を請け負って労働編成する立場を、営業特権の請負とあわせて「請負制」として概念化しようとしているが（「近世における漁場請負制と漁場構造」後藤編二〇〇二年所収）、「身分的資本」を請負者の側から見た位置付けになろう。

第三に、〈生業村落〉の再生産という視点にたてば、領主もまたたんに収奪するだけでなく、植林や漁場の保護、〈資源保全〉などの役割を果たすという、領主と村落との互酬的関係といった側面に光があてられる。「生産関係」という規定がそのままあてはまらないのも、そうした側面があるからである。そこに〈環境史〉という視点が生まれた。

第四に、山村や海村に対応して、従来の平地農村を「里村」とし、そうした立地環境と生業形態を異にした村落が、①それぞれどのような歴史的経緯を経て成立してきたのか、②そして相互にどのように有機的に関係を結び合いながらより広域的な地域社会を構成しているのかが、次の問題になる。たとえば、米家泰作は「『山村』概念の歴史性」（『民衆史研究』六九、二〇〇五年）において、「山村」の成立過程を次のように述べた。「中世は平野部にも沼沢地や低湿地、低木や草地が広がり、複合的である程度広い生業が山村以外の地域でも維持されていた」。しかし、近世前期の「新田開発と人口増加」によって、

平野部の村落が景観上もより農業中心的な村落へ変貌する……結果的には近世の山村は、このよ

うな変化に取り残される形で平野部との景観と生業のコントラストを強めてゆき……山村がより「山村」らしい生業体系を整え、質的にも量的にもそれを拡大してい（った）

というのである。

かわた村　そうしたとき、一九八八年に発表された朝尾直弘の論文「惣村から町へ」（前掲『著作集六』に再収）があらためて注目されよう。朝尾は、米家が平野部における沼沢地や草地なども含む「複合的である程度広い生業」をもっと述べた中世の村落を、非農業的要素をも未分化なまま内包する「惣村」と捉える。そして、それが近世に入ると、

惣村から町と村が分出し、都市と農村が完全な分離をとげさせられた過程……近世の村はこの過程において相対的に平等化・均質化されたが、体制的に水稲モノカルチュアを強制され、かつて抱えていた非農業的分業の要素を剥奪され、都市への従属を余儀なくされた。町はまったく逆の意味で同様の結果をもたらした。惣村の自律性をささえていた経済的基盤は解体し、町と村を統合した新しい経済圏の形成が課題となった。

と述べている。朝尾がかって、村の境界に広がっていた野や荒れ地が（それが「惣村」の景観である）一面に水田化された近世の景観に変わったことを実証していたことを先に見たが、ここで述べられた、「里村」が農業村（水稲モノカルチュア）に一元化していく過程にそれが想起されていることは間違いない。そしてそれは、その「まったく逆の」過程として、「惣村」の中の非農業的な要素が純化して

町場が形成されてゆく過程ともなった。

ここでは、米家が述べたような、山村がより「山村」らしくなっていく過程は述べられていない。しかしその代わりに、朝尾は、同じくこの農業村への純化から取り残された村として、「かわた」村を取り上げた。

> 「かわた」村はこの政策から置き去りにされ、それゆえ惣村の内包していた性格と構造をそのまま近世にもちこした。……近世後期の人口停滞期に「かわた」村の人口が増大傾向をたどった原因（は）……社会的分業を内包した自立性が、一定限度内であったとはいえ、この時期の経済発展にたいして弾力的な対応を可能にした原因であった。

「かわた」村が内包していた〈生業〉とは、農業に加えて、斃牛馬処理＝皮革業があり、さまざまな雑業があった。中世から近世へ、「惣村」の分化過程から取り残され、〈生業複合構造〉を維持し続けた村こそ「かわた」村であった。

おわりに

以上のような研究史をふまえて、〈生業〉論をよりゆたかに展開するためのいくつかの論点を整理しておきたい。

第一に、土地所有ではない所有の問題。「身分的資本」「准不動産物権」「職人的所有」「営業特権・

営業権域」「なわばり」「請負制」などとよんできたもので、①自然の二次的領有の諸形態としての漁場・草山などから、②職人や商人の得意場や株、あるいは宗教者・芸能民の霞場や旦那場など、売買やサービス授受をめぐる人的社会関係を所有対象とするものまで、さまざまなものが解明されてきたが、いったんはそれらを包括して、その共通性と差異性について考えてみることができるのではないか。そして、①については、大地が土地になること（大塚久雄『共同体の基礎理論』岩波書店、一九五五年）との相異の問題、②については近代的な市場競争関係に至らない経済段階としての問題、それらを共同保全するための身分集団の諸形態など、いちど理論的に整理してみる必要があると思う。

＊中世史での、藤木久志「村の当知行」（『村と領主の戦国世界』東京大学出版会、一九九七年）の「ナワバリ」論、網野善彦「中世『芸能』の場とその特質」（網野一九九三年）の「立庭・乞庭」論なども参照されるべきであろう。また近年、吉田伸之は僧侶・神職・願人などの宗教者の本源的な所有を「乞食＝勧進所有」として概念化している（「寺院・神社と身分的周縁」前掲『身分的周縁』シリーズⅢ6）。これらについても、別にあらためて論じたい。

第二に、さまざまな〈生業〉をになう人々ないし〈生業集団〉が、相互にどのような関わりあいをしつつ、全体としてどのように一つの地域社会や「経済圏」を構成するのかという問題。このような相互関係にはさまざまなものがありうるが、これまであまり考えられていない問題として、たとえば、①農村に鍬や鎌だけでなく、千歯《せんば》扱《こき》や唐箕、龍骨車などがもたらされると農民の自然との関係は大きく変化する。②さまざまな暦や農書がもたらされるのも同様である。これらのことは山村や海村でも同様であろう。①のような〈都市的な技術をになう職人〉はもとより、②の〈宗教・呪術・芸能・知識・出版などに関わる人々〉との関わりは、自然と人間との関係をどのように質的に高めていくのか、という〈民衆知〉の歴史性といった視点からも考えてみたいと思う。

第三に、〈生業村落〉としての農村・海村・山村・「かわた」村・町場などが、どのような歴史的展開を辿ってきたのかを（特にその中世から近世への展開を）、その景観の変化もふくめて跡付ける作業である。朝尾や米家が示した〈野や山を含む「惣村」〉を中世の原基的な景観とすれば、そこからの農村・町場・山村への純化と分化はその一つの類型を示すものであろう。さらに、本基幹共同研究が精力的に分析している、〈干潟・内湖・河川といった「内海世界」〉からの農村・町場・宿・津湊・漁村などへの分化・展開（新田開発や舟運交通、内海漁労など）もまたもう一つの類型となるのではないだろうか。そして、それらから取り残される「かわた」村というコースも、より深めたい問題である。

そのほかに、各地を遍歴する職人や芸能民などの根拠地となる鋳物師村（横田「鋳物師」前掲『身分的周縁』シリーズⅡ3）・木地師村や、役者村（北川央「伊勢大神楽」同前Ⅱ2、神田由築「役者村」同前Ⅲ4）なども〈生業村落〉として捉えられるであろうか。

第四に、〈賤視された生業〉あるいは〈賤民身分〉の問題。私はかって「かわた」の「草場」と大工の「大工所」を対比させて論じたことがあるが（「賤視された職人集団」『日本の社会史　六』岩波書店、一九八八年）、なぜ特定の生業が〈賤業〉となり、血筋＝カーストとして固定されるのか。それは、死穢の処理（キヨメ）という自然に対する畏怖や呪術といったレベルの問題なのか、「草場」という「身分的資本」の異質性を生み出す社会的な構造の問題なのか、あるいは中世国家以来の貴賤観政治文化の構造にかかわるレベルの問題なのか、等々。〈賤業〉論は、〈ふつうの生業〉論を相対化する視座を与えるのではないか（横田「〈平人身分〉の社会意識」『日本社会の史的構造　近世・近代』思文閣出版、一九九五年、「兵農分離社会の種姓的構造」『部落問題研究』一五九、二〇〇二年）。

第五に、領主や国家の支配の問題。高木が問題提起した、役・運上・冥加を将軍の〈国土の領有〉に対する「奉謝」とするイデオロギーや、〈資源保全〉をふくめ、「生業と負担」を搾取や生産関係というよりは互酬的関係と見るみかたをどう考えるかという問題。

たとえば、平石直昭は「近世日本の『職業』観」（『現代日本社会　四歴史的前提』東京大学出版会、一九九一年）という論文で、その職業観を、①「生活手段を得る手立て」としての〈生業〉型、②国家・社会に対する義務・役割としての〈職分〉型、③「普遍的な『天』の理念」に基づく〈天職〉型の三つに類型化している。そして、日本近世の場合は、中国のように官の「職」と民の「業」が峻別されず、民もまた君主に対する「役人」であるとして位置付けられていること、また、民の「家業」は〈生業〉であるとともに〈職分〉であり、同時に〈天職〉として倫理的にも意味付けられていることなどから、日本近世における、〈生業〉観の国家に対する弱さを指摘しているのは、示唆的であろう。

水田稲作農業だけでなく、〈さまざまな生業〉にとっての〈国家の重さ〉ということは、網野のいう「農本主義」とは異なる〈日本論〉の課題となるであろう。

〈参考文献〉

朝尾直弘『朝尾直弘著作集　全八巻』岩波書店、二〇〇三〜〇四年
網野善彦『日本論の視座』小学館ライブラリー、一九九三年
安良城盛昭『幕藩体制社会の成立と構造』御茶の水書房、一九五九年、（増補版六四年）
後藤雅知他編『水産の社会史』山川出版社、二〇〇二年
佐々木潤之介『幕藩権力の基礎構造』御茶の水書房、一九六四年
高木昭作『日本近世国家史の研究』岩波書店、一九九〇年
深谷克己『百姓成立』塙選書、一九九三年
山口啓二『幕藩制成立史の研究』校倉書房、一九七四年
脇田修『近世身分制と被差別部落』部落問題研究所、二〇〇一年

Ⅱ

これまでの生業論をふりかえる

――生業論の現状と課題――

1　先史考古学での生業論の登場と変遷

藤尾慎一郎

はじめに――先史考古学にとって生業とは――

「縄文時代の生業は、狩猟・漁撈・採集・栽培などあらゆる食料獲得手段を網羅的に組み合わせたもので…」。このような使い方をよくされる生業とは、「人類が生存していくために周辺環境からエネルギー源や栄養素などを得る主要な戦略のことで、野生動物や海獣類の狩猟、腐肉の入手、漁撈、貝類の採取、野生植物の採集と栽培、集約的な農耕、さまざまな動物の飼育・牧畜などの経済的行為」と説明されている（安斎正人編『現代考古学事典』同成社、二〇〇四年）。いわゆるサブシステンス subsistence としての生業で、縄文人はあらゆる手段を使って食料を確保した。

しかし、水田稲作が始まる弥生時代以降は、社会的分業が進んで生業の意味が変わっていく。ほとんどの弥生人はコメなどの穀物・雑穀などを生産しながら、魚を捕ったり、狩りをしたり、採集をしたりする。中国の黄河流域のように家畜と組み合わせた複合的な農業こそおこなってはいないものの、地域ごとに特徴的な農耕との組合せが存在したはずである。

このように同じ日本列島の先史時代でも、縄文時代と弥生時代では生業の意味が大きく異なる。本稿ではその違いを明確にして、縄文時代の生業は単なる経済的行為として捉えられるが、弥生以降の生業は単なる経済行為ではなく、生き方ともいえる、精神的な部分や祭祀的な部分まで含んだ包括的な意味を持つことを指摘したい。

経済的行為である生業が日本考古学で本格的に取り上げられるようになるのは、欧米から二〇年ぐらい遅れた一九七〇年代からだが、それ以前の日本考古学では生業をどのように位置づけていたのかについて(1)「生業研究以前」で考えてみたい。(2)「生業研究の登場と展開」では七〇年代から本格化する生業研究の歴史を縄文時代中心に概観する。(3)「弥生時代における生業研究の現状」では弥生時代の生業研究の現状についてふれることにする。

(1)　生業研究以前

皇国史観と生業　日本の近代考古学は明治五年（一八七二）、エドワード・モースによる東京都大森貝塚の調査に始まる。縄文土器や石器などの人工遺物のみならず、多種多様な食料残滓《ざんし》が出土した。貝と動物骨が中心で、植物質食料のことはわからなかったとはいえ、縄文人（当時は石器時代人と呼称）が何を食していたのか、すなわち彼らの経済行為を研究する最初の機会となった。

しかし、皇国史観が支配する歴史学界においては経済的行為の解明に進むことはなく、大森貝塚を遺した人びとが、記紀に登場する誰に相当するのかという、民族論争へと進んだのである。

明治の知識人にとっての古代とは、天皇家の祖先である天孫族が遺した高塚古墳の時代である。天孫族は高天原《たかまがはら》から降臨し、土蜘蛛《つちぐも》など未開な先住民を駆逐しながら国土統一を成し遂げていった。大森貝塚を遺した石器を使う人びとが駆逐された人びとと同一視されるようになったことはごく自然の成り行きだった。いずれにしても、石器時代は高塚古墳の時代の前に設定されたのである。

明治一七年（一八八四）三月に東京帝国大学農学部校内から見つかった弥生式土器も例外ではなく、誰がこの土器を使ったのかという観点から、この土器の製作者が石器時代人なのか、埴部《はにべ》や土師部《はじべ》など高塚古墳時代の人びとなのかという論争が始まる始末である。弥生式土器の研究も当初はそうした記紀の世界と無関係ではいられなかったのである。

弥生式土器にコメや青銅器・鉄器などの金属器が伴うことがわかりはじめた大正期になると問題が複雑になる。稲作も金属器の使用も天孫族の専売特許であり、天皇家の祖先こそ日本列島に農業や鉄器を持ち込んだ人びとと考えられていたからである。コメや金属器が弥生式土器に伴う以上、この土器を使う人びとを先住民にするわけにはいかない。やがて、天孫族よりも先んじて日本列島に渡り弥生式土器を使った人びとという意味で、鳥居龍蔵は「固有日本人」という名称を与え、のちに日鮮同祖論の根拠の一つになっていく。

考古学の解釈に文献を用いるのは明治・大正期の日本だけではない。一八世紀から一九世紀にかけて、進化論が最盛期にあった先史時代研究の世界では、文明人が野蛮人を駆逐していくという図式で世界中の出来事が説明されていたからである。オーストラリアのアボリジニや、アメリカ大陸のネイティブ・アメリカンは白人によって駆逐され、生活を奪われていったが、進化論に従えばきわめて自然なことと受け止められていた。日本では進化論と皇国史観が結びついたというわけである。石器時代人は石器と土器、骨や角などで作った道具を使い、獣や魚を捕ったりして食うや食わずの野蛮な生活を送っていたという理解であった。

水田稲作―生産手段として―　昭和期にはいると水田稲作の存在を示す具体的な証拠が見つかり始めた。奈良県唐古遺跡では、コメなどを貯蔵するための地下蔵や木製の農具、農具を作る石の斧などが、弥生式土器やコメとともに出土した。敗戦間際から調査が始まった静岡県登呂遺跡では矢板や杭を打ち込んで補強された畦畔《けいはん》を持つ水田が見つかったため、弥生式土器を使う人、すなわち弥生人が水田稲作をおこなっていたことが確実視されることになる。これらの事実を受け一九三〇年代になって、弥生式土器が使われた時代はようやく一つの独立した時代として、縄文時代と古墳時代の間に位置づけられ、日本の先史時代の一つして理解されるようになった。

戦後、静岡県内における木製農具の大量発掘などを契機に、考古・民俗的な研究は活発化して、水田漁撈の問題も一九六〇年代に盛んに議論されている。ただ、水田漁撈をおこなったことを示す遺構が見つからなかったため、こういうことが弥生時代に存在した可能性も当然想定しておかなければならないという注意の喚起にとどまることになる。

このようにコメと弥生人の結びつきは強まっていき、生産力の増大に伴う人口増加を背景とした右上がりの成長・発展を前提とした弥生社会論への構築に研究者の関心が移っていった。こうした社会発展の図式の前提となったのが、弥生水田から取れるコメ収量の推定研究である。かなりの余剰米が残り裕福な生活を送っていたと推定する杉原荘介以外は悲観的な推定が多く、コメだけではまかなえなかったという考えの方が一般的であった。弥生早期・前期など開始期においてはとくにその傾向が強く、ようやく農耕中心でやっていけるようになるのは水田稲作が始まって六〇〇年あまりたった弥生中期以降と推定されている。

縄文人の生業　あまり知られていないが、縄文人は弥生人よりかなり早い段階で農耕と結びつけられていた。いわゆる縄文農耕論は明治九年（一八八六）に縄文原始農耕論として登場している。縄文中期の八ヶ岳山麓を舞台とする縄文原始農耕論がもっとも早く、しかも現在までに主張されたすべての縄文農耕説の根拠はすでにこのころ、出尽くしている。

大量に出土する土掘り用石器（打製石斧）を石鍬にみたて、それを農具として用いた農業の発展が、遺跡の大規模化と急増をもたらしたという論理は、西日本の縄文後・晩期農耕論でも採用されている。唯物史観が一九三〇年代に導入される以前は、農業をおこなわない限り人口の増加はのぞめないという考え方が主流だったからである。未開な狩猟採集民では人口の増加に伴う社会の発展は無理なのだという考えの裏返しである。

いずれにしても農業こそが、すべての生業のなかで最高の生産活動である考え方は、進化論そのものであった。未開な人びとは採集・狩猟段階からいずれは農業段階へと進化し文明への道を歩み始めるという図式のなかで捉えられていた。農業以外の食料獲得手段は取るに足らないと考えられていたのであろう。

縄文時代研究のなかで最初に取り上げられた生業が農耕だった点は驚きだが、進化論の脈略のなかで出てきたことを考えれば納得できる。一方で石器を中心に生業関係の資料は増加していたので、狩猟・漁撈の道具の研究は着実に蓄積されていったことはいうまでもない。

唯物史観の導入　治安維持法の施行下で表立った発言はできなかったものの、昭和にはいると考古学の論文のなかにも明らかに唯物史観にもとづいて書かれた通史が登場する。すなわち、経済的側面としての農業を軸とした先史時代の時代区分がおこなわれる。森本六爾《ろくじ》は弥生時代を稲作農業が生産基盤とする生産経済段階にあったと位置づけ、補助的な農耕を組み合わせた採集狩猟経済段階にあった縄文時代とは区別するという唯物史観にのっとった時代認識を示した。

それに対して山内清男《やまのうちすがお》は、弥生式土器文化の農耕は婦女子がおこなう補助的な段階にあたり、鉄器を農具として用いる本格的な農業は古墳時代になってから始まると考えた。山内は縄文時代の植物栽培自体を認めていないので、縄文・弥生時代は採集経済段階、古墳時代以降を生産経済段階と位置づけている。

生産経済段階にある弥生時代が唯物史観によって、一つの独立した時代として縄文時代と古墳時代の間に位置づけられると、史的唯物論が得意とする生産関係・社会形態・支配組織といった下部構造の研究が敗戦を機に本格化して、一九七〇年代までの弥生時代研究の主流となる。生業研究が弥生研究の表舞台にあらわれるのはもう少し先のことである。

(2)　生業研究の登場と展開

人類学的考古学のはじまり―縄文文化研究を中心として―　日本考古学における生業研究は縄文時代を対象に本格的に始まる。それはまさに低湿地遺跡の調査によって植物質食料の存在が明らかになってくる過程と軌を一にした。研究が進むにつれ、狩猟や漁撈よりも堅果類を中心とするデンプン質食料の採集が予想以上の比率を占めていたことが研究者の関心を引いたのである。当初から水田稲作が重視された弥生時代研究の場合、水田稲作以外の食料獲得手段への関心はごく一部の研究者に限られ、木器や石器、金属器など、食料生産以外の生産と流通という下部構造研究に多くの関心が向かった。その点、農業が存在しないと考えられていた縄文時代研究は、弥生研究と同じ方向へは進まず、必然的にあらゆる食料獲得手段の研究へと向かうことができたのである。また後述するように、縄文農耕論が果たしたプラスの影響も見逃せない。植物質食料を遺跡から実際に見つけ出す調査方法などが欧米の考古学から導入されるとともに、ドングリ食を民族誌から復原する研究が進む。いずれも縄文時代研究が舞台である。

縄文研究のなかで生業研究がどのようにして始まったのかについては後に「欧米の動向」の項で述べることにして、弥生研究において生業研究が進まなかったもう一つの理由について述べておこう。

弥生研究で生業研究が出遅れた理由　弥生時代研究において生業研究が進まなかった原因として見逃せないものに時代区分の定義がある。昭和五三年（一九七八）の福岡市板付遺跡における縄文時代の水田の発見に続く、佐賀県唐津市の菜畑縄文水田、福岡県二丈町曲り田遺跡の最古の鉄器の出土をふまえて、佐原真《まこと》や金関恕《ひろし》は、それまでの土器という技術様式を指標とする時代区分から経済様式を指標とする時代区分への転換を積極的に推し進めた。先に森本が弥生時代を生産経済の時代と位置づけてはいたが、時代区分論までを射程に入れたものではなかった。なぜなら、農業が弥生時代の最初からあるのかどうかさえ当時はわかっていなかったからである。

昭和五〇年（一九七五）、佐原真と金関恕は水田稲作を生活の基本とした時代を弥生時代と定義する。土器で時代区分をおこなうのではなく、文化様式で時代区分をおこなうことを目的としたもので、縄文と弥生の違いを森本にならって採集・狩猟経済か、生産経済かという生産様式の違いに求めたのである。

それに対して縄文時代の生業には絶対的なものはなく、いろいろな食料獲得活動を組み合わせたものと考えられていたために、構造的な生業研究をおこなう環境が整っていた。こうした縄文時代と弥生時代の生業に対する考え方の違いを背景に、欧米や関連諸科学からの刺激を受けた人類学的考古学のなかで縄文時代の生業研究が進展していく。

欧米の動向　戦前から東日本の各地では低湿地にある縄文時代の遺跡が調査され、ヒョウタンやドングリなどの植物質食料が出土することは広く知られていた。しかし、なんといっても見つかる遺跡が少なかったため、栽培という生業へは議論が向かわなかったし、そもそも縄文人は栽培や農耕をおこなっていないという山内の定義が議論の展開を縛っていたのである。

一九六〇年代に進化論や伝播論による文化史的アプローチを脱却した欧米では、理科学的年代測定法、コンピュータと統計学、システム論、生態学を応用したアメリカのニュー・アーケオロジー、イギリスのプロセス考古学が、人類学的考古学や生態学的・経済学的アプローチを実践し始めていた。

そのため、戦前から研究が進んでいた土器や石器、骨角器以外の、遺《のこ》りにくい資料から復元される世界と、自然環境とのダイナミックな生態学的な関係に注目し、それを可能とするフィールドとして低湿地遺跡の調査を目的とする低湿地考古学を発達させた。

イギリスでは、グラハム・クラークなど、ケンブリッジ大学経済学派による一連の研究に代表されるように、一九五二年に出版された『先史時代のヨーロッパ―その経済的基盤―』が有名である。アメリカでの動きは、本書別掲の西本豊弘のコラムを参照されたい。欧米の研究の成果は縄文時代の生業研究に影響を与えていく。

日本考古学の対応　一九六〇年代に文化庁が主催する考古学・美術史の自然科学的研究が契機となって、古文化財に対する保存科学と人文科学との学際的研究がおこなわれ、福井県鳥浜貝塚の調査などへとつながっていく。昭和三七年（一九六二）から始まった調査では、水洗選別（フローテーション）法による微細遺物採集、植物・動物遺体の収集、年代測定など学際的な調査・研究がおこなわれた。

このような縄文時代の遺跡を対象とした調査の最前線とは対照的に、当時の弥生研究は依然として生産と流通、集団・社会構造論などに中心があり、『考古学雑誌』や『考古学研究』などの全国誌に、「生業」という文字を論文タイトルに冠した論文はまったく掲載されていない。『古代文化』が昭和四〇年（一九六五）に全国誌としては初めて論文名に「生業」を冠した論文を掲載しているほかは、『物質文化』や『季刊人類学』など、民俗・民族学の全国誌に限定してわずかに見られる程度であった。

縄文農耕論と文化人類学の影響　明治初期から存在した縄文農耕論は、一九五〇年代ごろから民俗学や文化人類学の影響を受けるようになる。

民俗学では現有する水田稲作より原始的な農法として焼畑農耕を想定する。したがって、弥生時代の水田稲作以前には焼畑農耕があると捉えるため、結果的に縄文農耕を肯定することになる。考古学者が縄文時代に焼畑農耕を想定するようになったのは民俗学の影響といわれていて、その代表の一つが澄田《すみだ》正一の「遊農性穀物栽培説」である。

このように一九七〇年代以前の考古学では、焼畑から水田に漸進的に移行するという民俗学の発展段階論の影響のもと、水田稲作に対する原初的な農耕として焼畑が縄文後・晩期に想定された。しかし、焼畑の考古学的証拠は見つからなかったために、決め手を欠く状態が長い間つづくのである。現在でも依然として縄文時代のコメ・雑穀遺体は見つかっていない。

一方、縄文農耕論に否定的な影響を与えることになったのが文化人類学の半栽培概念ではなかろうか。照葉樹林文化論自体は、水稲栽培以前の東アジアの照葉樹林帯一帯に、野生植物採集段階、半栽培段階、根茎作物栽培段階、ミレット（雑穀）栽培段階を認める考え方なので、先述した民俗学における焼畑農耕説と同じ構造を持っている。

しかし、この生業発展段階モデルを支えていた「半栽培」概念が、渡辺誠が復原した堅果類を中心とする野生植物の採集体系を理論的に支えていたため、結果的に縄文農耕を否定することになるのである。

半栽培概念とは文化人類学者である中尾佐助の概念で、狩猟採集段階において人間が無意識に生態系を攪乱し、やがて新しい環境に適応したもののなかから、有用な植物を保護したり、残したりするような行為を指している。

堅果類に注目し、アク抜き技術の開発や定着によって野生植物の利用が活発化することを、半栽培概念に依拠して復元した渡辺は、雑穀栽培を想定しなくても堅果類の集中的な利用によって、縄文時代における大規模集落の成立や長期間の継続は説明できるとした。渡辺のこうした縄文農耕論批判は、実に一九八〇年代まで大きな影響を与えたのである。

雑穀を対象とする縄文農耕論最大の弱点は、アワやヒエなどの植物遺体が遺跡から見つからないかららだが、この状態は今でも基本的に変わっていなくて、現状で最古のキビ遺体は、弥生前期の近畿である。

しかし、現在では縄文土器に遺されたスタンプ痕から研究が進展し、縄文後期はじめまではコメやムギがさかのぼる証拠が、山崎純男や小畑弘己によって得られつつある。あとは実際に縄文人がコメや雑穀を作っていたことをどのように証明するかにかかっている。

生業研究の一般化　一九七〇年代の後半になると、いわゆる出版社が一般向けに出す考古学講座のなかに、「生業」という巻が加わり始めた。とくに雄山閣出版から刊行された『縄文文化の研究』や『弥生文化の研究』は、一巻丸ごと生業にあてるという点で画期的な出来事であった。

小林達雄編『縄文文化の研究　二生業』一九八三年

目次を見ると、植物利用、狩猟・漁撈・農耕といった食料獲得手段ごとに章がならぶ。採集狩猟経済と銘打ったなかにあって、農耕という項目があるのは一見、奇異に感じるが、メジャーフードとしての雑穀や穀物を扱ったものではなく、ヒョウタンやエゴマなどの蔬菜《そさい》類を対象とする栽培活動を指している。半栽培概念にもとづく栽培で、生業全体の一手段にすぎないと位置づけられている。

小林達雄は縄文時代の生業を、あらゆるものにまんべんなく依存する網羅的な生業構造を持つと捉え、六〇種以上の哺乳動物、三五〇種以上の貝類、七〇種以上の魚類、三五種以上の鳥類、五五種以上の植物質食料をあげる。このなかにはキノコ類や山菜、昆虫などは含まれていないので実際にはもっと多くの食料に依存していたことがわかる。

これらの食料は一度に採れるわけではなく、四季によって採れる時期が決まっている。縄文人は季節に応じてこれらの食料を採ったとして、縄文カレンダーを提示した（図6）。東日本の落葉樹林帯を例にあげると、春は野草の採集、夏は漁、秋は堅果類や根茎類の採集、冬は狩猟と、季節ごとにメインとなるものは異なるが、弥生時代のように水田稲作という一年中重点をおかなければならない生業は基本的にないので、何かの一つが不作でも危険を分散でき、飢饉に強いという特徴を持っている。

炭水化物は堅果類や根茎類から採取するので、弥生時代のコメとメインになるという意味では一致するが、季節によってメインの食料に投下する労働量が縄文と弥生では異なる。コナラなどのブナ類なら秋に集中的に採集し、保存できる形態までもっていかなければならないので、この季節の労働投下量はきわめて高い。しかし、稲作はなにがしかのかたちで一年中関わらなければならず、単に比率が高いという共通項ではくくれないことがわかる。

金関恕編『弥生文化の研究　二生業』一九八三年

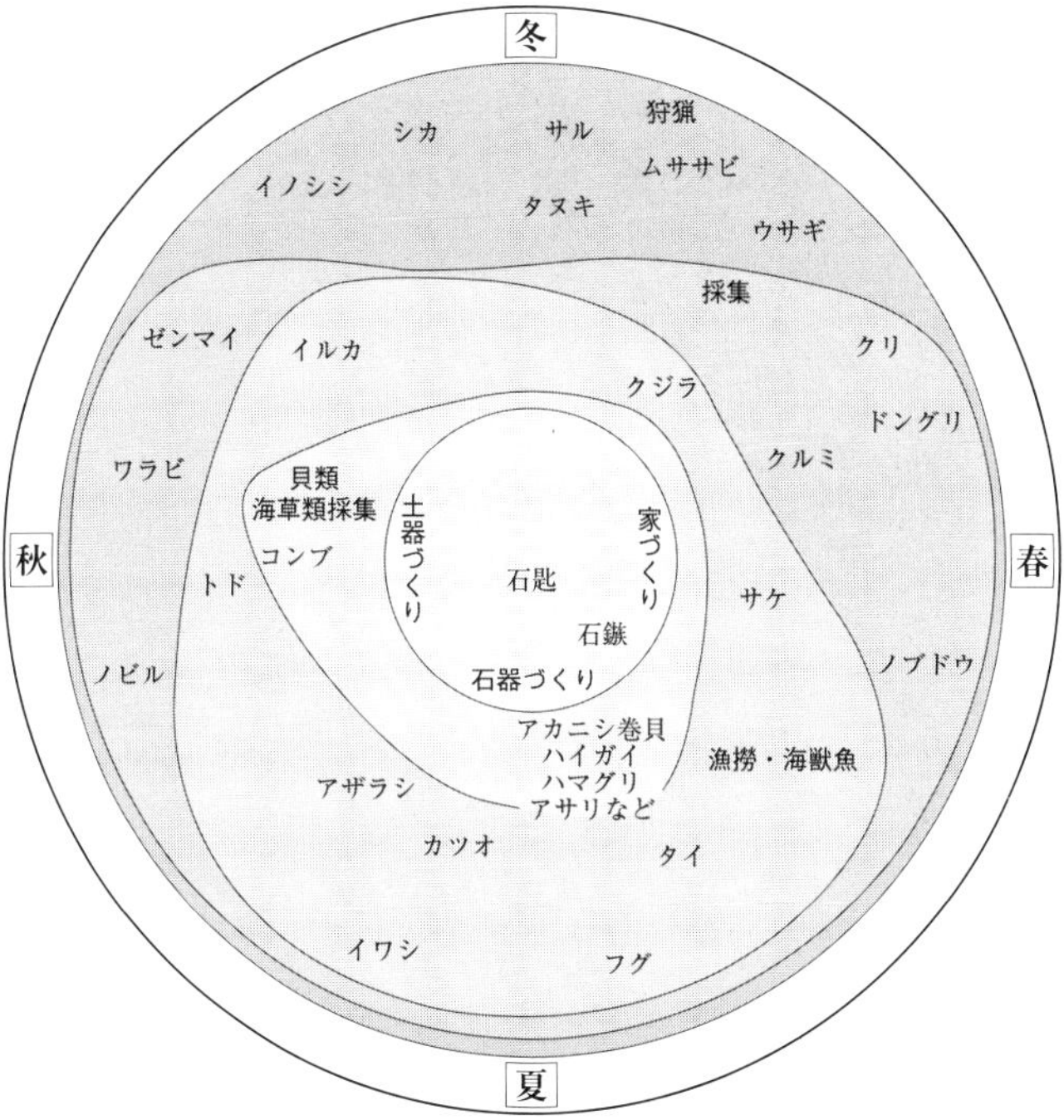

図6　縄文カレンダー（小林達雄『縄文人の世界』をもとに作成）

目次を見るとメジャーフードとしてのコメを中心にすえ、田畑の営み、貯蔵と調理、食用植物、イネの自然科学的調査法など、イネ・コメ中心の構成となっている。狩猟と漁撈は最終章にあるが、あくまでも農業に対する副次的な食料獲得手段というあつかいであり、『縄文文化の研究』のなかでの取り上げ方とは一線を画す。とくに漁撈は、釣針や石錘《せきすい》を共通する海人集団を浮き上がらせてみたり、土器製塩集団などのように、首長権に支配・掌握された特殊な集団として位置づけてみたりなど、生業集団としての取り上げ方ではない。これもひとえに水田稲作以外の食料獲得手段の実態がわかりにくいという調査上の制約と、専門工人集団の出現という労働編成上の違いに求めることができよう。

西本豊弘・松井章編『考古学と動物学』同成社、一九九九年
辻誠一郎編『考古学と植物学』同成社、二〇〇〇年

この二冊は、加藤晋平と藤本強が企画・監修した『考古学と自然科学』という叢書の第二冊目と三冊目である。生業研究をおこなううえで不可欠な動植物遺体をどのように調査・研究していけばよいかを網羅的に解説したもので、動植物考古学初の入門・啓蒙書として位置づけられる。先史時代だけでなく、環境考古学、環境歴史学などの新しい学問分野が一つの学問体系として成立しはじめたことを示す歴史的な書籍といえよう。

食料としてのコメと多機能をもつコメ　弥生人はコメをどのくらい食べていたのであろうか。骨に

含まれる炭素12と炭素13という同位体の比率を調べると、弥生人たちがC_3植物を食べていたことがわかる。C_3植物にはドングリやコメなどが含まれるため、弥生人がコメを食べていたことがわかるのである。

縄文人もC_3植物を食べていたことが同じ調査からわかっている。アワやヒエはC_4植物なので骨から検出できないということは縄文農耕の実態を知るための一つの手がかりとなろう。すなわち、縄文土器に遺ったスタンプ痕や、縄文土器のお焦げから見つかった縄文ヒエなど、縄文人がC_4植物を食べていたことは否定できないが、ドングリに及ぶものではないことは明らかである。

実は弥生人がコメをどのくらい食べていたかはさほど問題ではない。水田稲作が始まり人びとがコメを食べるようになったという事実よりも、コメが持つ社会・経済・祭祀的価値が重要視された稲作社会が始まったことの方が大きな意味を持つからである。この点において水田稲作は重視されるのであり、農業に占める水田稲作の割合や食料全体に占めるコメの比率を重要視しているわけではない。

(3)　弥生時代における生業研究の現状――サブシステンスとして――

弥生開始期　生産や流通など生産経済の実態をめぐる研究が活発な弥生時代研究のなかで、こと弥生開始期においては、縄文時代の生業構造から弥生時代への生業構造へとどのように転換していくのか、そのメカニズムの解明を目指した研究がある。

山崎純男は縄文後期後半から縄文晩期後半までの九州地方において、土器の器種構成や石器組成が変化し始め、農耕の存在を物語る土器や石器の比率が上がっていくことを証拠に、農耕の比率が高まっていくことを証明しようとした。

筆者もこの方法にならい、九州から東北までの縄文後期後半から弥生後期までを対象に石器組成の変化を調べた。その結果、縄文時代に特有な網羅的な生業構造から弥生時代に特有な選択的な生業構造への転換は、漸進的におこるのではなくて、ある時、突然転換することを明らかにした。西日本では、少しずつ変化するというよりも、ある時点で一気に変わるのである。ここに韓国南部から渡来人の大量渡来や、九州北部から西日本各地への人の移動を想定する素地がある。AMS―炭素14年代測定の最新データによれば、九州北部で生業構造の転換が起こるのは前一〇世紀後半ごろであることがわかっている。

このような生業構造の変化を見ていく研究はこれまで土器や石器を中心におこなわれてきたが、ハードウェアだけで生業のすべてを検証できるわけではない。狩猟や漁撈のように石鏃や釣針・漁錘網などの生業関係のハードウェアがもっとも反映しやすい生業がある一方で、ドングリの採集を直接に反映する石器はないので、その場合は別の指標を用意しなければならない。たとえば、ドングリを砕き、磨りつぶす石器として磨石《すりいし》や石皿の比率を見るのである。

また、数の問題もある。一〇点の石鏃と一点の石錘を比較して、石鏃が多いからといって狩猟の方が活発におこなわれていたとはいえないように、考古資料一点が持つ意味は、何を対象とするかによって意味が異なってくる。

このように厳密には難しい部分があるのだが、ある前提のもとで弥生開始期の生業構造を推定しているのが弥生時代におけるサブシステンス研究の一つである。

弥生生業　弥生時代の生業研究は甲元眞之《こうもとまさゆき》の独壇場といっても過言ではない。農耕と組み合う生業を類型化して複合的な生業を地域・時期ごとに設定する研究と、労働投下量という観点から弥生農村の生活暦を試行した研究の二つがある。

前者についてはとくに漁撈との組合せに注目する。(『日本の初期農耕文化と社会』同成社、二〇〇四年)。中国では黄河流域の畑作地帯よりも長江流域の水田地帯の遺跡から多くの魚骨が見つかることに注目し、長江流域では動物性よりも魚のタンパク質に多く依存する農耕類型が存在したことを指摘した。もともと長江中流域はコイ科が世界最大の分布を示す地域で、しかも産卵場所の八割が初期水田農耕の場所と一致するという。このことから、水田農耕と魚は生態的に密接に結びつくことは明らかであり、家畜飼養をおこなわない水稲栽培は、水辺での生態系を最大限に利用したすばらしい文化であったと位置づける。

魚と複合した水田農耕を日本列島へといたる拡散過程で確認することはまだできていないが、弥生時代の遺跡で見つかっている以上、韓国や山東半島における今後の調査に期待したい。

後者の生活暦は、弥生時代における各生業の割合を労働量として季節ごとに示した研究である（図7）。甲元は瀬戸内東部の沿岸域に所在する弥生集落をモデルに復元した。遺跡は海抜五〇〇㍍の山塊から南に延びる丘陵にある二〇軒の住居と五軒の高床倉庫からなる、人口二〇～二五人の村である。環壕集落で北側に畑、川の両側には水田が広がる。隣村までの距離は約二㌔、海岸までは三㌔という設定である。

弥生人の生活例は水稲栽培を基本として、イネの生育にあわせてあらゆる営みを組み合わせている。季節ごとの比率をあげてみよう。農業は水田と畑、採集には野草・ドングリ、果実が相当する。漁撈は貝と魚、狩りはイノシシと鳥など、あとは道具の製作と修繕にあてるという想定である。季節を推定する証拠をあげると、イノシシやシカの臼歯から死亡季節が推定できることから、狩りの時期は冬に比定される。植物遺体は長崎県原の辻遺跡や里田原遺跡の発掘データをもとにしている。

春　農業五二パーセント、採集四パーセント、漁撈二〇パーセント、狩猟四パーセント、道具二〇パーセントで、田植えに伴う作業が集中する農業と、春先の貝類や魚の捕獲が多くを占める。

夏　順に八、七、三八、二、四五パーセントとなる。漁撈の割合がもっとも高い。農業は除草作業がもっとも大変な労働である。

秋　順に二二、四〇、一四、二、二二パーセントとなる。イネ刈りとドングリ・果実の採集の比率がもっとも高い。

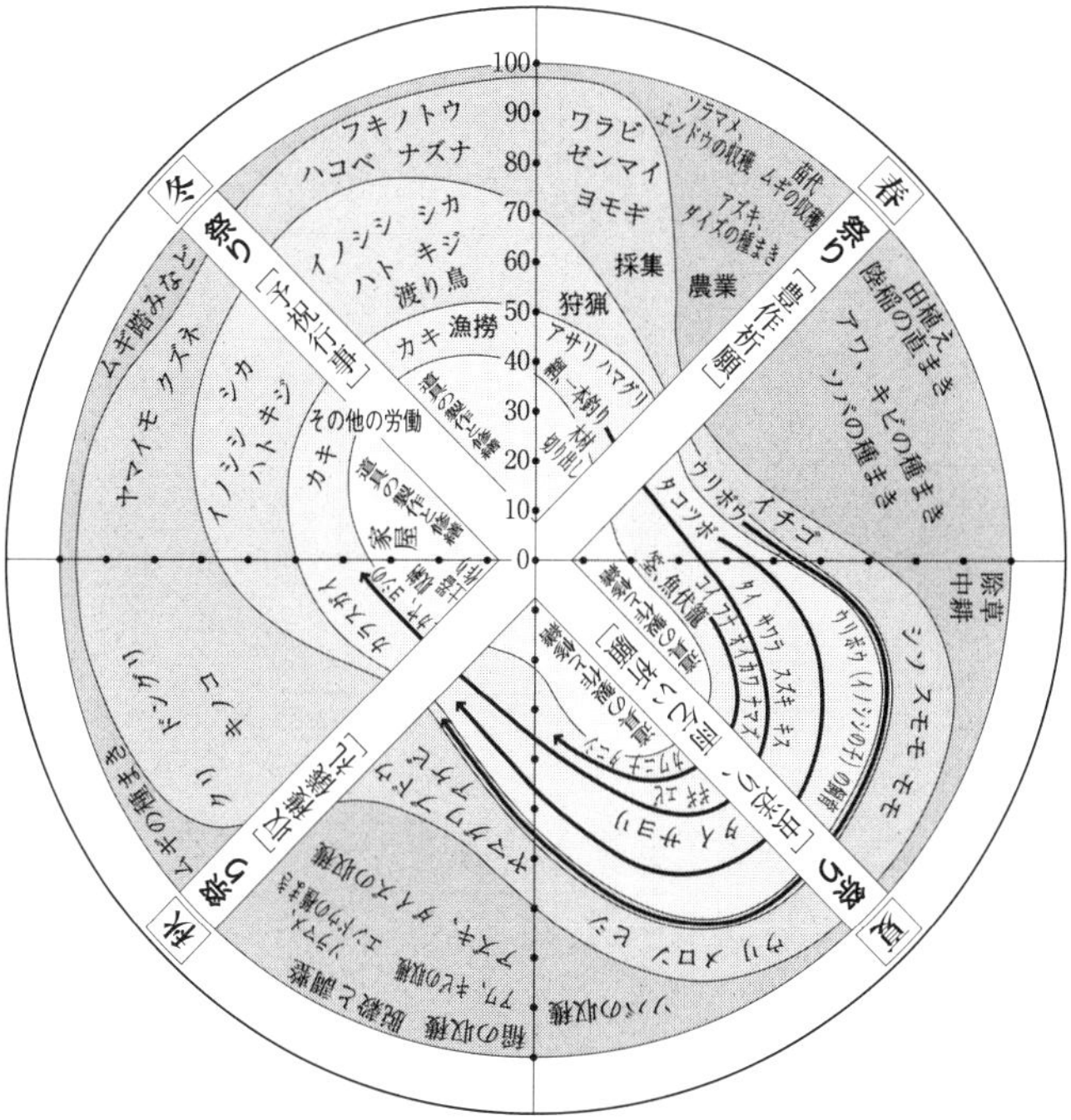

図7　弥生人の生活暦（甲元眞之『週刊朝日百科日本の歴史』39をもとに作成）

冬　五、一二、一〇、二七、四六パーセントである。いわゆる農閑期で狩りと道具の作成、修繕の比率が高い。

以上のように、稲作と直接関係がうすい冬をのぞいて関わりを持ちながら、春はもっとも農業の比率が高く、夏は漁、秋は採集がもっとも高いという労働の割り振りを見せる。稲作の比率が重要ではないことはこのことからもわかる。

非水稲稲作民　立地と石器組成をもとに、畑作民、山岳民（狩猟民）、漁撈民などの復元を目指した研究がおこなわれてきた。九州南部のシラス台地上で、有肩の打製石斧を持つ畑作民がアワなどの栽培をおこなっているが、植物遺体は見つかっていない。玄界灘沿岸一帯の弥生後期に、滑石《かっせき》製の漁具を持つ漁村を想定した研究がある。とくに釣針や石錘などの漁撈具を共通する集団として認識されてきた海洋漁撈民は、大陸や韓国との交流や航海をつかさどる海人集団との関係で注目されてきた経緯がある。近接する水稲稲作民とどのような関係を持っているかなどは今後の検討材料である。

山の民の生活は、弥生後期以降、阿蘇山の外輪山周辺に展開した畑作民の存在が想定されている。大分県大野川上流域には、コメやアズキの栽培が確認されており、ヤマモモ、ドングリ、トチが出土し、それらを加工した磨石と石皿が住居跡から見つかることが多い。土器の器種構成は低地と同じ甕と壺だが、壺で煮炊きをおこなう点や、縄文以来の突帯《とったい》文様を主属性とする甕など、低地とは異なった暮らしが展開する。これらは生業構造という点から見ると、縄文後・晩期農耕民との区別がきわめて難しい集団である。

おわりに――先史時代における二つの生業研究――

縄文時代と弥生時代の生業研究の特徴を整理して終わりとする。

サブシステンス subsistence という英語がピタリとあてはまる生業が存在したのは縄文時代である。あらゆる食料獲得手段を持つ縄文時代。もちろんメインとなる食料はあるし、地方によってその種類も異なるが、どんなにある食料に依存する割合が高くても、あくまでも有力な食料資源の一つにすぎず絶対的なものではない。一般に堅果類が量的にも有力な食料だが、食料という経済的な意味しかなく、社会・祭祀的な価値は込められていない。稲作のように一年の大半に何らかのかたちで関わることは少ない。

弥生時代になると、水田稲作という食料生産手段に特化する。秋はドングリの採集よりも労働投下量は少ないかもしれないが、水田稲作をメインに位置づけた生活や社会システムを受け入れることが重要であって、食料に占める単なる比率の問題ではない。もちろん稲作にどのような食料を組み合わせていたのかを調べることは重要だが、生産経済段階における食料獲得手段と組合せと、採集狩猟段階以前の組合せとは意味が異なるといわざるを得ない。古墳時代以降、古代、中世・近世になるにつれて手段が複雑になるとはいっても、稲作を中心として生産経済段階にあるという点は弥生時代と変わらないのではないかと考える。

弥生時代にも、青銅器や鉄器を作る人などの特殊技術を持つ工人は存在した。しかし、工人はパーマネントではなく、農閑期に製品を作るシーズナルな鋳物《いもの》師であり、木地《きじ》師であった。つまり、生産物や商品を売ってなりわいとする職業工人ではない。古墳時代になると、おそらく農業に従事しない工人が出現することが文献からも推定できるので、その意味で弥生時代は過渡期に相当するのであろう。古代になると瓦や寺院建築などに携わる官営工房の職人や工人が出現する。なりわいの出現はさらにそのあとではないかと考えている。

弥生人のすべてが水田稲作に従事していたわけではないだろう。立地的に水田が造れないところは畑作だったり縄文的な生業構造を維持していたりで、さまざまな可能性が予測できる。また、水田稲作をおこなっていたとしてもその比率もさまざまであったろう。

それでも比率にかかわらずコメという食料以外にも付加価値を持つ作物が、経済・社会・文化・祭祀の面でも重要な位置を占めた時代が弥生時代なのである。縄文人がコメを作っていたとしても、それは食料としての価値しかもたなかったコメという点で、弥生時代のコメとは持つ意味が異なるのである。

コラム

考古学と生業研究

西本豊弘

生業の概念　一般に生業といえば、狩猟・漁撈・農耕活動など生活の糧を得る活動のことを指している。考古学では、陶磁器生産や鉄器生産なども生業の範疇に入る。もちろん、生業が「なりわい」とも呼ばれるように、生活の基盤をなす活動であるとしても、現在の製鉄業に従事している人の生業を鉄生産という人はいないであろう。生業の概念も時代性がある。

日本考古学での生業概念　アメリカ人類学では、生業はsubsistence activityであるが、これは工業化社会以前の個人的消費を目的とした生産活動を意味している。日本では、近世以前の生業活動ということになる。民俗学などの他の研究分野では生業について別の定義もされているが、筆者は考古学での生業研究を前近代の生産活動の研究と定義する立場である。

考古学の生業研究の特徴　考古学の生業研究は、主に道具の研究である。例えば、日本の縄文時代の考古学研究では土器形式論が活発で、土器研究では土器の形式論が主流である。土器を作ることは生業とはみなされず、縄文人のすべてが自分で土器を作ると考えている考古学者が大部分である。また、縄文時代の石器や骨角器についても、それらを作ることは生業ではなく、狩猟や漁業のためや、また、木材加工のために自分で作ると考えられており、それらの道具を作るという作業は生業という認識はほとんどない。

それでは、それらの道具を使った結果としての生業活動の産物についての議論はというと、それもほとんど行われていないのが実情である。この状態は、縄文時代の研究に限らず、弥生時代以降の研究についても変わらない。

例えば、縄文時代の食料の問題については、筆者などの動物考古学を専門とする研究者の一部が論じる場合や、弥生時代の植物考古学に興味をもつ人々が時たま議論するだけである。古墳時代以降の研究においても、埴輪生産や土師器《はじき》生産、陶磁器生産、鉄器生産について論じられる例があっても、基本的には流通過程の研究や権力集団と工人との関係などが主要テーマであって、生業としてそれらの生産活動を論じた例は少ないといわざるを得ない。このように、日本における考古学の生業研究は、ほとんど行われていないのが実情である。

考古学における生業研究の問題点　生業の中の食料生産の問題に限っても、考古学で扱う資料には道具から直接生産高を推測することはできないという宿命がある。それは、出土する遺物が使って捨てられたものであり、製作された道具の量を正確に反映しておらず、また、捨てられた道具のごく一部しか残されていないし、さらに発掘の精度によって、小さい資料が採取されずに捨てられているという現実がある。

そこで、筆者は以前に動物遺体は道具よりも生産量を正確に反映すると仮定して、出土した動物遺体を用いて、本州の古代に相当する北海道のオホーツク文化の生業活動を推定したことがある。その方法は、遺物包含層に含まれる動物遺体の出土量から動物種ごとの最小個体数を推定し、それをカロリーに換算して比較する方法であった。この場合でも、動物遺体の出土量が当時のオホーツク人が利用した動物を正確に反映しているかどうか分からなかった。消えたものがどのくらいであるのか分からないことは、考古学研究の宿命といわざるを得ない。それにもかかわらず、生業研究を、特に定量的分析を行うとすれば、ある程度の推測はやむを得ないであろう。

今後の課題　もっとも、考古学では厳密な意味での定量的比較研究は不可能としても、資料の大雑把な出土量をもとに生業研究を行うことは可能であろう。それにはまず遺跡に含まれる資料情報をできるだけ多く収集することである。例えば土壌に含まれる花粉や珪藻《けいそう》やプラントオパールなどの情報が十分に把握されているとはいえない。意識的に発掘・分析を行い、議論を進めるように努力したいと願う次第である。

コラム

過去の生業を明らかにする実験使用痕研究

馬場伸一郎

実験使用痕研究とは　実験使用痕研究とは、「石器の刃部にのこされている微小な剥離痕、擦痕、磨痕、光沢などを分析し、最終的にはそれら石器によって加工された対象が何であるかを判定する」（芹沢一九七八年）研究である。石器の機能は従来、かたちから類推されたものであり、根拠を伴っていなかった。類推ではなく、実証的な手続きを経た石器の機能推定が実験使用痕研究である。その手順とは、まず過去に想定される被加工物に対し、切る（cut）・搔き取る（scraper）・削る（whittle）などの実験動作を複製石器を用いて行う。その結果形成された使用痕光沢面・微小剥離痕・線状痕を作業回数ごとに随時記録しておく。そして、複製石器と遺物の使用痕を比較し、遺物の使用痕が複製石器のどれに類似するのかを比較する。そうした一連の作業の結果、石器の操作方法や被加工物を推定する。いわば、複製石器は石器の機能を明らかにする「辞典」のようなものである。

実験使用痕研究の観察方法のスタンダードは、キーリーの開発した「高倍率法」と呼ばれるものである。一〇〇～五〇〇倍の高倍率で使用痕を観察するこの手法により、被加工物と形成される使用痕光沢面に相関関係があることが判明した。特徴的な使用痕光沢面を、キーリーはボーン・ポリッシュ bone polish やウッド・ポリッシュ wood polish などと呼んだ。また、観察結果の実証性の高さを検証するために、被加工物と操作方法を使用痕観察者にあらかじめ伝えないブラインドテストも実施した。

東北大学の芹沢長介・阿子島香・梶原洋・山田しょう氏ら「東北大学使用痕研究チーム」はキーリーの高倍率法を踏襲し、実験使用痕研究を本格的に日本に導入した。そこでは、微小剝離痕・光沢面・線状痕の諸属性から石器と被加工物の接触位置、石器の運動方向、被加工物の種類を比定する手法が採用された。実験使用痕分析の原型がここにあり、当時では世界の最先端を行く分析であった。各氏は頁岩《けつがん》とチャート製の複製石器を実験に用いた結果、使用痕光沢面のタイプは石材を超えて共通して認められることが確認され、そのタイプは被加工物と作業回数によって様相が異なり、また異なる二種類以上の被加工物に対して作業した場合には、より後の被加工物に特徴的な使用痕光沢面が認められることを指摘した。そうした実験研究の繰り返しの結果、使用痕光沢面のAタイプあるいはBタイプ（図8）がイネ科植物、Bタイプが木、CタイプあるいはDタイプは骨や鹿角（図9）、Eタイプは皮や肉というように、タイプ別で被加工物を推定することが可能となった。ただし、被加工物と使用痕光沢面の種類は、かならずしも一対一の関係ではなく、また石材による違いもあり、あくまで確率的な関係であることには注意したい。注意を要する。

弥生時代の実験使用痕研究

そうした芹沢氏らの研究はその後、多くの時代の石器研究へと援用

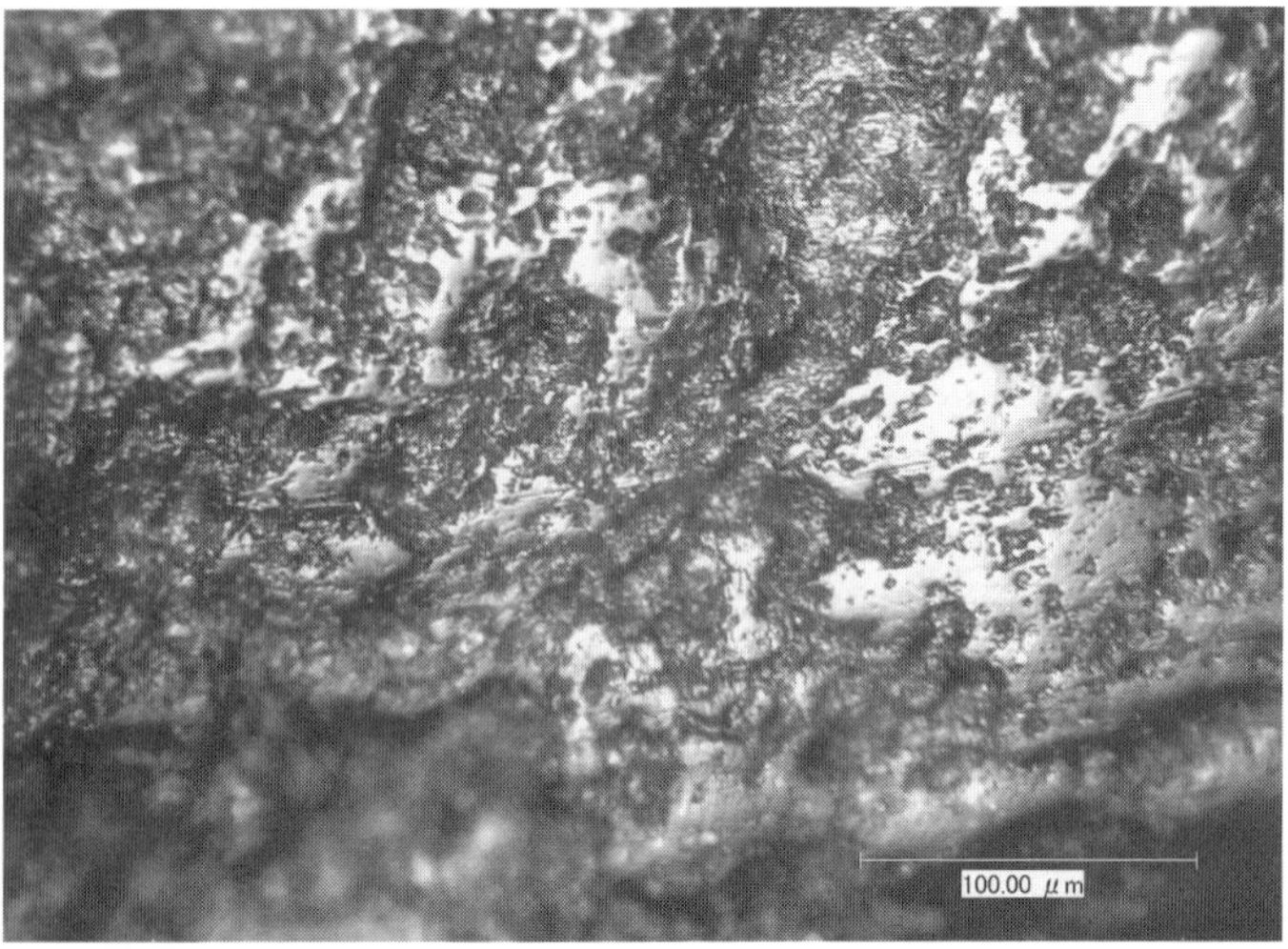

図8　サヌカイト　イネの根刈り（Cut）250回　Bタイプ

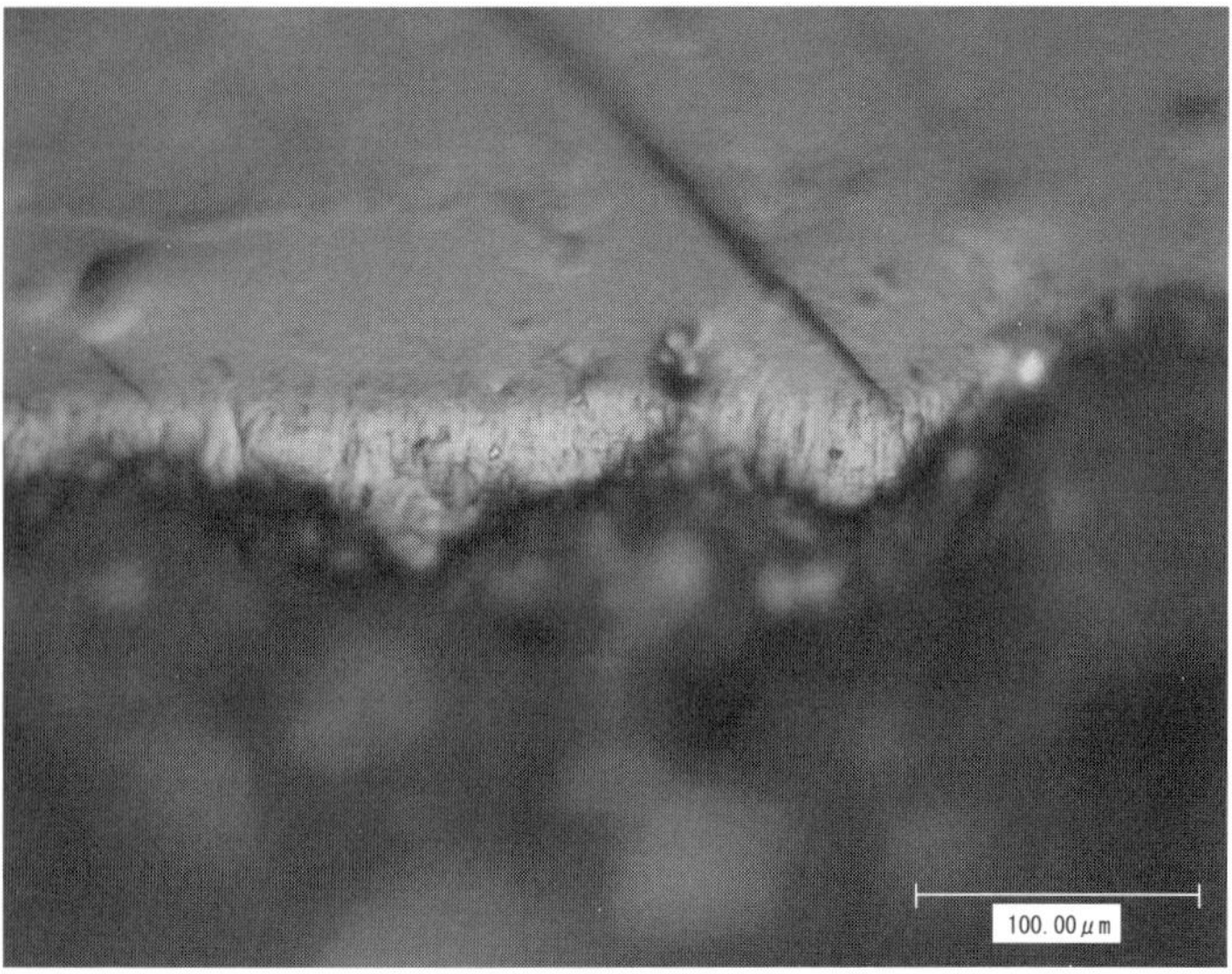

図9　黒曜石　乾燥鹿角の搔き取り（Scrape）1000回　ob-Dタイプ

されることになる。弥生時代の使用痕研究の代表的器種は磨製石庖丁で、そこにはコーングロスと呼ばれるAタイプの使用痕光沢面が特徴的に認められる。しかし磨製石庖丁の場合、単に使用痕光沢面の特定のみならず、それが器体のどの範囲に分布するのか、強弱はどうなのか、という属性も同時に観察された。磨製石庖丁の使用痕光沢は刃部よりも器体中央に顕著な発達がみられる場合が多く、刃縁《じんえん》に直交する線状痕がある。また、石器の表裏に同程度の使用痕光沢面の発達が認められるが、紐を通す孔を中軸線に見立てた場合、表面は使用痕光沢面の発達が左側に偏ってみられ、その部位が表裏で交差していた（図10）。また、刃部に使用痕光沢はほとんど認められない。すなわち、磨製石庖丁は稲穂の穂首を摘みとる道具であり、穂摘みのとき表裏を交互に用い、ある程度刃部の切れ味が落ちてくると刃部を研ぎ直していることがわかったのである。

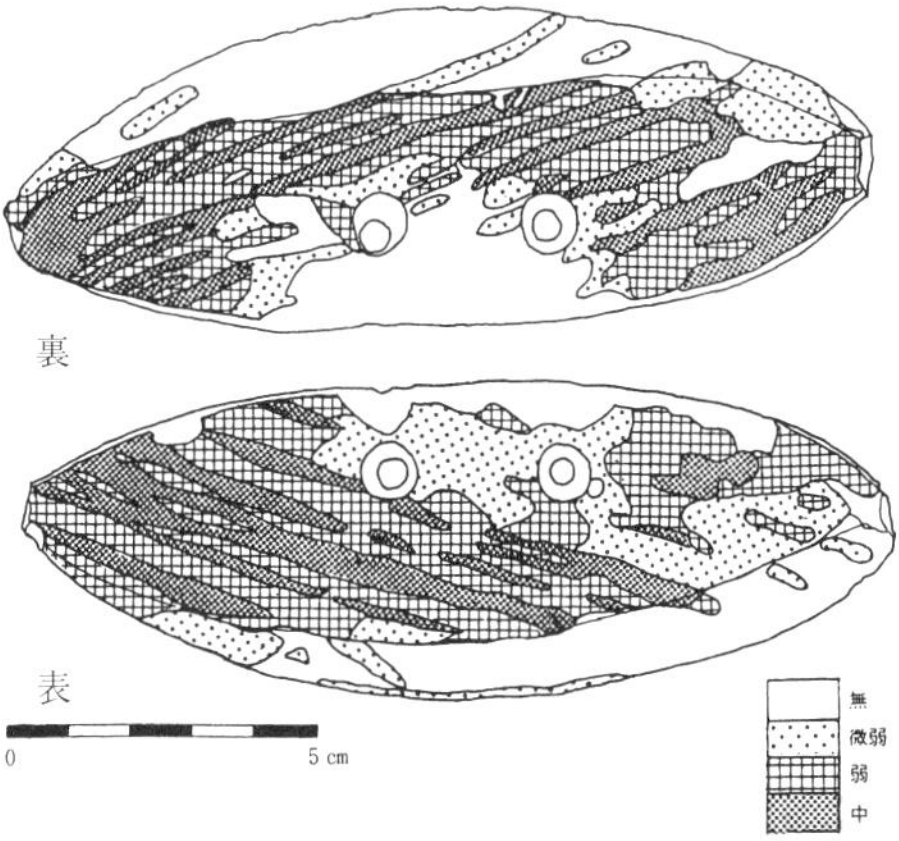

図10　磨製石庖丁の使用痕光沢の強度分析図
（仙台市下ノ内浦遺跡出土、須藤・阿子島1984年より）

　さて、実験使用痕研究は磨製石庖丁と被加工物であるイネ科植物を対応させたにとどまらず、イネ科植物を対象とした新たな石器を明らかにした。東北地方の大型板状安山岩製石器、濃尾平野の粗製剥片石器、中部高地南部の有肩扇状形《ゆうけんせんじょうがた》石器・抉入《えぐりいり》打製石庖丁・横刃形石庖丁と呼ばれる石器である。これら打製石器は穂摘み具である磨製石庖丁とセットで遺跡から出土することが多く、刃部から器体中央付近にまで発達した使用痕光沢面が広範囲に認められ、刃部のラインと平行する線状痕が認められる。磨製石庖丁と明らかに異なる操作方法が推定されるものであり、イネ科植物の根刈りを行なった際の使用痕にきわめて類似していた。すなわち、弥生時代の石製農具は「穂摘み」と「根刈り」具がセットとなっていたことを実験使用痕研究は明らかにしたのである。

また、石製農具に限らず、弥生石器で機能が明らかとなったものに打製斧形石器がある。これは打製石斧や石鍬と呼ばれるものであり、実際の斧なのかあるいは土掘り具なのかは不明瞭であった。使用痕分析では大半の打製斧形石器は土掘り具であったが、一部の資料にBタイプポリッシュが認められた。Bタイプは木を被加工物とした場合に形成されやすい使用痕光沢面であり、土では形成されない。すなわち、打製斧形石器と考古学者が一括りにしている石器には、実は土掘り具と斧が含まれるのである。石器のかたちから機能を判断することが如何に危ういかを示す好例である。

課題と展望　こうした使用痕研究にまったく課題がないわけではない。最も重要な課題は観察結果の客観性である。AタイプやDタイプといった使用痕光沢面タイプの認定が客観的であるためには、その認定の手続きが正当なものでなくてはならない。実験使用痕研究開始当初から、使用痕光沢面のタイプ分類へ疑いを挟む声が少なからずある。また今日、東北大学使用痕研究チームが設定したタイプへの「あてはめ」が危惧されている。「あてはめ」は科学的手法ではない。そうした課題への取り組みの一環として、共同研究による観察基準の明確化や定量的な分類がすでにはじまっている。

ただ、先に示した実例からもわかるように、実験使用痕研究は、石器の機能推定が確率的とはいえ可能であり、過去の人々の「道具」立てを明らかにすることができる。また、実験使用痕研究の成果と遺跡から出土する動植物遺存体の比較研究が実践されれば、過去の生業の復元に相乗効果が生まれる。本文では触れなかった旧石器・縄文・古墳時代の生業形態を解き明かす研究としても今後注目される。

〔参考文献〕
須藤隆・阿子島香「下ノ内浦遺跡ＳＫ２土壙出土の石庖丁」『仙台市高坂鉄道関係調査概説』三、仙台市教育委員会、一九八四年
芹沢長介「石器の使用痕について」『考古学雑誌』第六三巻第四号、一九七八年
芹沢長介・梶原洋・阿子島香「実験使用痕研究とその可能性」『考古学と自然科学』第一四号、一九八一年
御堂島正『石器使用痕の研究』同成社、二〇〇五年

〔付記〕本稿の執筆にあたり、高瀬克範氏より多くのご助力を賜った。

2　水田と畠の日本史

安藤広道

(1)「生業」の通史的な研究の意義

「生業」の研究とは？　「「歴史を創る」ことができるためには、人間たちが生活できていなければならない」「このことは（中略）歴史全般の根本条件」である。これは『ドイツ・イデオロギー』におけるマルクスとエンゲルスの言葉である。彼らは、この「生活できている」状態には、「何はおいても最低限飲食、住居、被服、その他若干のものがそこに含まれている」と解説している（『新編輯版ドイツ・イデオロギー』廣松渉編訳・小林昌人補訳、岩波書店、二〇〇二年）。

私の「生業」のイメージと、歴史を研究するうえでの重要性は、以上の言葉でほぼ語りつくされている。いつの時代、どの地域であっても、およそ歴史を研究するためには、人間の生の生産・再生産を即物的に支える側面、つまりどのようにして「生活できている」状態が維持されているかを理解することが大切である。私はそこに「生業」という言葉を結び付けたいと考えている。当然のことながら、「生業」のあり方は、時代・地域によって大きく異なり、人々の諸活動の大半を「生業」として理解できる場合もあれば、複雑化した社会などでは、そうした位相が見えにくくなることもある。いずれにしても、そのあり方は、人々の生活全体と密接な関わりを持つことは間違いなく、政治や宗教、芸術などを理解するうえでも、決して無視することのできないものと考えている。

さて、「生業」を以上のように考えると、これまでの日本史学における「生業」の研究は、例えば弥生時代であるとか、古代、中世といったように、限られた時代の枠内で行われるものが中心であった。しかし、そうした研究とは別に、「生業」のあり方の変化を、長期的な歴史の中で捉えようとする視点も大切である。「生業」のあり方を軸に、ある地域の長期的な歴史を俯瞰することで、時期ごとの社会や文化の特徴が比較しやすくなる。特に、日本列島のように、弥生時代以降、近代に至るまで、水田稲作を中心とする農耕技術が、人々の食糧を支える重要な役割を担ってきた地域では、時期ごとの社会・文化の変化を理解するうえで、こうした視点が重要になってくるはずである。

前置きが長くなってしまったが、ここでは、以上のような考え方のもと、日本列島における、縄文時代以降、近世までの水田稲作・畑（畠）作技術の展開を大雑把にまとめてみることにする。それは、まだまだここでいうところの「生業」の通史的な研究の成果というわけではないが、これから研究を進めていくために不可欠な骨組み作りのひとつと考えておきたい。

日本史学における水田と畑（畠）の研究　過去四半世紀における、考古学を含めた日本史学の「生業」研究は、「水田中心史観」への批判を中心に展開してきた。確かに、戦後しばらくの間の日本史学の議論は、歴史の動きを、水田稲作をめぐる生産様式の変化を軸に説明しようとする傾向が強かったといっていい。こうした水田偏重の日本文化論や歴史の発展段階論に対し、水田以外の「生業」が人々の暮らしを支えていたことに積極的に目を向けようとする研究が、一九六〇年代ころから増えていった。この「水田中心史観」に対する批判によって、従来見逃されてきたさまざまな資料が注目されはじめ、「生業」に対する関心が急速に高まっていったのである。

「水田中心史観」批判は、当初、民俗学における柳田國男批判として日本史学に根を下ろした。坪井洋文氏の一連の研究がその代表である（坪井洋文『イモと日本人―民俗文化論の課題―』未来社、一九七九年など）。「水田中心史観」批判の視点は、すぐに資料の豊富な中・近世史に広がり、畑（畠）作論・山村史などの個別具体的な研究が蓄積されていくことになる。これらの研究では、中・近世においても、支配者層の収奪対象になりにくかった畑（畠）作を含めたさまざまな「生業」が、時期ごと地域ごとに多様性を持って展開していたことが明らかにされ、併せてそうした「生業」に基づく人々の暮らしの多様性も強調されることになった（上原真人ほか編『列島の古代史　二暮らしと生業』岩波書店、二〇〇六年）。

一方、「水田中心史観」批判の研究は、早くから考古学や古代史にも大きな影響を与えてきた。考古学では、主に弥生時代研究において、水田中心の時代理解に対する反省が叫ばれはじめ、やはり「生業」の複合性や多様性が強調されることになった（甲元眞之「弥生時代の食糧事情」『古代史の論点一環境と食料生産』小学館、二〇〇〇年）。考古学における「水田中心史観」批判の定着は、畑（畠）作を含めた水田以外の「生業」を、縄文時代以来の技術として評価しようとする考え方と結び付き、その結果、複合性や多様性という点において、縄文時代以降、中・近世に至る「生業」が一本の線でつながるようなイメージが形成された。そして、「水田中心史観」が強調してきた、水田稲作の重要性・中心性に関しては、国家の人民支配の枠組みによる、見かけのものとする歴史の見方が強くなっていったのである（木村茂光編『雑穀―畑作農耕論の地平―』青木書店、二〇〇三年）。

しかしながら私は、「水田中心史観」批判に基づく「生業」、特に水田や畑（畠）の研究には、注目すべき成果が多い反面、少なからぬ問題点があると思ってきた。例えば、これらの研究では、批判という意識が強すぎたためか、食糧生産全体における水田の中心性を否定しようとする、あるいは「生業」の複合性・多様性を強調することが目的になる傾向があった。そのため、そうした目的に沿った資料が選択的に取り上げられ、ほかの時代の研究や関連諸分野の都合のいい結論のみが引用されることが多くなってしまっている。

また、どの時代・地域においても、「生業」の複合性・多様性、および前後の時期との連続性が強調され始めたことは、逆に時期や地域ごとの「生業」の技術やあり方の違いに対する関心を鈍くしてしまった。例えば、畑（畠）作技術を安易に縄文時代からの系譜と理解してしまう傾向は、間違いなく時期ごと地域ごとの畑（畠）作技術の違いや系譜の解明の障害になってきた。「生業」のあり方を、自然環境や人口、社会組織、イデオロギーなどの全体の中で理解しようとする研究の枠組みも、むしろ変化の説明に眼が向いていた「水田中心史観」的な研究のほうが地に足が付いていたといっていい。つまり、「水田中心史観」批判においては、そのスローガンとは裏腹に、必ずしも「生業」およびそのあり方の解明に向けて、研究が進展しているわけではなかったのである。

さらに、「水田中心史観」の批判の多くは、なぜか水田や畑（畠）、作物などに関わる土壌学的・植物学的な研究に対し無関心であった。このことも、これらの研究が、「生業」の実態解明に向けて進んでいたわけではなかったことを如実に物語っている。いずれにせよ、「水田中心史観」を否定するために、「生業」の複合性・多様性、およびその連続性を強調するだけでは、真の意味で「水田中心史観」に代わるパラダイムにはならないことに、そろそろ気が付くべきではなかろうか。

(2)　日本列島を舞台とした農耕技術の基礎的整理

日本列島の気象・土壌の条件と耕地のメカニズム　どの地域、時代であっても、農耕について論じる際には、そこで行われていた水田や畑（畠）の耕地としてのメカニズムや、栽培される植物の特徴などを理解しておく必要がある。また、農耕技術の展開は、当然のことながら、その場所の自然条件に大きく左右される。つまり、日本列島における農耕技術の展開を解明しようとするのであれば、日本列島の自然条件と農耕技術との関係について、まずしっかり整理することが求められるのである。

なお、ここでは、多様な耕地のうち、作物を生産する期間に一時的であれ耕作面を水で覆う耕地を水田とし、それ以外の耕地を畑、そのうち耕起を行うものを畠と呼んでおきたいと思う。

さて、温暖で雨の多い日本列島は、一般に肥沃な土地とイメージされているようである。しかし、これは必ずしも正しい理解ではない。年間降水量が一〇〇〇ミリを大きく超える地域の多い日本列島では、土壌pHが五程度の比較的強い酸性を示す土地が目立つ。実はこのことが、乾燥耕地（焼畑や灌漑を伴わない畠）を営む際には、不利に働いてしまうのである。

酸性が強くなると、植物の成長に必要な、窒素・リン酸・カリウムの三大要素をはじめ、多くの養分が、植物にとって利用しづらい状態となる（図11、松中照夫『土壌学の基礎―生成・機能・肥沃度・環境―』農村漁村文化協会、二〇〇三年）。そのため、乾燥耕地においては、施肥などの土壌管理技術を発達させない限り、多くの収穫が望めないばかりか、有効化しているわずかな養分をすぐに使い切ってしまうため、短期間で移動しなければならなくなる。

また、火山島である日本列島は、火山灰が土壌の母材になることが多い。この点も、乾燥耕地には不利な条件となる。特に日本列島に広く見られるクロボク土は、アルミニウムイオンがリン酸と強力に結合してしまうため、見た目とは異なった貧栄養土壌になっている（図12、山根一郎ほか『図説日本の土壌』朝倉書店、一九七八年）。つまり、日本列島で、収穫量の高い常畠を営むためには、施肥を伴う複雑な土壌管理技術が不可欠であり、畠作地帯の代名詞でもある火山灰台地では、一層高度な技術が要求されるということである。

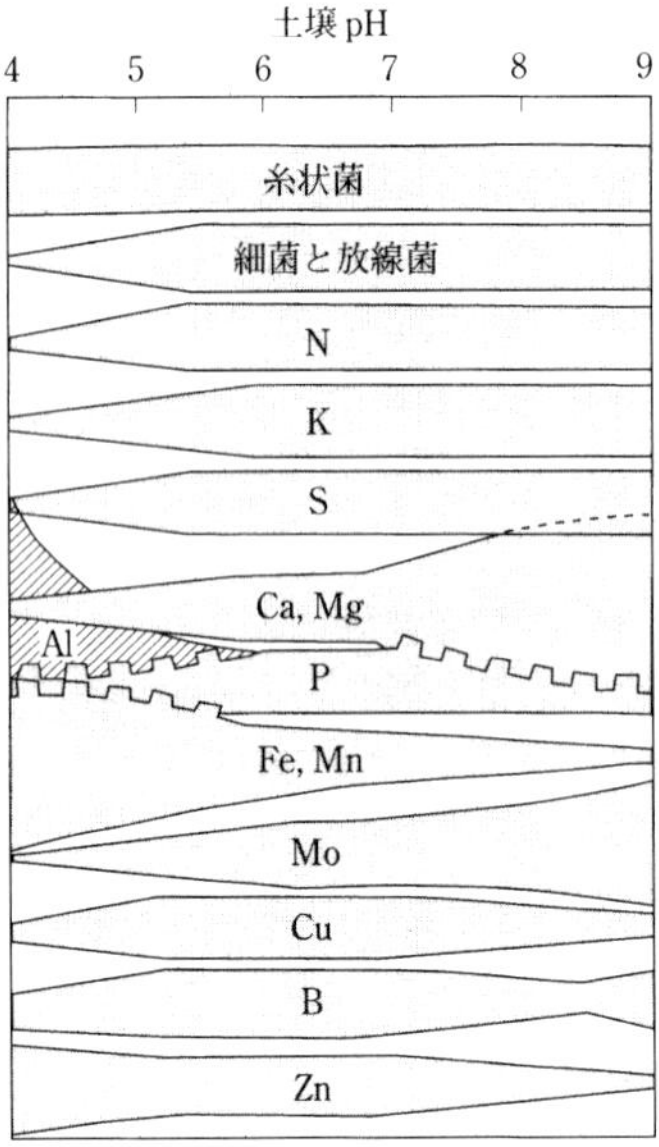

図 11　土壌 pH と養分の有効化との関係

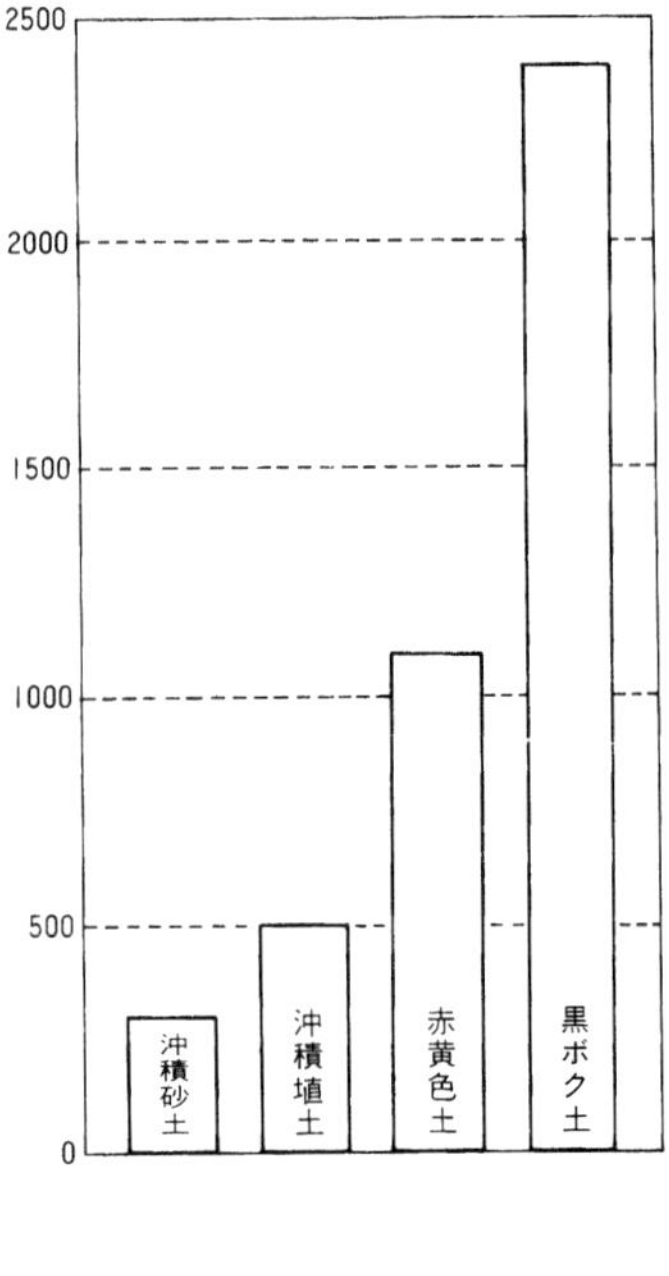

図 12　土壌ごとのリン酸吸収係数 (P_2O_5 mg／土壌 100 g) の違い

とはいえ、以上のような自然条件が、すべて乾燥耕地にとって不利というわけではない。例えばクロボク土は、水もちがよく空隙《くうげき》も多い団粒構造が発達し、腐植の蓄積量も多いため、高度な土壌管理技術を導入すれば一転して良好な耕作土となる。現在、クロボク土の分布する台地に広大な畠が広がっているのは、こうした土壌管理技術の賜物なのである。

さて、もう一方の水田は、上記のような乾燥耕地とはまったく異なる特性を持っている。例えば、水田の場合、水の緩衝作用によって、酸性土壌でもアルカリ性土壌でも中性に近くなり、かつ土壌内が還元状態になることもあって、各種養分の有効化が促進される。また、乾燥耕地では避けられない連作障害も、それを引き起こす土壌生物の繁殖が抑えられるため生じにくい。その結果、土壌に無理をかけない程度の収穫量に抑えれば、イネという一種類の作物を継続的に生産することが可能になるのである（前掲松中照夫『土壌学の基礎』）。

もちろん、水田を営むためには、必要な時期に水を張ることができるだけの水源が確保されていなければならない。イネの場合は、出穂期に特に水を必要とし、かつ日照も不可欠である。その点、日本列島は、夏季に雨が多く日照時間も長いという点で、水田稲作に有利な条件を備えている。

畑（畠）作技術・水田稲作技術の時空間的展開と自然条件との関わり　以上のような乾燥耕地と水田の違いは、当然のことながら、それぞれの技術の時空間的展開とも深く関わっている。

先述のように、雨が多く火山灰土壌で覆われた日本列島は、土壌管理技術の発達していない段階では、間違いなく乾燥耕地の展開には不向きな土地だったと考えられる。乾燥耕地に適しているのは、温帯地域では、年間降水量が数百ミリ程度で、土壌が中性〜弱酸性を示す地域である。畠作の技術が、中国東北部〜華北地域を起源地とし、かつそこで、「生業」の中心として発達したのは、こうした気象・土壌の条件と関係する。と同時に、土壌管理技術の未発達な段階の乾燥耕地の技術は、土壌の条

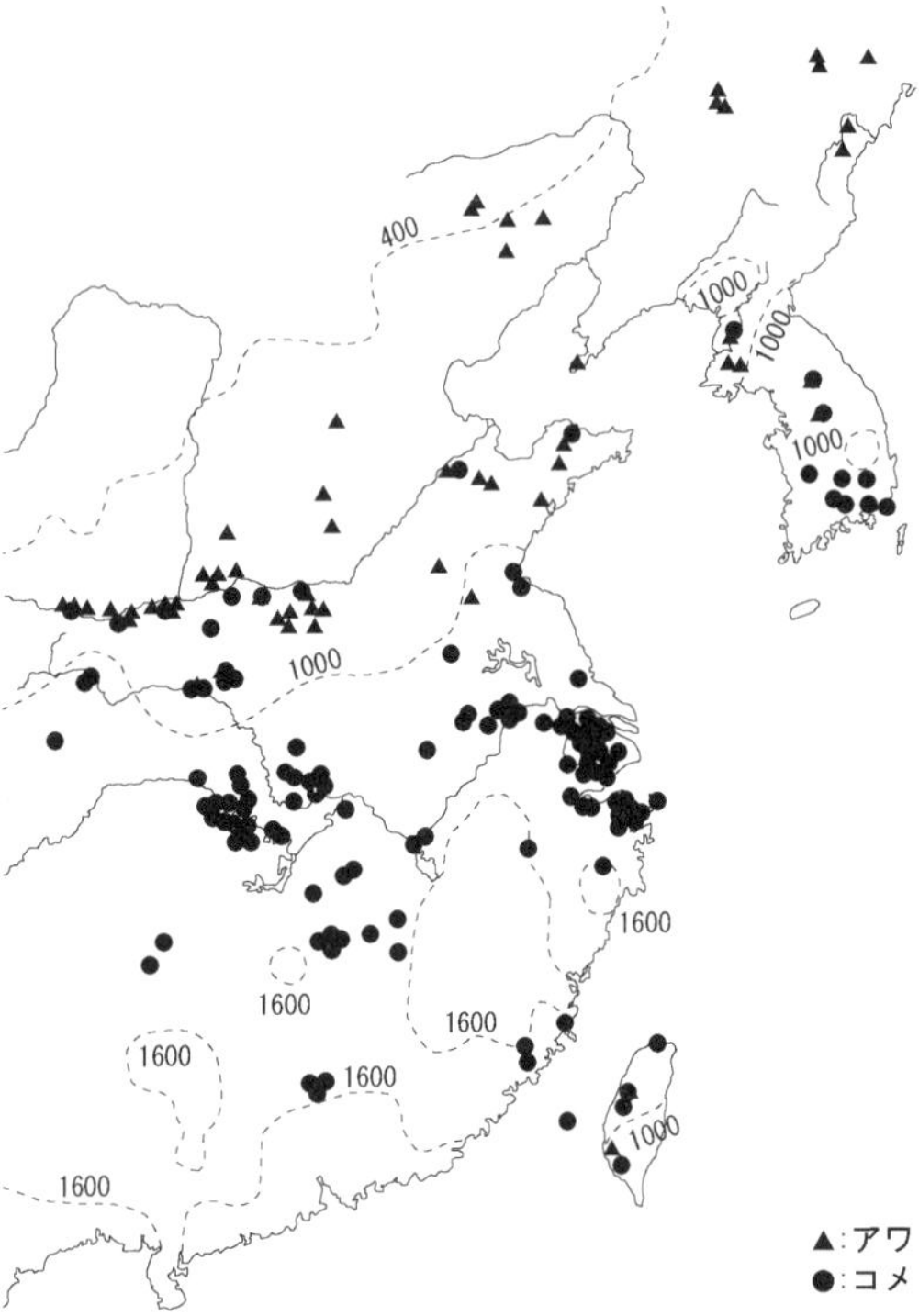

図13　中国・新石器時代のアワとコメの分布（甲元眞之『中国新石器時代の生業と文化』中国書房、2001年をもとに作成）

件に強く規制されるため、条件の揃わない地域には広がりにくいことになる。東アジアの新石器時代において、畑作物の出土遺跡が、中国東北部〜華北地域に集中し、その他の地域、特に雨の多い華南・江南地域に拡散していかないのは、そうした理由によるものと思われる（図13）。

一方、水田稲作の場合は、イネの栽培に必要な気温と日照があり、雨は少なくてもイネが必要とする時期に水の供給が可能であれば、土壌の条件に対し比較的柔軟な対応が可能である。東アジアの新石器時代において、畑作物が南下しないのに対し、イネが華北地域に北上するのは、そうした水田の柔軟性に起因するとみていいだろう。イネの連作・単作が可能な水田は、華北地域の人々にとっても魅力的な農耕技術だったに違いない。イネの拡散の一番強い制限要因は、土壌ではなく、イネという植物そのものの特性なのであって、それが克服できる地域には、水田は拡がりうるわけである。

上記のことから、日本列島においては、土壌管理技術が発達していない段階では、畑（畠）作が「生業」の中心になることはなかったと考えていい。一方、土壌 pH の影響を受けにくい水田稲作は、少なくとも東日本南部以西の地域では、イネの栽培に適した気象条件を備えているため、比較的安定した生産が可能だったと思われる。

日本列島の地形的特徴と水田稲作技術の関係　日本列島は、上記のような気候や土壌の条件のほかにも、初期の水田稲作技術が展開するうえで、有利な自然条件を備えている。山がちな日本列島には、大陸のような広大な沖積地は存在しない。また、河川の勾配が急であるため、扇状地性の沖積地が発達しているのも特徴である。一見すると、これらの特徴は、水田を営むには不利なように思える。しかし、このゆるやかな傾斜を持つ沖積地が発達していることが、初期の水田稲作技術の展開にあたり、大きな意味を持っていたのである。

日本列島における初期の水田稲作は、当初から灌漑の技術を伴っていたことが明らかになっている。もちろん、灌漑という言葉で示されるものもさまざまであるが、ここでは、河川や井戸、湧水、表面水などから供給される水を人為的にコントロールして、水田への給排水を行う技術と考えておく。

日本列島の沖積地では、自然の傾斜を利用した水のコントロールが行いやすい。もちろん、水田は水深を一定にする必要があるため、傾斜面で一枚ごとの水田を広くすることは難しい。弥生時代や古墳時代の水田は、傾斜度数‰〜一%程度の微傾斜面を利用した小区画の水田であり、そこでは多くの場合、ほとんど地形を改変することなく、地形に応じた水田面を形成している（図14）。日本列島のゆるやかな傾斜を持つ沖積地は、こうした自然の微傾斜を利用した小区画水田の展開に、非常に適した地形だったわけである。私は、弥生時代・古墳時代に見られる、こうした技術を「自然微傾斜利用の灌漑型小区画水田」と呼んでいる。

ところで、水田でも、一定面積当りの収穫量を増やそうとする場合、施肥や牛馬を用いた田拵《たごしら》え、丹念な除草などの、さまざまな労働投下が必要になってくる。また、一枚一枚の耕地状態を均一にすることも大切である。そうした場合、水田一枚あたりの面積を広くすることが有利になってくる。ただ、弥生時代・古墳時代の水田が立地していた微傾斜面で広い平坦面を確保しようとすると、当然のことながら造成の必要性が生じてくる。逆に造成が必要ない傾斜の小さい三角州などでは、水田への給排水を行うための高度な灌漑技術や深田での耕作技術が不可欠となる。さらに、古代以降には、傾斜の大きい場所にも水田が広がっていったものと思われるが、傾斜が大きくなれば、水田面の造成に

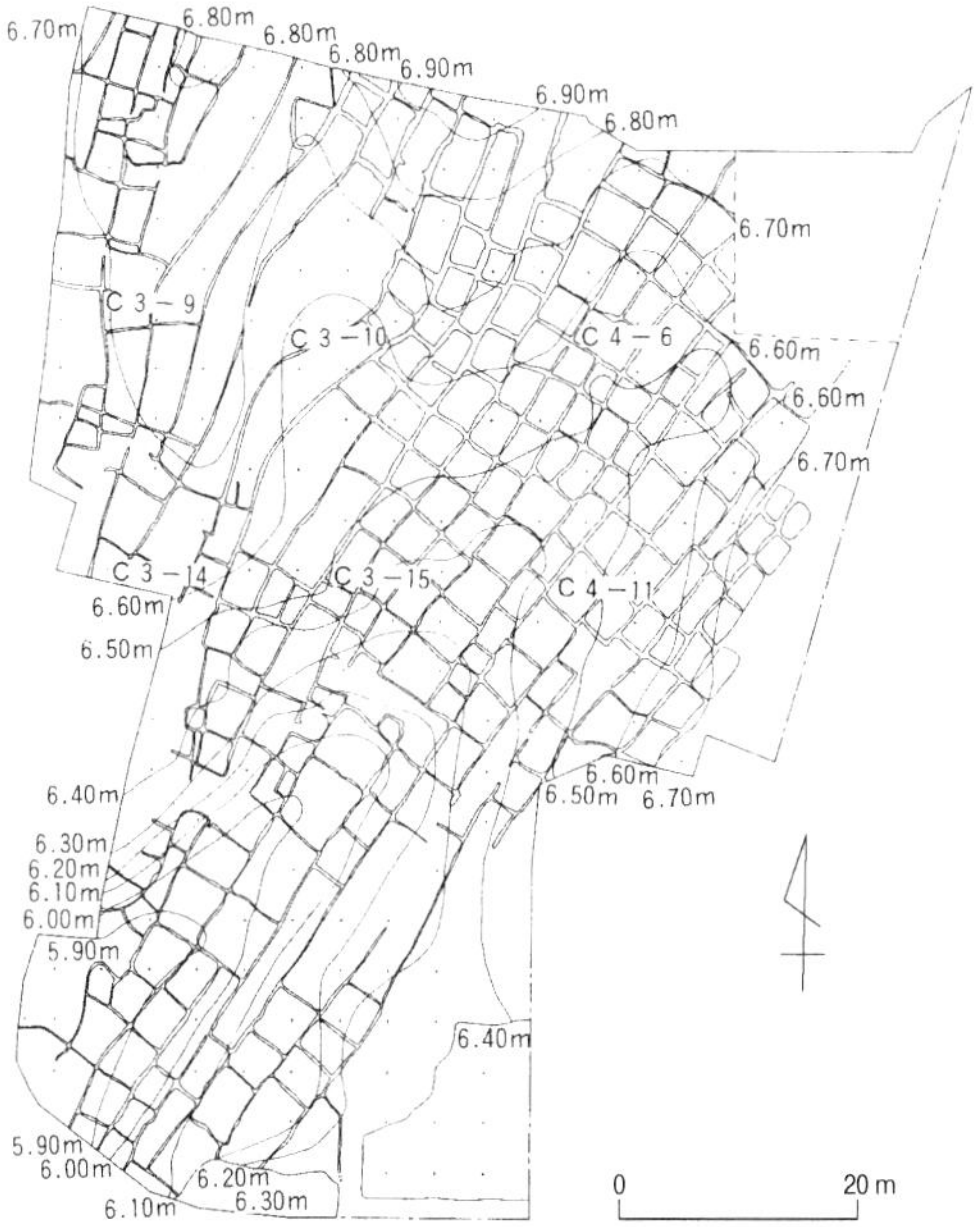

図14　自然微傾斜利用の灌漑型小区画水田（高知県田村遺跡・弥生時代前期、高知県埋蔵文化財センター『田村遺跡群』2002年をもとに作成）

かかる労働力も大きくなる。いずれにしても、現在の水田にみられるような、平坦な場所から傾斜地にまで拡がる、一枚ごとの面積が広く、高い収穫を上げる水田は、平坦面の造成技術や高度な施肥・灌漑の技術、さらにそこに大きな労働力を投下しうる社会的条件が整うことで、はじめて成立したものと考えておかなければならない。「自然微傾斜利用の灌漑型小区画水田」は、こうした現在まで続く、水田技術発達史の出発点に位置づけられるものなのである。

(3)　日本列島における水田稲作・畠作技術の展開過程

「自然微傾斜利用の灌漑型水田稲作」技術の定着と展開　以上の日本列島の自然条件と農耕技術の関係を踏まえ、以下、日本列島における水田稲作・畠作技術の展開過程を大まかにまとめてみたい。

日本列島における農耕技術のルーツは、確実に縄文時代に遡る。例えば、それを農耕と呼ぶか否かは別として、縄文時代の比較的早い段階から、クリやイヌビエ、ダイズなどの管理（栽培）が行われていたことは間違いない。また、いまだ確実な証拠はないものの、縄文時代後・晩期において穀類の栽培技術が九州、または西日本一帯に広がっていたとする主張も根強い。ただし、多くの研究者の努力にも関わらず、穀類の遺体を含めた、穀類栽培の証拠はきわめて少なく、穀類の栽培が行われていたとしても、それが当時の「生業」の中心になることはなかったと考えていい。

仮に縄文時代後・晩期に、何らかの穀類の栽培が行われていたと考える場合、中国から朝鮮半島に至る農耕技術の展開過程を見る限り、それは、耕起・畝立《うねたて》を行う華北系の畠作技術（宮本一夫『中国の歴史　01神話から歴史へ』講談社、二〇〇五年）の系譜を引くものであった可能性が高くなる。ただ、華北のような豚の飼養技術が認められないことを考慮すれば、土壌管理技術を欠落した移動性の高い畠になっていたものと考えられる。土壌pHの低い日本列島では、華北系の畠作技術といえども、そう簡単には定着しえなかったわけである。

その後、弥生時代のはじまり頃に、「自然微傾斜利用の灌漑型小区画水田」の技術が日本列島にもたらされた。そのルートについては、古くからさまざまな議論があるが、その技術的な特徴を重視すれば、山東半島から朝鮮半島北・中部を経由した、いわゆる「北回りルート」でもたらされたと考えるのが妥当である。紀元前二〇〇〇年紀以降、華中・華南地域の海岸沿いでは、すでに石犂《いしすき》や破土器といった大区画水田の耕作に適した農工具が発達しており（前掲宮本一夫『中国の歴史　01神話から歴史へ』）、田拵えの道具が未発達な朝鮮半島や日本列島のものとは大きく異なっている。一方、北回りルートは、農工具のみならず、土器などの諸道具の系譜と年代も整合しており、かつ華北地域では、漢代の農書である『氾勝之書《はんしょうしょ》』に記されているとおり、漢代まで微傾斜利用の灌漑型小区画水田が存続していた。土壌pHに影響を受けない水田稲作は、比較的早い時期に華北地域に浸透していたのであり、そこで華北系畠作技術とセットになったものが、朝鮮半島を南下し日本列島に達したと考えるべきだろう。

日本列島では、各地の水田稲作技術の定着初期に、アワ・キビなどが出土することが多い。これは、上記のような農耕技術の伝播過程を示すものと考えられる。ただ、華北地域から朝鮮半島を南下すれば、次第に土壌的に畠作には向かなくなってくる。一方で、水田に適した条件は増えてくるわけであるから、南部の地域では、それだけその主従の逆転が速く進むことになる。

なお、水田稲作技術定着初期における畠作技術の存在については、もう一つ縄文時代晩期の人々の生活のあり方とも関係していた可能性が高い。つまり、縄文時代晩期のように、人口密度が低く、小規模な集団による、比較的移動性の高い生活が営まれている場合、無施肥の移動畠を「生業」の一部に組み込むことが容易だったのではないかということである。水田も小規模耕作が容易であるため、こちらも縄文時代晩期の複合的な「生業」になじみやすかったと考えられる。つまり、畠作技術にしても、水田稲作技術にしても、当初は、複合的「生業」の一部分として定着したことになる。

さて、水田稲作技術の定着からしばらくすると、東日本南部以西では、急速に人口が増えはじめる。それとともに、穀類の検出例もコメが圧倒的に多くなり（表9）、各地で水田稲作が「生業」の中心になっていったことがうかがわれる。集団規模が大きくなり、定住性が高くなると、移動畠はきわめて効率が悪くなる。一方、狩猟・採集で得られる自然の資源量は大きく変わらないと考えられるから、各地で生じた指数関数的な人口増加は、やはり、連作・単作の可能な水田稲作によって支えられていたと考えざるをえなくなる。前に述べた「自然微傾斜利用の灌漑型小区画水田」に適した東日本南部

表9　南関東地方における住居址炉址内出土の穀類遺体

遺　跡　名	時　　期	対象住居跡数	コ　メ	オオムギ	アワ・キビ	マメ類
大口台（神奈川）	中期後葉	5軒	32	0	0	0
砂田台（神奈川）	中期後葉	43軒	3,025	0	0	0
滝ノ口向台（千葉）	中期後葉	1軒	4	0	0	0
多摩NTNo.918(東京)	後期末〜古墳初	10軒	57	0	0	0
慶応SFC（神奈川）	後期末	13軒	39	0	0	0
下戸塚（東京）	後期全般	29軒	969	0	0	2
新井三丁目（東京）	後期後葉	35軒	148	1	0	0
根ノ上（東京）	後期後葉	5軒	27	1	0	0
菅原神社台地上(東京)	後期中・後葉	36軒	102	0	1	1
もみじ山（東京）	後期末	2軒	216	0	0	0
向原（東京）	後期後葉〜末	6軒	45	1	1	0
中野甲の原（東京）	後期後葉？	1軒	0	0	0	1
代継・富士見台(東京)	後期末〜古墳初	4軒	2	0	35	0
滝ノ口向台（千葉）	後期後葉	10軒	35	0	0	0
谷ノ台（千葉）	後期後葉	1軒	2	0	0	0

以西の自然条件が、こうした水田稲作中心の「生業」の展開を支えていたことは間違いない。

畠作技術の本格的展開　古墳時代になっても、前期までの東日本南部以西では、基本的に弥生時代の「生業」の延長線として理解できる。ただし、開発の難しい傾斜の小さい土地への集落進出が顕著になるなど(安藤広道「南関東地方における弥生時代集落遺跡研究の課題」山岸良二編『原始・古代日本の集落』同成社、二〇〇四年)、人口の増加、社会の複雑化に伴い、水田や灌漑施設の造成・維持・管理に大きな労働力を投下できるようになっていたことがうかがわれる。

こうした水田中心の「生業」のあり方に大きな変化が生じるのは、古墳時代中期のことであった。それは、渡来集団の流入、大陸系諸技術の導入に伴い、深耕を可能にするU字形鋤鍬《すきくわ》刃先を用い、牛馬飼養と組み合わさった畠作の技術が、急速に日本列島に浸透したことと関係する。この新技術によって、はじめて貧栄養の土壌条件を克服して広い畠を営むことが可能になったわけである。もちろん、それ以前の弥生時代においても、水田不適地に形成された大きな集落群の存在を根拠に、畠作中心の「生業」を想定する意見は多い。しかし、今のところ、集落の立地以外に、畠作が「生業」の中心だったことを示す根拠はほとんどなく、水田不適地に大きな集落群が形成される理由については、「生業」とは別のところにあった可能性を含めて再検討が必要である。

さて、度重なる火山灰の降下によって、畠跡《はたけあと》がよく残る群馬県域では、古墳時代中期以降の広大な畠跡が多数検出されている。畠は沖積地の微高地や台地に広がっており、いずれも耕起と畝立をしっかりと行う畠である（図15）。群馬県白井大宮遺跡では、そうした畠跡から、多数の馬の蹄《ひづめ》跡が検出され、当時の畠が牛馬の放牧や休閑を挟んだ切替畠だったことが推測されている。おそらく、作物の生産による土壌の疲弊を牛馬の放牧によって回復させていたのだろう。ということは、当時の畠は、依然「常畠」と呼べるようなものではなかった可能性が高くなる。

ちなみに関東のその他の地域でも、この時期以降、集落の立地に変化が見え始め、河川氾濫原から

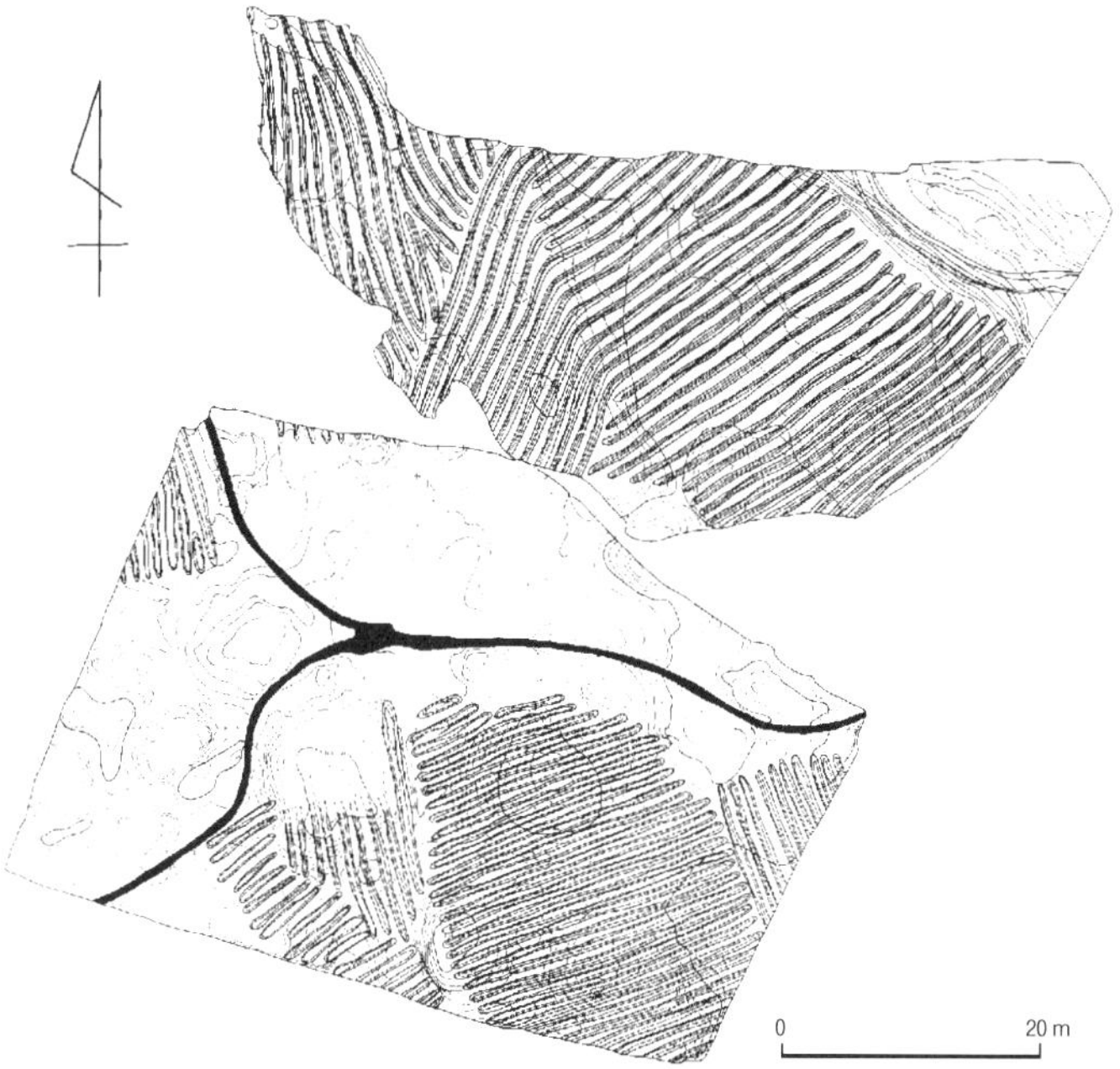

図 15　6 世紀初頭古墳時代後期の畠址（群馬県有馬条里遺跡、群馬県埋蔵文化財調査事業団『有馬条里遺跡』1989 年をもとに作成）

離れた台地、丘陵地などへの集落の進出が顕著になってくる。畠跡の検出例は少ないものの、同様の放牧と組み合わさった畠の展開を想定することが可能である。

古代～近世における「常畠」化の進展

こうした集落立地の変化は、続く奈良・平安時代において一層明確になる。それとともに、アワ・キビ・ムギ類などの検出例が増加し、中には確実に畑作物が主体となる例も見られるようになる。周知のとおり、この時期には耕地が条里として整理されるが、条里は、その分布から見て水田を中心に微高地上の畠を取り込んで敷設されたようである。一方で台地上の畠の多くはその対象外になっていた。これは、当時の台地の畠が、依然切替畠や移動畠で、収奪の対象にしにくかったことと関係しているものと思われる。

ところで、奈良・平安時代は、弥生時代～古墳時代に比べ人口増加率が低くなっていた可能性が高く（鬼頭宏『日本二千年の人口史―経済学と歴史人類学から探る生活と行動のダイナミズム―』PHP研究所、一九八三年）、当時の人口支持力の上限に近づきつつあったことが想定される時代である。奈良時代における相次ぐ耕地拡大政策、陸田奨励の官符は、そうした状況を如実に伝えるものであり、先述の集落立地の変化も、この状況と関係すると考えられる。また、こうした新耕地の拡大は、当然、条件の悪い耕地の増加にもつながっていたはずで、文献に見られる「かたあらし」「易田《やくでん》」などの不安定な水田・畠の増加や、荘園絵図などに見える低い現作率も、同様の状況の中で理解することができる。

なお、この時期の不安定な耕地の存在を根拠に、それ以前の時代の耕地が不安定だったとする意見が散見されるが、このような考え方は明らかに間違っているので注意が必要である。

さて、奈良・平安時代における人口圧のかかる状況は、一方で耕作技術の発達を促し、牛馬耕の普及と水田区画の大規模化、施肥の定着、二毛作の開始など、中世以降の農耕を支える多くの技術の発達へとつながった。畠作技術に関しては、平安時代には「吉畠」という生産性の高い耕地と、「野畠」と呼ばれる生産性の低い耕地が存在していた（『平安遺文』第八巻三八一七号、東京堂出版、一九七五年）。「野畠」は、後述する南北朝期の「武蔵国鶴見寺尾郷図」などから見ても、条里に組み込まれなかった、台地上の切替畠・移動畠であった可能性が高い。逆に「吉畠」は、すでに「常畠」と呼べるようなものであった可能性があり、とすれば、遅くとも平安時代には、「常畠」を営みうる程度の土壌管理技術が存在していたことになる。

南北朝期の「武蔵国鶴見寺尾郷図」は、中世の関東地方における畠作技術を考えるうえで、きわめて重要な絵図である（図16、高島緑雄『関東中世水田の研究―絵図と地図にみる村落の歴史と景観―』日本経済評論社、一九九七年）。まず、この絵図には、台地上に「犬逐物原」とされる放牧地や「野畠」が描かれている。つまり、貧栄養の火山灰台地では、古墳時代中期以来の放牧地と畠を切り替えるような耕作システムが、依然継続していたことになる。一方、沖積地には水田が広がり、微高地には「畠」の表記が見える。台地に比べ土壌条件の良好な沖積地では、「常畠」が営まれていたことを示すものと考えられる。つまり、古代・中世においては、基本的に土壌条件のいい沖積地の微高地上では「常

図16 「武蔵国鶴見寺尾郷図」の耕地（高島緑雄『関東中世水田の研究』をもとに作成）

畠」が、条件の悪い台地上では、放牧地との切替畠や移動畠が展開していたことになる。

このような台地上の畠が、広く「常畠」化されるのは、近世になってからのことであった。その様子は、多くの絵図や文書からうかがい知ることができる。特に都市の周辺においては、都市の商品作物の需要と、都市から排出される多量の下肥、購入肥料である金肥の発達などが絡み合い、急速に台地上の「常畠」化が進展したようである。各地に残る台地上の「新田」という地名には、こうした過程を示すものが多い。つまり、現在につながる台地の畠の景観は、こうした近世における「常畠」の展開によって形成されたものと考えていい。

とはいえ、台地上の「常畠」化が進展したといっても、当時の技術では、台地、特に火山灰台地の貧栄養性を完全に克服できたわけではなかった。例えば、私が以前分析した「本牧本郷村絵図」では、沖積地の微高地に立地する畠に上畠や中畠が多く見られるのに対し、台地上の畠は例外なく下畠であった（図17、安藤広道「異説弥生畑作考」『西相模考古』第一一集、二〇〇二年）。つまり、台地上の畠は、「常畠」とはいえ依然きわめて生産性の低いものにとどまっていたことになる。

ほかにも、近世の村絵図を細かく見ていくと、関東地方の台地地域であっても、実際には沖積地の畠と台地の畠の面積に大きな差のない地域が多かったことがわかってくる。さらに、平坦面の少ない丘陵・山地地域では、沖積地の畠が圧倒的に多くなる（前掲安藤広道「異説弥生畑作考」）。一方で、目を水田に転じると、近世における新田開発には、広大な三角州地帯や干拓地などが含まれており、ほ

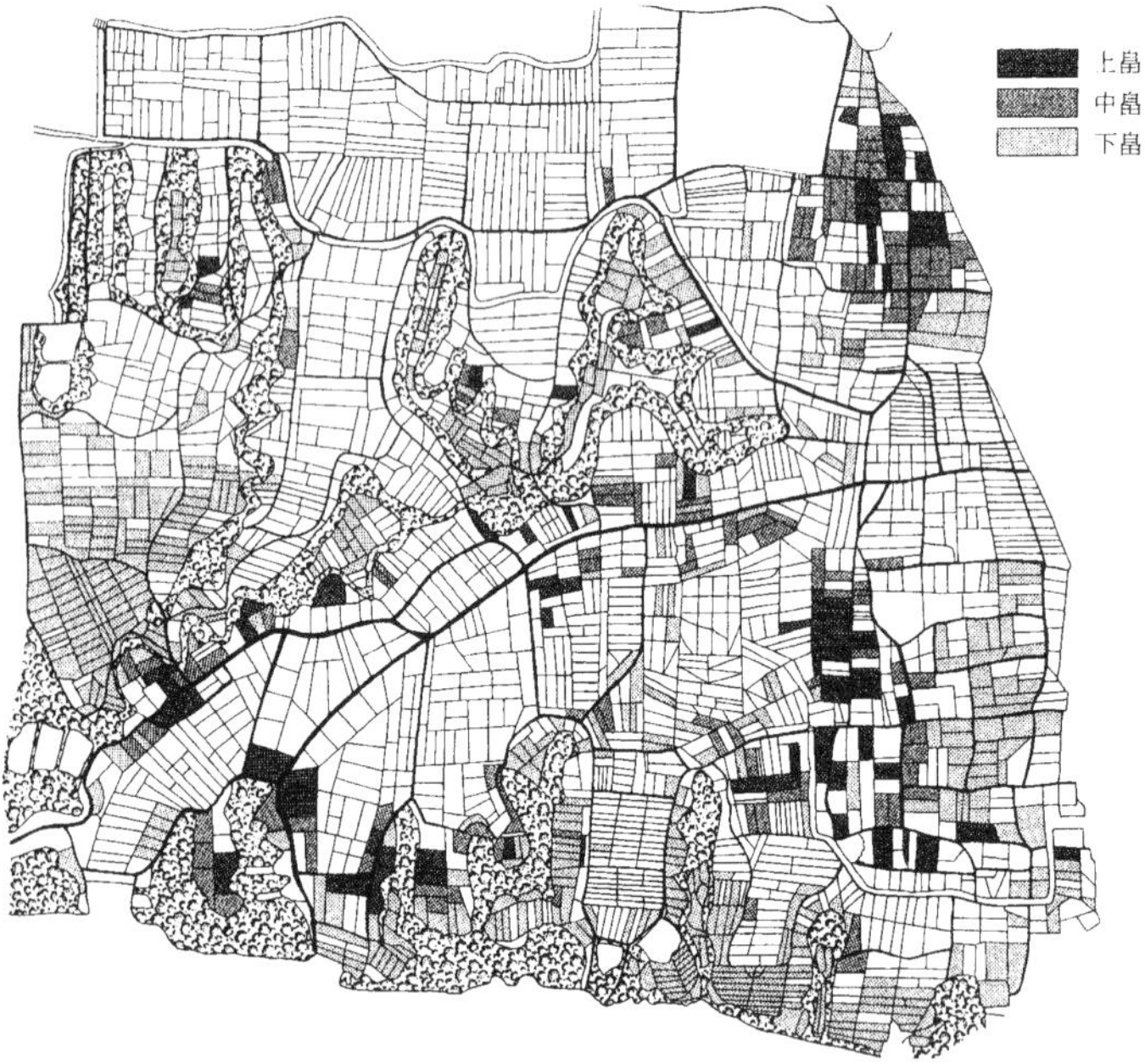

図 17 「本牧本郷村絵図」の畠の石高別分布

とんど傾斜のない場所で水の管理を可能とする高度な灌漑技術が、広く定着していたことがうかがわれる。また、この時期には、谷戸の奥や扇状地などの、やや傾斜の大きい場所にも水田が拡がっていた。このような状況を見る限り、台地の「常畠」化が進み、かつ広大な畠が開発されていたとはいえ、近世の人口を支えた農耕の中心は、依然、沖積地の水田と畠にあったと考えなければならなくなる。

日本列島における近世以前の水田と畠の歴史を研究する際には、「台地地域」＝「畠作地帯」というステレオタイプ化されたイメージの払拭も必要だと考えている。

コラム

古墳時代の生業論をめぐって

広瀬和雄

古墳時代の水田稲作　前一〇世紀ごろ、南部朝鮮から玄界灘沿岸地域にもたらされた水田稲作は、河川を堰き止め、そこで数一〇ｾﾝほどダムアップした水を、人工水路を通して畦畔《けいはん》に囲まれた水田に導くという、最初から完成された灌漑水田システムだった。ちなみに、福岡県板付遺跡や佐賀県菜畑《なばたけ》遺跡では、弥生時代早期の水路や堰や水田がみつかっていて、日本列島最初の水田が灌漑水田であることを明白にしめしている。

ところが、これまでは弥生時代初期の水田は灌漑設備のいらないじめじめ、べとべととした湿地が選ばれ、やがて人びとの営々たる努力が堰や水路をつくりだし、乾田への移行をなしとげた、という「湿田から半乾田へ、そして乾田へ」といった発展段階論的な見方が通説化していた。さほど確たる根拠もなしに、水田開発は谷地などに営まれた湿田から開始された、との漠然たるイメージをもっている研究者は、いまも少なくはない。高校の歴史教科書などにも、まれにそうした記載がみられるが、あきらかに事実に反している。

それはともかく、灌漑水田で威力を発揮した堰は、河川の流れに直交して上下二列にまっすぐに打ち込まれた木杭の間に、直径二〇〜三〇㌢ほどの丸太を幾重にもわたし、その間隙に泥や草木を詰めた直立型堰であった。その後、古墳時代になって愛媛県古照《こてら》遺跡に代表されるような、相互に組み合うように斜めに打ち込んだ木杭と丸太を組み合わせた合掌型堰がみられるようになって、直立型堰と併用されだす。しかし、構造的に強固になったにしても、所詮は木材でつくられた堰だから、深くて流量の多い河川はとても制御できないし、利用できなかった。五世紀ごろになると福岡県鶴町遺跡や大阪府亀井遺跡のような流路を固定するための堤防もつくられだすが、それでも食料生産をめぐっての利害調整の範囲は、中小河川を越えることはなかった。

したがって、前方後円墳や首長居館などに象徴される首長と、普通の集落に分散居住していた大多数の農民層からなる古墳時代の農耕共同体―食料生産をめぐって形成された一個の運命共同体―は、深さ一㍍内外の中小河川流域を一個の領域とする狭隘《きょうあい》なものだった。そこでは渇水期に際しての上・下流における利害調整や、灌漑システムの維持管理―堰は水とともにゴミや砂泥も溜める―や、その新造に不可欠な労働力の徴発とその組織化、さらには農耕祭祀もふくめた灌漑水田を媒介にした社会再生産体制の遂行が、首長の重要な役割となっていた。

いっぽう、農具も木鍬・木鋤・エブリ・石包丁・臼と杵など、耕起・均《なら》し・収穫・脱穀というふうに、弥生時代の最初から一定の機能分化をとげていた。やがて弥生時代後期になって、木鍬・木鋤の先端に両端を折り曲げた鉄刃が装着されだす。ついで五世紀ごろになって、刃先をU字形につくった堅牢な鉄製刃先が出現し、収穫具も先端が下方に曲がった鉄製曲刃鎌が普及しはじめる。それまでの木製農具のように原材が獲得しやすいものはともかく、朝鮮半島からの輸入にたよらざるを得なかった鉄素材を使う場合―日本列島での製鉄遺跡は六世紀後半ごろにならないと出現しない―は、その入手にあたって首長の力量をふくめた政治的要因が働いたことであろう。

六世紀になると滋賀県堂田遺跡の馬鍬のように、人間の手の延長にしかすぎなかった農具から、畜力を使った牛馬耕へと技術発展をとげる。馬は戦闘用として五世紀に導入され、古墳副葬品に馬具が広くみられる事実からすれば、六世紀以降の普及度は高かったようである。ただ、それが各地で農耕にも頻用されるには、馬匹《ばひつ》生産のための牧がかなり設置されねば需要をまかないきれないが、さほどみつかってはいない。しかも、古墳時代の水田の多くが、一筆二〇～三〇平方㍍ほどの小区画水田なのが気になる。そのままだと牛馬耕は難しい。まず牛馬を使って広い範囲を耕起した後、手あぜとでもよぶべき小畦畔で仕切って水を溜めたとするならば理解できる。そうであれば所有と経営の単位は水田一筆ではなく、太畦畔に区切られたもっと広い水田域を考えないといけない。

七世紀の国家主導型開発―洪積台地の耕地化―　深さ一㍍内外の中小河川しか利用できないような河川灌漑では、沖積平野だけしか耕作の対象にはならなかった。しかも、大河川の周囲に広がっていた氾濫源は、開発の対象から除外されていたから、六世紀ごろの畿内周辺では可耕地はさほど残されてはいなかったと推測できる。そこで、開発の俎上にのぼってきたのがもう一つの平野、河川が流れていない洪積台地を耕地化することだった。

相対的に高燥な洪積台地（段丘）を水田にするためには、はるか上流から長距離におよぶ水路を掘削して導水してくるか、台地よりもいっそう高い地形の丘陵に刻まれた開析谷を堰き止めてため池を構築するか、のいずれかであった。もっとも、畿内やその周辺地域では、洪積台地といってもまったくの原野であったはずがない。古墳時代には埋積しつつあった浅谷を水田にしたり、台地を畠にしたり、あるいは燃料などのために伐開されたりして、低位段丘面などは里山的に開かれていたことが予想される。

最古のため池は六一六年ごろに築造された大阪府狭山池で、数次におよぶ改修がおこなわれたが、現代にいたるまで同一場所に堤防が築かれつづけている。ため池の基本的な要素は、湧水や雨水を貯める堅固な堤防と、貯水を自在にコントロールできる樋―樋門と樋管―である。最初から大型のため池だった古代狭山池の東樋の樋管はコウヤマキ製で、長さ約六六㍍もの長さをもっていた。堤防は敷葉《しきは》工法でつくられていたが、この工法は五世紀に築かれた亀井遺跡の河川堤防にも採用されていた。もっとも樋管は弥生時代からみられるし、樋のないため池は祭祀用貯水池と推定されるものが古墳時代にもあるから、樋門がこの時期に持ち込まれた新技術ということになる。

七世紀初めごろに建設された大阪府古市《ふるいち》大溝が、長大な水路の代表である。段丘礫層、扇状地、開析谷などの複雑な地形を、推定延長約一〇㌔にもわたって掘削したこの巨大灌漑水路で、周辺に広がる洪積台地と沖積平野の一体的灌漑、律令制の三郡にまたがる地域の開発が可能になった。さらにはほぼ同じころの古市大溝周辺では、丹比《たじひ》大溝や河合遺跡の大溝なども洪積台地に掘削されていた。これらに狭山池を加えた一大灌漑水路網が畿内の一角、南河内地域の平地に張り巡らされていたわけだ。

こうした灌漑システムの建設には、膨大な労働力や土木用の道具はもちろんのこと、長距離にわたってレベルを維持するための高度な測量技術、律令制の数郡におよぶ既存の利害関係―対象となった広大な地域には、耕地と未墾地が混在していた―を調整しうる強大な政治権力などが不可欠であった。そうした営為は、前一〇世紀から六世紀末ごろまで、およそ一五〇〇年間ほどつづいてきた沖積平野対象の既往の開発事業とは、くらべものにならないほどの一大事業であった。なによりも、それは未開地を介在させた複数の首長領域を越えた空間、広大な平野を統一的視座で開発しようというグランドデザインを描きうる人物、開明的な世界性をもった人物が、畿内に存在していたことを物語っている。渡来人か、在来の人物かは即断はできないが、いずれにせよそうした大規模な開発行為をなしうるのは国家そのもののほかには考えがたい。

六〇〇年ごろの畿内の一角では、新規の方式にもとづいた国家主導型開発が施行された。それまで北海道・東北各地と沖縄を除いた日本列島の各地では、永年にわたって沖積平野の首長主導型開発が営々と積み重ねられてきたが、それとは異質な計画的大開発が、長大な水路とため池という新規の技術を駆使して、ほぼ一斉に展開されたわけである。やがて、その方式が各地へ拡大されていくが、新しく開発された水田には大阪府長原遺跡でみられたように、条里制の先駆になるのであろうか、一町方格の地割が認めうるところも出てくる。

古墳時代の手工業生産—大阪湾岸の土器製塩—　塩田での採鹹《さいかん》と鉄釜での煎熬《せんごう》が一般化するまでは、周囲を海に囲まれた日本列島では、各地で土器製塩がおこなわれていた。ただそうはいっても、どこでも土器製塩が実施されていたというわけではない。おもにそれは天草諸島、博多湾、西部瀬戸、備讃瀬戸、大阪湾、紀伊半島西部、志摩、知多・渥美半島、三浦半島、仙台湾、陸奥湾、能登半島、若狭湾などの地域に偏在していた。この土器製塩は、弥生時代中期末の備讃瀬戸地域を嚆矢《こうし》—東海地域で弥生時代前期の製塩土器がみつかっているが、その系譜的連続性はまだよくわからない—として、弥生時代後期ごろから古墳・奈良時代にかけて各地に拡大していく。

海藻をつかった採鹹（濃縮）と、製塩土器での煎熬（煮沸）からなる古墳時代の土器製塩は、製塩土器の系譜からすれば脚台式から丸底式へと移行し、石敷炉で煎熬した備讃瀬戸、大阪湾岸・淡路から紀伊半島西部、若狭湾岸などの諸地域と、脚台式製塩土器の脚台が長く伸びて、尖った先端を砂浜に突き刺して使用した天草諸島、西部瀬戸、知多・渥美半島、能登半島などの諸地域とに大別される。

前者の一角を担う大阪湾岸の諸遺跡では、弥生時代後期後半ごろから脚台式の製塩土器が少量づつみつかっていて、小集団ごとに小規模な塩づくりが実施されていたようである。それらには、海から離れた立地もふくめ農民が農閑期に塩づくりに従事していたとみなしうるもの（A類型）と、友ヶ島や紀淡海峡に面した小浜でのように海民―漁撈・塩づくり・海運などの複合生業ではなかったか―が従事していたもの（B類型）とがあった。そこで使用された製塩土器は各所で分散的に製作されたとみなしうるもので、土器製塩の生産工程において外在的な力が働いた気配はさほどない。沿岸各地の集落で散在的に土器製塩がなされ、それを各地の中小首長が統括していたようなイメージである。

重要なのは、脚台一式新段階の製塩土器が三河湾岸から出土していて、しかもこの地域で最古の製塩土器がそれだという事実だし、同様に脚台二式の製塩土器が若狭湾岸での最古の製塩土器である、という事実である。つまり、三河湾岸では弥生時代末ごろに、若狭湾岸では古墳時代前期の四世紀ごろに、それぞれ大阪湾岸からの技術移植によって土器製塩がはじめられ、以降拡大の一途をたどって盛行していくのである。ところが、大阪湾岸と三河湾岸や若狭湾岸はおのおの遠距離だから、B類型の土器製塩を担った海民が自発的に移動したとは考えにくい。彼らを統治していた首長が、彼地の首長の要請に応じて土器製塩技術を提供したとみなしたほうが理解しやすい。その場合も、彼我の首長同士に普段の交流があって、そのネットワークにのってそうした事態が生じたとみるよりは、大和や河内の中央勢力の政治意志が作用したとみたほうがいいように思われる。

さて、大阪湾岸から淡路にかけての土器製塩の画期は、脚台式製塩土器が丸底式製塩土器に変化する五世紀後半ごろにある。丸底一式製塩土器は形態や法量の斉一性や、精選された胎土や硬い焼きなどの諸要素から、それまでの脚台式製塩土器とは様相を一変させる。専業度の高い須恵器生産集団とのかかわりを想定したくなるような変化である。いずれにせよ、燃料獲得、製塩土器の製作、採鹹（濃縮）、煎熬（煮沸）といった土器製塩の一連の工程で、大量に消費され、製作にも時間のかかる製塩土器づくりを切り離し、外部からの供給に委ねた蓋然性が高い。もしそうだとすれば、土器製塩に初めて分業がもちこまれた、いいかえれば分業の導入にもとづく専業の高度化という評価をくだすことができる。しかも、そうした動向とほぼ軌を一にして、土器製塩はB類型に収斂されていく事実や、そのなかの一つ、大阪府小島東遺跡では土器層―使用され破砕して廃棄された製塩土器が、大量に堆積した層―が認められる事実なども、土器製塩における画期がこの時期にあったことを傍証するものである。

ここまで水田稲作と土器製塩にかぎって、古墳時代の生業をめぐる二、三の論点について述べてきたが、ほかにも畠稲作、漁労、狩猟などの食料生産、製鉄、鉄鍛冶、鋳造、鍍金、須恵器・土師器などの土器生産、あるいは木工や玉つくりなどなどの手工業生産、馬匹生産のための牧といった多種多彩な生業が古墳時代には存在していた。それらの技術諸段階や生産体制などについても論究しなければならないし、古墳時代に新しい技術を伝来してきた渡来人にも注目する必要がある。さらには、集落構造もふくめた彼らの生活様式や古墳もふくめた墓制や、そこに表象される葬送観念にも目を向けねばならない。もっと大切なのは、生産された各種製品がどのように流通し、消費されたのかといった問題、ことばを変えればそれらの再生産システムを、たとえば生活財、生産財、権力財、威信財といったカテゴリーにしたがって解明しなければならないことである。

総じて古墳時代の生業論は活発とは言いがたい情況にある。たとえば、水田や農具の形態などがわかっていても、生産力の発達度、所有と経営、貢納や収奪もふくめた富の不均等分配のプロセスなどは、問いにもなっていない現状がある。古墳時代の生業論をめぐっての課題は多い。

3　生業論の登場と歴史学
――日本中世・近世史の場合――

春田直紀

はじめに

どのような学問であれ、研究対象をとらえ考察するためには分析概念が必要とされる。分析概念として用いられる言葉は、いわば学問の視点や方法を映し出す鏡であり、学術用語の変遷それ自体が、学問の方法の変遷をたどる手がかりを与えてくれることになろう。ここでは「生業」という語が歴史学においてどのような関心から用いられるようになり、「生業」への関心が歴史学の方法にいかなる変化をもたらしたのかを、日本中世・近世史の場合にそくして跡づけてみたいと思う。

二一世紀に入り、歴史関係の講座でも生業をテーマにした巻が設けられるようになった。二〇〇二年に刊行された、『いくつもの日本Ⅳ さまざまな生業』（岩波書店）では総論として原田信男による「列島の生業史」が配され、旧石器時代から近世にいたる生業の時代的な展開が概観されている。また、二〇〇五年刊行開始のシリーズである『列島の古代史―ひと・もの・こと』（岩波書店）の第一回配本のタイトルは『暮らしと生業』で、「陸の生業」「川と海の生業」「狩猟と家畜」などの章が立てられている。これらの講座ではいずれも生業という語が、分析概念として意識的に用いられており注目される。例えば『さまざまな生業』では、編者の中村生雄が「生業」を、「生産力」や「生産様式」という概念では汲みあげられなかった「生きていく」ことに直結する「なりわい」の多様性を見いだすための概念として用いようとしている。

もっとも、今までの歴史学に「生業」という研究テーマの設定がなかったわけではない。これから明らかにするように、一九八〇年代の後半には生業論の登場が見られ、それは歴史学独自の研究展開が生みだした新たな方法論の提示であった。だが、その後の生業論の展開が個別分散的な傾向を帯びたために、歴史学における生業概念の意義や生業史の射程についてもいまだ共通理解を得るにいたっていない。そこで、歴史学における生業論の登場とその背景、展開過程を明らかにし、そのなかから今後の課題を導きだす作業を試みることにしたい。他の学問の生業論を安易に接ぎ木した研究にとどまらないためにも、歴史学における生業論の登場は研究史の俎上にのせておく必要があると考えるからである。

(1)　生業論以前

社会的分業としての生業　一九八〇年代に入るまで、日本の歴史学界において「生業」という言葉はほとんど用いられることがなかった。「生業」に近い用語として「産業」「生産」「生活」という語は歴史学の概念としても一般に用いられたが、「生業」を鍵概念とした歴史分析は見いだすことができない。一九五九年刊行の『日本民俗学大系』(平凡社)第五巻が『生業と民俗』という巻名で、稲作、畑作、漁業、林業、鉱山業、牧畜、手工業、商業などを扱っているのに対して、一九六〇年代から順次刊行された『体系日本史叢書』(山川出版社)は農業、漁業、林業、鉱業、牧畜、手工業などの項目は『産業史』の巻で、商業については『流通史』で扱っており、民俗学と歴史学の対象をとらえる枠組みの違いが端的に現れている。

日本中世史の分野で「生業」という語が明確に使用された早い例としては、黒田日出男と山本隆志が共同執筆した「中世民衆の生産と生活」(一九八一年)をあげることができる。講座『一揆4生活・文化・思想』(東京大学出版会)に収録されたこの論文は、中世農民闘争史研究の成果をふまえたうえで、闘争の主体となった「中世農民が、日常的な生活世界においていかに生活・生産し、結合し、いかに自然や社会に相対していたのか」という課題に迫ったものであった。論文の前半「中世の開発と自然」を担当した黒田は、そのなかで次のように「生業」という語を使用している。

農業や社会的分業を担う中世民衆もまた、荘園領主・開発領主の主導下にせよ、あるいは主体的な場合にせよ、黒山等の山地開発の主要な担い手であったことはいうまでもない。たとえば、中世成立期の伊賀国名張郡の山地では、杣工・百姓・檜物師・櫛作・筏師・供御人等の山地利用＝開発が活発に展開していた。彼らは、それぞれの集団ないし共同体独自に山口祭や腰滝祭などの

祭祀を主宰しながら、みずからの生業（社会的分業）の対象として、山地の利用＝開発を推進していたのである。（波線引用者）

波線部にあるように、生業は社会的分業を意味する言葉として見える。ここで生業は、生きるための仕事というより、社会的な役割を果たすさまざまな営みとしてとらえられている点に注目したい。黒田はすでに一九八〇年の論文「荘園制的神祇支配と神人・寄人集団」（竹内理三編『荘園制社会と身分構造』校倉書房）で、荘園制を都市と地方の間に展開する社会的分業と交通体系とに依拠した体制と説明し、社会的分業の具体的なあり方として、伊賀国名張郡でのさまざまな生業を検討している。

同じく社会的分業論から出発し、河海を中心とした場における非農業研究を推進したのが網野善彦である。非農業研究の意義を網野が明確に示したのは、一九七三年刊行の『土地制度史I』（山川出版社）に収録された「荘園公領制の形成と構造」においてであった。そのなかで、中世を農業のみを基礎とする社会ときめてかかる見方を批判。中世社会に非農業民の集団がかなりの比重で存在している事実、非農業的生産の場である山野河海が社会の脈管組織としての役割も担っていたことを重視し、農民と農業のみに視点を合わせる見方を相対化する必要を唱えたのである。この問題提起からは、農業に基本をすえた社会的分業の発達の理論では正当に評価されなかった山野河海を場とした生業の歴史を、研究対象として農業史と同等の位置にまで引き上げようとする意図を感じとることができよう。網野の初期の非農業理解は漁業を例にとれば、「鎌倉初期のころまで、漁業はなお独立した産業としてでなく、塩業・交通運輸業などと未分化の状態」から「こうした諸産業は、農業生産力の発達に支えられ、鎌倉中期以降、急速に分化しはじめる」（網野「漁業」『産業史Ⅰ』山川出版社、一九六五年。傍点引用者）という生産力・社会的分業の発展論に依拠したものであった。これに対し、一九七一年の「日本中世における海民の存在形態」（『社会経済史学』三六―五）では、「漁業・塩業・水運業・商業から掠奪にいたるまでの生業を、なお完全に分化させることなく担っていた人々」（傍点引用者）を海民と称し、「生業」という語を用いているが、このように分業的生産部門をその担い手（人間集団）からとらえ直したとき用いられた用語が、「産業」にかわる「生業」ではなかったかと考えられる。

その点では、黒田日出男の「生業（社会的分業）」という表現も、社会的分業の担い手である神人・寄人集団の生活・世界（地域的世界）から分業をとらえ返すときに用いられており、当事者の視点に立った分析概念という共通性を読みとることが可能かもしれない。

社会的生活過程概念と生業　一九八〇年代に入ると、社会的分業としての生業以外の観点でも「生業」という語の使用が見られるようになった。例えば、「中世民衆の生産と生活」の後半を担当した山本隆志は、中世農民（百姓）の多様な経済活動を「生業」という項目で取りあげている。ここでは、山野河海での採集や狩猟・漁撈、養蚕、焼畑作、畠作、稲作など、いわゆる自給分も含め農民が日常的に関わる諸生業が網羅的に扱われており注目される。こうした観点は、「中世農民の生活の世界」をテーマとする本論の課題に沿ったもので、農民の生活圏・生活拠点（屋敷地）・生活暦とあいならんで生業が、農民の生活過程の基本要素として選び出されたのである。時期的には降るが一九八九年に発表された渡邊尚志の「近世農民の生業と生活」（『史料館研究紀要』二〇）もまた、同様の問題関心に立つものであった。渡邊はこの論文で、近世の一農民の生産と消費、信仰などの生活過程を全体的に明らかにすることを目指し、対象とする坂本家が営んでいた農業・商業・金融・宿屋業を総称する用語として「生業」を用いている。農民生活の全体を復元しようとする試みは、八〇年代に隆盛した社会史研究のなかで提起された社会的生活過程概念の導入例と見ることができる。「社会的生活過程」はマルクス主義思想史の中野徹三が見いだした概念で、「生産の側面だけでなく、消費や娯楽、精神生活などをも含めた」ものである（前掲渡邊論文）。高橋昌明は一九八三年に、社会的生活過程概念を前提に社会史の位置と意義を確認したが、そこでは「日常生活の領域における人間的実践の特質と、日常性の変革にいたる道筋を具体的に明らかにする作業が、今後の大きな課題」とされたのであった。

ところで、社会史、民衆史、民衆社会生活史、民衆生活文化史などの名称で登場した研究潮流のなかで分析の鍵概念とされたのは「生活」「生活過程」であり、「生業」は生活過程の一要素として取りあげられる概念にすぎなかった。また、社会的分業としての生業という視線がもっぱら非農業的生業に注がれていたのに対し、社会的生活過程の基本要素としての生業はおもに農民の一生活単位を軸に考察が進められ、両者の「生業」をめぐる議論はまだ交点を見いだしえていない。生業論以前と評価するのはそのためである。

(2)　生業論の登場——画期としての一九八七年——

関東近世史研究会（以下、関近研）の一九八七年度大会は、「関東の山間地域と民衆」をテーマに掲げて開催された。副題は「生業と負担」で、あとで紹介する白水論文とならんで、日本の歴史学界で「生業」を鍵概念とする歴史分析の嚆矢《こうし》とみなすことができる。大会の報告に先立つ問題提起では、「山間地域の様々な生業・負担の実態と、その社会的意味を追う中から山間地域の持つ歴史的特質を明らかにしたい。」と述べられているが、生業にどのような意味がこめられたのか、引用しておこう。

生業という語は一般的に生産活動という経済的意味で用いられるが、ここではその語に社会的意味を持たせ用いたい。即ち前近代社会には経済的分業と深く係わりつつも、それとは別レベルで、国家や社会に認知されるその地域固有の社会的役割が存在しよう。それらは身分のように固定的なものではなく、国家との対応や地域社会の動きに規定され、多様にかつ動態的に存在する。

ここで「生業」は、経済的意味あいが強い「生産」とは対比的に、社会的意味をもつ概念としてあげられている。この生業の社会的役割に注目する議論を研究史に位置づけるためには、一九七〇年代以降近世史の焦点の一つとなった役論の展開をふまえておく必要があろう。役の問題は「幕府は国民をそれぞれの身分に対応した役の体系に編成することによって、国民を国家に統合した」とする高木昭作の役身分論が発端となって、大きな関心を集めた。そのなかで、幕府は個別領主に与えた土地所有権による統治とは別に、非農業分野を小物成や職人役などの国家的な役で編成したという論点が提出された。この役身分論が上からの分業編成論であったのに対して、役負担の意味を民衆の側からとらえ返そうとしたのが、八〇年代後半に提起された役運動論である。そこでは、献上行為や由緒が贈与・互酬性の原理にもとづき、生活や政治の場面で一定の社会的な機能を果たしたことなどが明らかにされた。本大会ではこれを受け、地域なり民衆が負担を果たすことで、国家との関係や地域の秩序をどのように構築していったかが課題とされたのであった。

それではどうして、フィールドとしては山間地域が、また、分析視角としては「生業」が選ばれたのであろうか。理由の一つは、第一報告の佐藤孝之が「御免許稼山」、第二報告の君塚仁彦が「江戸城御用炭役」、第三報告の須田努が「御鷹見役」を取りあげているように、山間地域の村々が山地での生業、あるいはその生業を基盤とする役負担を通して権力と直接関わる場面をもったからにちがいない。つまり、山間地域には土地所有権による統治が及ばない領域が広く含まれており、そのような場では多様な生業の展開こそが、権力との関係や地域の秩序を形づくる基本要因として作用したとみなされたからではないだろうか。もちろん、生業論一般に敷衍《ふえん》できる重要な論点も以下のとおりみとめられる。

（一）山村を、山地そのものに生業の基盤をおく山稼の村と定義。山稼を農間余業と見る旧来の視点からは遅れた分業としか評価されなかった山間地域の多様な生業を、地域秩序形成の基軸として位置づけている。

(二)深谷克己が提起した百姓経営維持(百姓成立《なりたち》)のための「諸稼」の問題(深谷「幕藩制における村請制の特質と農民闘争」『歴史認識における人民闘争の視点―一九七二年度歴史学研究会大会報告―』一九七二年)が、「山稼の村」論では地域の経済体系やその政治的編成と連動するものとして扱われた。その結果、「一経営単位における生業」の問題と「社会的分業としての生業」の問題とが一つの生業論として論じられる可能性をひらく。

(三)生業をとりまく社会環境、とりわけ幕府の政策が生業にもたらした作用・反作用を具体的に明らかにした。役負担の反対給付に社会的意味を読みとることで、役負担する百姓側の論理も抽出したが、役を勤めることが村々の「生業」となったとする論点(君塚報告)などは、国家政策による規定性重視の現れと見ることができる。

一九八七年、中世史の分野でも「生業」を題名に含む論文が発表された。白水《しろうず》智の「肥前青方氏の生業と諸氏結合」(『中央史学』一〇)である。この論文は、在地領主法の研究で著名な松浦党の一揆契諾を、生業にもとづく共同性という観点から読み直すねらいで執筆された。松浦党が海を活動の基盤とする武士団であったにもかかわらず、その一揆結合に関する研究では生産構造や社会背景への視点が欠落していたことを批判。五島列島の群小領主たちが政治面で結束した背景には、牧・塩釜・漁場などの共同利用を前提とした生業の維持という共通の課題が存在したことが明らかにされた。なかでも一四世紀以降の急速な漁業の発達が、諸氏間の紛争をまねきながらも在地の仲裁調停機能を高め、高度な漁業秩序をもたらしたことが主要な論点として示されたのであった。

白水の研究もまた関近研の大会と同様、農業を主生業としない地域を対象としたものであった。山間や海辺の地域では山や海そのものが生業の場となり、農業を基盤にした土地所有関係とは異なる所有形態や社会組織が、それぞれの生業にそくして形づくられていき、それがまた政治や法制にも反映されていく。こうした生業の規定性が、静態的な枠組みにおいてではなく、社会や政治の関係変化をもたらす変動要因として示された点でも、両者は共通しているといえよう。このように八七年の問題提起には生業から全体史を見通す視点がもりこまれており、その意味で生業論の登場とみなすことができるのである。

(3)　生業論の展開

歴史学において生業論は、山間・海辺の地域研究から登場した。研究史を大局的に眺めてみると、土地所有関係を基軸とした生産関係論と上からの分業編成論に対する批判が、その背景にはあったと考えられる。山や海を生活舞台とする地域に視座をおくと、耕地中心の所有関係からは見落とされる「さまざまな生業」が、社会的・政治的な関係を形づくっていった過程を、より詳しく観察できるからである。ただし、八七年に用いられた生業概念はまだ熟しておらず、論点も初発の段階にとどまっている。生業論が多様な観点を加えつつ、本格的な展開期を迎えるのは九〇年代の半ば以降であった。その代表的な議論をいくつか取りあげてみることにしよう。

領主の再分配論　関近研八七年度大会の報告者のひとり須田努は、一九九八年に「領主の再分配」(『早稲田大学大学院文学研究科紀要』四三―四)を発表し、文化人類学・社会学の「再分配」概念を援用しつつ、生業編成論を次のように定式化して示した。

(一) 市場経済が未発達な状態において、権力によって地域内分業が形成される。権力は、支配下にある地域集団(村落)の生産物(米穀・木材など)を租税・役として徴収するが、安定した供給関係と地域集団の生命維持確保のために再分配を行う必要がある。これにより、地域的分業関係は形成・維持されていく。

(二) 再分配構造による地域集団構成員の義務と権利の組織的構造は、権力への統合および社会秩序の形成を容易にする。

再分配の事例の一つにあげられた木曾谷地域では、土地生産性の低い山間村落は榑木《くれき》役を負担することで非自給物資である米の下行《げぎょう》を受けることができたという。反対給付を米に限定するためには、一定地域内での分業化の確立が必要だが、権力を介してそれが実現されるなかで、年貢収取＝米供給の役割を担う村落と、材木供給地としての山間村落とに分離・編成されていったと説く。負担と引きかえの権力による生業保障、それがもたらす村落のモノカルチュア化(単一生業への特化)を示した議論であるといえよう。ここで問題とされた生業編成が経済的な分業編成にとどまらず、政治統合や社会秩序の形成にも関わるものと把握されている点はとくに注目される。非資本制社会である中・近世の社会においては、経済的な過程も社会的・政治的過程と不可分の一体的な関係をなしており、その基本理解のうえで生業の問題もとらえる必要があるからである。ただ、須田の再分配論では権力と接点をもたない生業への視点が確保されておらず、支配関係の史料には現れない生業をいかに射程に入れて立論するかが課題として残されたのであった。

生業村落論　権力との接点をもたない生業の問題を明確に意識して議論を進めたのが白水智である。一九九四年に発表された「中世海村の百姓と領主」（『列島の文化史』九）で白水は、領主は海村の生業の一部のみを把握し、賦課の対象にしたにすぎないとしたうえで、それでも賦課・収納の関係が成り立つのは領主が相論の裁定・権利の保証・治安の維持などで役割を期待されたからだと説いた。その際、百姓自身が荘園公領制下の「土地の秩序」と積極的に関わりつつ、みずからの海業（漁業・塩業・廻船業など）を維持・発展させたという評価も示した。ここで生業は、百姓の家や村落を成り立たせる基本的な営みとして把握され、生業維持手段の一つとして領主との関係もとらえ返されている。こうした理解の前提には、複合生業論的な視点がみとめられる。すなわち、村落で営まれる諸生業はすべてが複合的に絡まりあって一つの社会の生業体系を構成しているのであって、その全体の維持が百姓や村落の政治課題となったという見方である。村落の生業を丸ごととらえることで、百姓の行動論理や領主との関係性も把握できるとする白水の視角は、その後の生業村落論に大きな影響を与えることとなった。

生業村落論とは、私が一九九四年度日本史研究会大会での報告「中世の海村と山村」で用いた言葉で、海村・里村・山村といった生態（立地環境・生業形態）を異にした村落が存在し、それぞれが有機的に関係を結びあいながら、地域社会を構成していたという基本理解に立つものであった。報告の冒頭、私は生業を「自然のもつ多様な機能から労働・生活に役立つ様々な価値をひきだす行為」と定義している。あらためて定義したのは、それまでの生業論の分析軸が人と人との関係に傾き、生業の本質に関わる人と自然との関係への踏み込みが弱いと感じていたからであった。人と自然との関わりを組みこんだ議論は、中世村落史では村落領域論のなかですでに進展していた。九四年度の春田報告は、海村・山村独自の生業（資源利用）の展開と権力との関係を跡づけるとともに、その生業をめぐる集団間の対立と結合から生まれてくる村落を超えた地域秩序も見いだそうとするものであった。この報告で村落は生業保全、権力は生業保障を果たすものとして位置づけられた。

資源保全論　生業という営みを「もっとも基本的な人間の自然への働きかけ」（鬼頭秀一）ととらえるとき、射程に入ってくるのは、自然環境条件に対する人間の生態的認識や、資源利用の技術と保全のあり方であろう。生業村落論が提起した生業保障という権力的対応の問題を、資源保全や生態的認識とからめて論じたのが、高橋美貴が一九九九年に発表した「一九世紀における資源保全と生業」

（『日本史研究』四三七）である。内容を紹介すると、近世後期、八郎潟のゴリ引網争論で「生業保障」対「資源保全」の地域間対立があった。秋田藩の政策も二つの論理のあいだで揺れていたが、これは生業保障によって現段階での成り立ちを優先するか、それとも資源保全によって将来的な成り立ちを優先するかの違いであって、漁民たちの成り立ち要求という点では共通していたという。ただ将来的な成り立ちを求める資源保全の論理は、漁民たちが経験的に獲得してきた「自然知」を文字化することで理論武装する必要があったと説く。一方、明治二〇年代の秋田県庁は水産資源を経済性の高さで主産魚と非主産魚とに区分し、主産魚の「保護繁殖」を優先的に進めようとした。このなかで本政策は、非主産漁業に対しては生業・生活世界への圧力という形で表れたと指摘している。以上の議論は、資源保全や自然知の問題が生活世界だけに属するのではなく、権力や行政も深く関与し、その政策がときには生業保障、場合によっては生活世界への圧力という形で立ち現れたことを指し示すものだといえよう。

この論文は、八郎潟で同様の資源問題が近世／近代の時代区分を越えて繰り返されたことにも着目するが、自然―人間関係を軸におくと政治史とは異なる時代・時期区分が設定されることになる。高橋美貴は、二〇〇一年の「近代前期における水産資源の『保護繁殖』政策」（『国立歴史民俗博物館研究報告』八七）でそれを試み、一七世紀から二〇世紀の高度経済成長期までを六時期に分けている。生業論の視角からの時期区分として注目される。

殺生禁断論　「生業保障」と「資源保全」とのせめぎあいは、中世においては狩猟・漁撈従事者と殺生禁断との相剋としてみとめられる。その具体相にせまったのが、一九九六年に発表された苅米一志《かりこめひとし》「日本中世における殺生観と狩猟・漁撈の世界」（『史潮』新四〇）である。殺生禁断とは生き物を殺す行為を罪として禁止することであるが、苅米は狩猟・漁撈は民衆の生業として切り落とすことができず、何らかの回避・妥協の回路が存在していたと指摘する。妥協の回路の一つは神祇供祭と狩猟・漁撈との結びつきが殺生禁断策の例外とされたことであり、もう一つは命のつきた生類を神に捧げるならばむしろ仏果となると説く殺生仏果観であったという。従来の生業論では宗教的側面の考察が弱かったが、少なくとも中世という時代は社会生活と宗教が不可分の関係にあり、生業や自然との関わりに影響を与えた生業観・自然観のあり方は、宗教・思想の問題を抜きにして理解することはできないであろう。苅米は、神祇・仏教という思想の世界が在地において民衆の生業といかに切り結んでいたかを主題化したのであった。そのなかで、殺生禁断思想が村落におけるクチアケ制や休漁などの資源維持慣行と習合した可能性も指摘している。生態的資源の持続的利用に関わる慣行は民俗学が明らかにしてきたが、歴史的背景については不明確であった。資源維持の思想は地域ごとに歴史的に形成されたものであり、現在につながる資源利用の文化を理解するうえでも歴史的位置づけは欠かせない作業となることが予想される。

地域資源論　今まで見てきたように、歴史学の生業論はおもに山間・海辺の地域を対象に進展してきた。平地部についても開発史や畠作史、景観論の視点による研究が生業の実態を浮きぼりにしてきたが、権力と民衆の関係や村落共同体の理解の基本は土地所有関係におかれ、生業が鍵概念となることはなかったと見ることができる。これに対して、平地部においても多様な百姓の生業を見いだし、土地所有関係を含む地域資源の利用という観点で村をとらえ直すことで、農村を対象にした生業論を展開したのが平野哲也である。二〇〇四年刊行の『江戸時代村社会の存立構造』（御茶の水書房）で平野は、米麦作中心の主穀生産地帯であった下野国芳賀郡をフィールドに次のような論点を提示している。

(一)　芳賀郡の地域経済は江戸の市場動向により変化し、そのなかで百姓は販売・購入・労働・土地市場のバランスを見極めながら、みずからの生業を積極的に変化させた。

(二)　百姓の生産・生活の基盤は耕地や山・川であったが、この自然環境から価値を生み出すには、労働力・技術・資金・情報の連関・連結が不可欠となる。これらすべてを広義の地域資源とみなし、それらを結びつける人間関係（地主と小百姓の協同関係など）に注目する。

(三)　村社会は、個別百姓の利害を越える秩序の体現者となり、地域資源を管理し、百姓および村々への適正配分をはかっていた。

平野は、あらゆる地域資源を効率的かつ有効に活用する主体として百姓や村を描く。この資源利用の基本となる営みが生業であるから、生業の多様性と選択性のなかにこそ、自然に働きかけみずからを成り立たしめる「生業」の本質が見いだされることとなる。分業化を指標に社会経済の展開をとらえる見方を相対化する「生業の視点」が、ここでは示されているのである。

おわりに

以上の考察から、歴史学における生業論の登場は、研究史の上に次のように位置づけることができそうである。

一、歴史学において「生業」という語の使用は、「さまざまな生業」への着目からはじまった。一つは社会的分業論からの関心であり、山野河海が各種生業が展開する場として社会の脈管組織としての役割を果たしたという理解を前提としていた。こうした見方のはじまりは、戸田芳美「山野の貴族的領有と中世初期の村落」（『ヒストリア』二九、一九六一年）にさかのぼるが、分業的生産部門がその担い手からとらえ返されたとき「生業」概念が導入されていく。他方、社会史・民衆史的関心からも「生業」概念の使用が見られるようになった。農民生活の全体を復元しようとする試みのなかで、農民が日常的に関わる諸生業が網羅的に扱われ、その総称として「生業」が用いられていくのである。農民のさまざまな生業への着目を促した研究としては、中世史では木村茂光の畠作史（同『日本古代・中世畠作史の研究』校倉書房、一九九二年）が、近世史では深谷克己らの諸稼ぎ論が重要な役割を果たした。ただし、一九八〇年代半ばまでは、この二つの「生業」への関心は別の方向をむき、「生業」概念も社会全体を見通す鍵概念として用いられる段階にはいたっていない。

二、歴史学において生業論は、一九八七年を画期に山間・海辺の地域研究から登場した。その背景には、農業を主生業としない村落・地域の発見があり、かかる地域にそくした研究のなかから、生業と社会・政治・法制などを結ぶ回路が見いだされることとなった。生産関係の基本を耕地中心の土地所有に求め、社会的分業発達の基礎を農業生産力の上昇に見る理論からは、「さまざまな生業」の展開を社会・政治の変動要因ととらえる見方は生まれてこない。生業から社会全体を見通す議論が、農業を基盤としない地域の研究から登場した理由は、ここにあるのではないだろうか。

その後、生業論は多様な展開をとげたが、歴史学の生業概念は次のA・B・Cの三つの観点を含むものであったと見ることができる。最後に、各観点ごとに生業論の射程と残された課題を示すことにしたい。

A【自然から資源を獲得する営みである生業】　生業を自然のもつ多様な機能から労働・生活に役立つ価値をひきだす行為と定義すると、検討すべき課題は、「ある時代・ある地域の人間が、どのような自然物に対して、どういう価値を見いだし、いかなる知識・技術・組織をもって資源として利用し、資源問題をひき起こしつつ、いかに資源保全につとめたか」といった諸点になろうか。殺生禁断論は自然観や資源維持の根底にある思想を論じ、資源保全論は自然知や資源保全の問題に権力や行政も関わることを指摘。地域資源論は自然環境から価値を生み出すためには、労働力・技術・資金・情報の連結が不可欠と説いた。その他の観点では、盛本昌広が歴史学に導入した資源となる生物自体の生態学的な考察が、生業活動を理解するうえでは有効な方法になると思われる。また、前近代社会の自然と人との関係には呪術的行為が深く介在していたことも見逃せない。これを念頭におくと、生業にともなう知識・技術を理解するうえで呪術との関連が射程に入ってくることになろう。

B【百姓・村の成り立ちの基礎にある生業】　生業論の根底には、人びとは単一の生業のみで暮らしを立ててきたのではなく、各地の自然環境条件にそくして複数の生業を選択し、組み合わせながら一つの生活単位（百姓の家など）・社会単位（村の共同体など）を構成してきたという考え方がみとめられる。これは民俗学の複合生業論と共通するが、生業維持手段の一つとして権力による保障を重視するところに、歴史学の生業論の特徴があるといえよう。生業に対する権力の規制力については、領主の再分配論と生業村落論とで評価に違いがあるが、いずれにせよ領主支配や国家の政策が生業にも影響を及ぼし、人びとの成り立ちを支え、かつ方向づける要因として作用していたことは確かである。生業論としての課題は、その政策を上からの編成原理だけで評価するのではなく、権力と接点をもたない生業も想定したうえで、権力の作用を百姓や村の成り立ち（生業体系）の条件として照らし返すことにあるのではないだろうか。

C【全体社会の構成要素としての生業】　ただし、生業そのものの展開は一つの生活単位や社会単位だけで観察するのは不十分で、地域あるいは全体社会の連鎖のなかで把握していく眼が必要となろう。人の営みがもつ相互の関連性は物や情報・技術の社会的循環とともに、家を越え、村を越え、地域をも越えるからである。生業を社会的な役割を果たす営みととらえる見方は、すでに社会的分業論のなかに見られた。しかし、特定部門への労働の継続・集中を社会的分業の発達と見る議論において生業は個別に評価される傾向が強く、生業の相互関連の解明は歴史学ではいまだに立ち遅れているのが現状であろう。かつて今谷明は、室町期の大鋸《おが》の導入を産業革命と評価し、鍛造技術玉鋼の発明により可能となった大鋸の技術が新しい樹種の利用を可能とし、大鋸で挽いた板が建築様式に大きく影響したこと。木挽《こび》きという大鋸挽き専業職人が出現したこと。板商売の活発化が山林を荒廃させ、植林の必要性がクローズアップされたこと、などを明らかにした。このように生業の相互関連をとらえることで、ある時代相や社会の変化を読みとることが可能となる。歴史動態的な考察を進めるうえでも、生業の相互関連の解明はもっとも重要な課題であるといわなければならない。

〔参考文献〕

中野徹三『マルクス主義の現代的探究』青木書店、一九七九年

高橋昌明「社会史の位置と意義について」『歴史学研究』五二〇、一九八三年
今谷明『京都・一五四七年』平凡社、一九八八年
関東近世史研究会常任委員会「関東の山間地域と民衆」『関東近世史研究』二四、一九八八年
須田努「山間地域（石高外領域）における『公儀』支配と民衆生活」『関東近世史研究』二四、一九八八年
佐藤孝之「山稼の村と『御免許稼山』」『徳川林政史研究所研究紀要』昭和六二年度、一九八八年
君塚仁彦「江戸城御用炭役と村」『関東近世史研究』二五、一九八九年
高木昭作『日本近世国家史の研究』岩波書店、一九九〇年
春田直紀「中世の海村と山村」『日本史研究』三八六、一九九四年。同三九二、一九九五年
鬼頭秀一『自然保護を問いなおす』ちくま新書、一九九六年
盛本昌広『日本中世の贈与と負担』校倉書房、一九九七年

コラム

中世の内海世界と生業

高橋一樹

現在も日本海沿岸を中心に点在する潟湖《せきこ》は、大海原の広がる海洋と対比して、しばしば内海（ウチウミ）と呼ばれる。それは、水を介して多用な生業の交差する場であり、周辺に住む人びとの生活環境と有機的にかかわる身近な水界であることから、里海（サトウミ）と表現されることもある。内海としての潟湖は、いくつかの河川と結びあいながら、舟を使った人や物資の行き交う交通路であったり、湖面では漁業や狩猟が行われ、植物の採集も行われるほか、湖辺の耕地に対する用水源ともなり、場合によっては地先が耕地にも使用されたりする。おもに民俗学が明らかにしてきた、このような内海の世界を歴史的に掘り下げてみようとするとき、これまでの歴史学がイメージしてきた内海概念との隔たりが浮かび上がってくる。

文献史料を扱う歴史学では、とくに中世史の分野において、この内海という概念を、日本列島をとりまく海運の存在形態を究明するために使用してきた。北から南にいたる七つの内海を設定して、それらの結びつきを説いた網野善彦の「海の街道」論はその典型である（網野『日本の歴史　00「日本」とは何か』講談社、二〇〇〇年）。そこでの中世の内海とは、たとえば「北の内海」が津軽海峡・

陸奥湾であるように、中世の当時でいえば複数の国々にまたがる、もしくは接する海域であり、瀬戸内海や有明海に代表される現在の内海のイメージとおおむね重なりあう。

網野の内海論の前提には、河口や潟湖の湾口といった景観や立地条件に着目し、内陸部の後背地との関係性に加えて対外交流のあり方をも視野に入れた、中世港町の研究の著しい進展がある。さらに網野のいうような内海論をふまえて、地域経済圏の成り立ちやそれら相互間の動態的な関係が論じられるようになっており（市村高男「中世日本の港町」『港町の世界史二　港町のトポグラフィ』青木書店、二〇〇六年）、こうした中世港町の研究成果と研究史上の意義は高く評価すべきである。

ただその一方で、中世海運の研究にみられる分析概念としての内海は、中世の人びとが日常的に意識する「内海」と大きなズレを生じていることも事実である。

古代・中世には沿岸部を中心に無数の潟湖が点在し、そこに中小の河川が流れ込み、それによってほかの潟湖ともつながる景観が列島の各地でみられた。その一例である富山県の十二町潟が『万葉集』に「布施水海」と詠まれ、一二世紀の荘園文書に「水海」と書かれたように、古代から潟湖は「水海」と表記されてきた。一三世紀前半の歌論書『八雲御抄』の名所部「海」をみると、現在の海洋とならんで、潟湖をさす「水海」が数多く列挙されている。鎌倉時代以降の地域社会にかかわる文献史料をみても、現在の海洋が「塩海」「大海」であるのに対して、潟湖は「水海」「湖海」と表現されている。同時に、海洋と潟湖はそれぞれ「外海」「内海」とも呼ばれており、鎌倉時代の辞書『伊呂波字類抄』もウチウミに「湖」の文字をあてて説明しているように、潟湖を中心とした身近な水界こそが、中世の「内海」であった（高橋一樹「中世日本海沿岸地域の潟湖と荘園制支配」矢田俊文・工藤清泰編『日本海域歴史大系』第三巻中世篇、清文堂、二〇〇五年）。

中世の潟湖は、海運や港町の視点からとらえるだけでなく、それ自体をひとつの「内海」とみる中世びとの感覚に即して、その内部から周囲に広がる生活世界のあり方が問われなければならない。その際には、中世港町の研究が実践しているように、現在は失われてしまった潟湖を視野に入れる研究の方法が不可欠であることはいうまでもない。

かつて石川県金沢市北部にあった河北潟《かほくがた》は、日本海と湖面をわける砂丘列に沿って南端から大野川が流れ、河口付近で犀川と合流して日本海に注ぎ込んでいた。中世の大野川は川幅が広かったようで、中世文書では河川というより潟の一部とみなされている。その河口部につくられた中世の港町のうち、大野川の出口に立地するのが大野湊であり、大野川と犀川に挟まれた宮腰津とならんで、当該地域の重要な物資流通の窓口となっていた。

この大野湊に関して室町幕府は、応安五年（一三七二）六月、そして康暦元年（一三七九）閏四月と立て続けに、加賀守護の富樫昌家に宛てて管領奉書を発給している（「臨川寺重書案文」『加能史料』）。それによると、京都の禅宗寺院である臨川寺の寺領大野荘の大野湊に対して、守護の富樫が使者を送り込み、年貢米を運搬する舟を抑留したり商船に税を賦課したりするので、これをやめるように命じている。このうち前者の文書には、つぎのような文言がみられる。

臨川寺領加賀国大野庄湊著岸商舟の事、公事・課役を懸け宛てるに依り、往来の舟、更に出入りせずと云々、土民の歎きといい、商売の煩いといい、もとより停止せらるるところ也、

大野湊に往来する商船以下が着岸しなくなったため、商売の煩いとなっているばかりか、荘民たちが嘆いているという。商売と荘民の関係は必ずしも明確ではないが、大野湊における船舶の出入りや物資の流通が荘民の生活と強く結びついていたことは確かである。ここから当該地域にしめる中世港町の重要性を抽出することはたやすい。しかし同時に、その背後にある河北潟という「内海」に対する、周辺住民たちの働きかけの多様性をも忘れてはならない。

中世の大野川の流域、すなわち河北潟の南域は、倉月荘と大野荘という二つの中世荘園の荘域に編成されており、大野湊を含む西側に大野荘が立地している。大野荘と倉月荘は、一三世紀後半から一四世紀にかけて、この河北潟の南域の領有をめぐって激しく相論を展開しており、同様の事態がほぼ同時期の河北潟北域でも起こっていた（高橋前掲論文）。

中世の河北潟は、これらの相論の関係文書のなかで、まさに「海」「内海」と表現されている。その「内海」の水面領有が、周囲に立地する荘園や保によって争われた背景には、河川からの土砂流入などによって湖面が干上がってできた土地に開かれる耕地の帰属とともに、湖面における荘民

たちの「殺生」行為があった。

この「内海」における「殺生」のなかみは特定できないものの、誰しもが想定しうる漁業はもとより、鳥類の狩猟も含まれていた可能性は十分にある。干潟の環境に近い湖岸の干上がり地における田圃の存在もそれを補強する。だとすれば、冒頭で紹介した近代以降の潟湖に見いだされる内海の生業のあり方は、中世の「内海」世界を考えるうえでも、大きな示唆を与えてくれることになる。

中世の「内海」における「殺生」といえば、武蔵国六浦荘の「瀬戸内海」という入江（著名な金沢八景の原風景）のそれが思い浮かぶ。六浦《むつうら》は鎌倉の外港としても機能した流通拠点だが、六浦荘の地頭職を知行する金沢北条氏は、鎌倉時代の後半を通じて、この「内海」における「殺生禁断」を文書でしばしば厳命している（『金沢文庫古文書』）。六浦の「内海」においても、住民たちによる活発な漁撈活動などを十分に想定することができよう。

金沢北条氏による「殺生禁断」令の反復は、この荘園が金沢称名寺の寺領でもある、という論理によって貫かれていた。加賀大野荘の荘民たちによる中世の河北潟での「殺生」という史料表現も、同荘が臨川寺という禅宗寺院の寺領荘園であることにもとづく、宗教的なイデオロギー支配の産物であった。いわば共通するバイアスのかかった同時期の寺院史料のなかに、中世の「内海」における住民の生業の一齣が「殺生」として表出することは単なる偶然ではなく、そこには中世史料の一特質が明瞭に示されている。

このような経験則にもとづく史料観を応用すれば、課税や所有などにかかわる、様式の整った文書の伝来が一般的な中世史料にあっても、そこに「内海」世界の生業を読み込むことは決して不可能ではない。

一〇世紀の平将門の乱を描いた『将門記』に「香取内海」と描写される常陸国の霞ヶ浦とその周辺水域には、香取社大禰宜家による税賦課の必要から応安七年（一三七四）に作成された「海夫注文」が残る。この著名な史料が語るように、湖岸の村ごとに内水面の漁業や交通に携わる人びとがおり、香取社・鹿島社の御船祭りにも重要な役割を担っていた（鈴木哲雄「香取社海夫注文の史料的性格について」一宮研究会編『中世一宮の歴史的展開』上巻、岩田書院、二〇〇四年）。

また、中世京都の住民にもっとも馴染みの深い「水海」である琵琶湖では、独特な漁法である「エリ」の中世的な存在形態が問われている。ほかに中世の「内海」における漁場や漁法の具体相が不明瞭な史料的状況にあって、越後国の塩津潟（紫雲寺潟）では、干拓のために作成された享保六年（一七二一）の絵図に、湖岸に沿っていくつかの網場が設定されているようすがみてとれる。これにかかわる近世の家伝史料をあわせて精査しながら、中世にさかのぼる情報を汲み取っていくことも、同時代史料のみに限らない研究の方法である。

現在の海洋と潟湖がそれぞれ「大海」「塩海」「外海」と「水海」「内海」と呼ばれたように、古代・中世の人びとにとっては、海洋も潟湖も「海」にほかならなかった。これは、「海」という語彙が、現代に生きる我々とは異なる感覚のもとに使われていたからであろう。「内海」とも表記された潟湖と人間とのかかわりを歴史的にふりかえるとき、ひとつのキィ・ワードとなるのは「海」であるが、そうした「海」の語彙に変化が生じるのはいつだろうか。

興味深いことに、近世になると潟湖を「海」として表記することはほとんどなくなる。かわって、日本海の呼称が登場するとともに、現在の○○潟・□□湖のような固有名詞が史料上にあらわれ、定着するのは一六世紀末以降のことである。これは自然を構成する潟湖に対する社会認識、潟湖と人間とのかかわり方が大きく変化して、それまで舟運や漁業などが共存して利用されていた潟湖そのものが、人間による開発の対象とされていくことと軌を一にしている。

そして、とりわけ一八世紀に入ると、各地の潟湖が干拓などを通じて、次々とその姿を消していく。その背景には、幕府の奨励する新田開発令もさることながら、潟湖の周辺に住む人びとの連帯とそれにもとづく水害の克服、そして干拓への意欲、鉱山開発などで培われた土木技術の発展とその応用、といった社会的な条件があった。

では、こうした近世以降の劇的ともいうべき転回を準備する動きは、それ以前の中世にはみられなかったのであろうか。中世の「内海」世界に関する私の探求はまだ始まったばかりで、このような観点を具体例にもとづき獲得できたのは、つい最近のことであった。

『岡本文書』（島根県立図書館架蔵写本）に含まれる、延徳四年（一四九二）三月六日付けの横樹安貞契約状写によると、石見国那賀郡の武士である横樹安貞は、同郡の小石見郷にある潟庭の「山・海」を過分の費用で永代買得し、その「海」少々を苦労して「田地」に「成」したという（史料翻刻は二〇〇七年度歴史学研究会大会中世史部会の菊池浩幸氏報告資料による）。

小石見郷は現在の島根県浜田市周辺であり、そのなかの潟庭は同市片庭町として地名を残している。現在の片庭、つまり中世の潟庭は、河口部の右岸丘陵上に浜田城を擁する浜田川が、丘陵・山地と砂丘列（「浜」）に囲まれる下流域で作り出したラグーン地帯、まさに潟湖そのものであったと考えられる。

一五世紀末の在地武士は、潟庭という地名のもとにあるこの潟湖を「海」と表現し、その一部を困難な開発により耕地化したと記す。「山」のみならず「海」の買得という行為と、それを可能にする当時の領主階級の意識は、土地所有のあり方に段階差があるとはいえ、前述した近世半ば以降の村落住民たちのそれに強い親近性が感じられる。

まったく同様の事態は、同じ日本海沿岸ながら数百キロ離れた北越後でも起こっていた。越後国瀬波郡の岩船潟においては、その北岸にある諸上寺が文明七年（一四七五）ころから、寺辺の湖岸部分（低湿地）の田地開発を進め、大永七年（一五二七）には開発地の年貢帳を作成している。

このプロセスを分析した六本木健志氏によると、諸上寺の主導する岩船潟の部分的干拓には、周辺の村の有力者をはじめ、田地開発の用排水路を敷設する技術者（「大工」）、さらに岩船潟の湾口に面した中世港町である岩船宿の商人や手工業者などが加わっていたという（六本木健志「北越後岩船潟の開発と岩船町」『かみくひむし』九三号、一九九四年）。石見の潟庭では領主クラスしかみえていないが、北越後の岩船潟では中世後期の断片的な潟湖干拓をささえる社会的・経済的基層が史料上に表出している。

中世における「内海」としての潟湖は、ほぼ一五世紀末から一六世紀初頭を境にして、在地の有力な武士や寺院の主導のもとに、耕地開発の対象に転化しつつあった。あるいは一五世紀後半に想定されているパリア海退との関係も考えるべきかもしれないが、これは近世村落の連帯に裏打ちされた全面的な干拓に比して、地主的干拓ともいうべきものであり、地先を中心とする断片的な開発にとどまるとはいえ、一八世紀から列島規模で進行する潟湖の「新田開発」を中世後期から段階的に準備するものであったと考えられる。

というのも、中世の地主的干拓は在地の武士や寺院の階級的需要だけではなく、その背景には「内海」をとりまく物流や商業の担い手、技術者のみならず、「内海」で前述のごとき多用な生業を行なっていたであろう、周辺村落の有力住民たちの積極的な意志と協力が垣間見えるからである。

「内海」世界に対する人間の働きかけの変化を通じて、一五世紀末から一八世紀以降に連続する側面をみてきたが、最後に「内海」の生業という視点から段階差を指摘しておくとすれば、近世の全面的な潟湖干拓が引き起こす社会的な諸権利の衝突と調整、たとえば潟湖に設定されていた網場の消滅とその補償、潟湖や河川を使った水運の消滅とそれに依拠してきた物流システムの崩壊・転換、などの現象は、中世後期の潟湖干拓にはみえてこない。中世の「内海」にいとなまれた多用な生業が、いまだ法的な権利として確立しておらず、その併存状況さえも根本的に脅かすレヴェルに達していない、断片的な開発行為であったところに、中世後期の地主的干拓における歴史的限界があったといえよう。

4　生業の民俗学
――複合生業論の試み――

安室　知

(1)　民俗学の体系化と生業研究

経世済民の志向と生業　日本の近代民俗学の出発点が柳田國男（一八七五―一九六二）にあるという認識は、おおかた異存はないであろう。柳田は生まれ故郷の村で起こった飢饉に際し、農民が飢えに苦しむ姿をみて、「農民はなぜに貧なりや」という疑問を抱いたとされる。これが、柳田の場合には原点になり、大学を出ると農政官僚になってゆく。事の真偽は柳田の伝記研究に任せるとして、柳田民俗学の初発は一応このように捉えられている。

そうして近代民俗学が打ち立てられようとするとき、「民俗学」という言い方は一般的ではなかった。柳田が主宰した雑誌に『郷土研究』（大正二年〈一九一三〉創刊）があるが、いってみれば民俗学は郷土の研究という性格を強く持って始められた。この郷土研究を南方熊楠（一八六七―一九四一）はルーラル・エコノミーと英訳した。「野の経済学」または「地方経済」と訳せばよいだろうか。結果的には南方の進言は十分には入れられなかったが、それでもなお、当時の柳田國男を中心とした民俗学には、「いかに生きるか」という生業研究への志向が強く存在していたことがわかる。

ちなみに、柳田がどのように「生業」ということばを使用していたかをみてみると、意外にその使用例は少ない。もっとも早い例としては明治四〇年代のエッセイに登場するだけで、その段階ではきちんと概念規定がなされているわけではない。その後、学術用語として提示されるのは、近代民俗学が打ち立ってからの昭和一六年（一九四一）「風景の成長」（『豆の葉と太陽』創元社）を待たなくてはならない。

ただし、柳田に限っていえば、その後の用例はそれほど多くはない。このことは柳田自身が民俗学＝経世済民の学問と認識していたこともあり、ときにルーラル・エコノミーとも訳される郷土研究（民俗学）においては包括的に人の暮らしを成り立たせる営みを対象とする以上、生業という言葉をわざわざ使うまでもなかったのかもしれない。

民俗文化の序列化と生業研究　民俗学が学問として体系化し、近代科学としての体裁が整えられてくるのが一九三〇年代である。例えば、日本民俗学会の前進である「民間伝承の会」が三五年に発足し、また、後に民俗学の啓蒙書・教科書として使われる柳田の『民間伝承論』（共立社）が三四年に、『郷土生活の研究法』（刀江書院）が三五年にそれぞれ出版される。両書とも柳田國男の講演録をまとめたものであるが、このように講演会活動やその記録の教科書化により民俗学が広く啓蒙され、かつ組織化されていった。

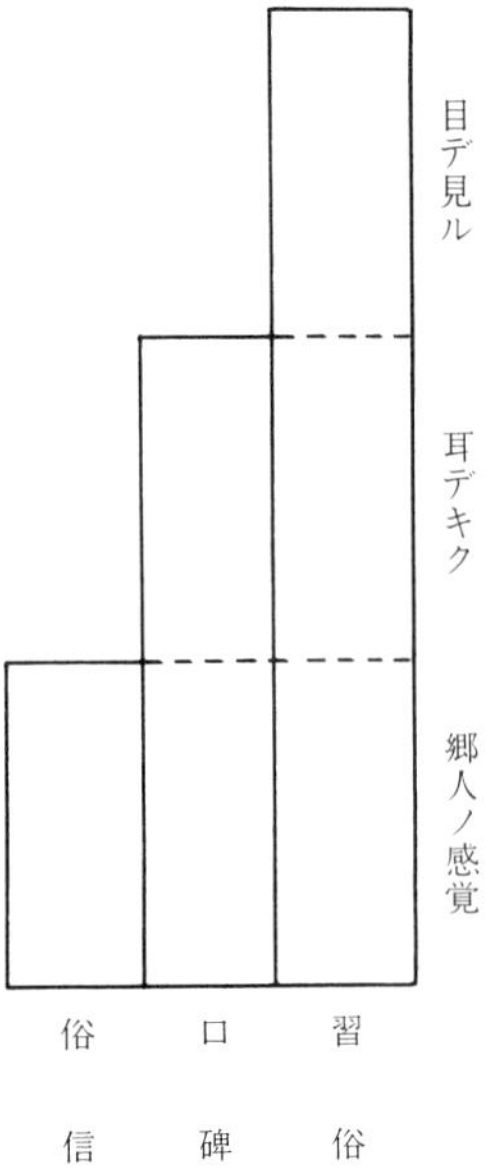

図18　柳田國男の三部分類モデル
（『民間伝承論』より）

この際に提起されたのが、研究対象としての民俗文化を類型化する考え方である。柳田は有形文化・言語芸術・心意伝承の三部分類（図18）を提起し、民俗文化を体系的・包括的に理解しようとしたが、それは同時に民俗文化の序列化を促すことにもなった。

柳田の三部分類を簡単に説明すると、一部の有形文化は目にみえるもので旅人でも採集可能な民俗、二部の言語芸術は耳で聞けるもので仮住まいをすれば採集可能な民俗、三部の心意伝承とは、心で感得するものであり、同郷人つまりそこで生まれ育った人でなければ採集できないものとした。そこには明らかに、研究の到達度として、一部→二部→三部という序列が存在するといってよい。

こうした民俗学の体系化とともに進められた民俗文化の序列化により、第三番目の心意伝承を明らかにすることが民俗学の最終的な到達点であり目的と認識されるようになった。こうした中で、生業研究は主として一部の有形文化＝目にみえるもの、旅人でも採集可能なものに位置づけられた。すなわち民俗学は、心意伝承である信仰や儀礼の研究に重きが置かれ、生業研究はその下位に位置づけられるようになったといえる。

もう一つ生業研究に関わる大きな出来事として、物質文化研究の動向が上げられる。それは、昭和五一年（一九七六）に日本民具学会が創設されたことに象徴される。七〇年代後半に民俗学研究の中から民具研究が分離して、それまでの物質文化と口頭伝承という両面からアプローチする民俗学のスタイルが破綻することになる。そうした岐路が七〇年代後半にある。

生業研究にとっては道具や技術からのアプローチは重要な要素となるだけに、その分離は大きな影響がある。これにより、生業に関わる道具や技術の研究が民俗学においては外在化され、生業研究はますますもって中心的課題である信仰や儀礼を明らかにするための前提としてしか意味を持ちえなくなったといえる。

こうした動きを象徴するのが民俗文化類型論の登場である。柳田の三部分類を第一期の民俗文化類型論とすれば、一九八〇年代に坪井洋文らにより急速に進められたものは第二期の民俗文化類型論ということになる。ただ、一般に民俗文化類型論といった場合には坪井のそれを指している。柳田は後進の指導を目的に民俗学の研究対象を到達の難易度により分類してみせたのに対して、坪井は現在ある民俗文化を多元的なものと捉え、その重層構造を理解するために民俗文化を類型化してみせた。したがって、坪井の場合、元来別の類型として存在した複数の民俗文化について、その関係性を問うことに大きな意味があった。

(2)　民俗文化類型論と生業論の関わり

稲作単一文化論、批判　国立歴史民俗博物館の初代民俗研究部長である坪井洋文が民俗文化類型論（第二期）の火付け役の一人であることは先に述べたとおりである。民俗文化類型論とは、坪井の民俗学研究に対する基本的スタンスであり、民俗文化理解の根本にあったといえる。七〇年代後半から八〇年代前半にかけて、坪井は同論に基づく多くの研究成果を生み出した。

生業論との関わりをみてゆくと、民俗文化類型論が登場してくる事情がよく理解できる。民俗文化類型論の背景として、まず柳田國男がとった稲作単一文化論への批判があり、次にそのアンチテーゼとしての畑作文化（畑作民俗文化類型）の提起がある。坪井は、正月に餅を搗《つ》いてはいけない、食べてはいけない、供えてはいけないといった「餅なし正月」の伝承を持つ家や地域を検出し、そうした伝承をかつて稲作文化とパラレルに存在した畑作文化の痕跡として読み解いていった。

つまり、稲作文化が普及・拡大してゆく一方、畑作文化が徐々に力を失ってゆく過程において、稲作文化と畑作文化との葛藤の中に、この「餅なし正月」の伝承が生まれたと解釈した。さらに、畑作文化の痕跡として、血や火につながる赤色を極端に忌避する「赤色禁忌」という特徴的な伝承も見い出した。こうした作業を通じて稲作文化（稲作民）により迫害される畑作文化（畑作民）というテーゼを創りあげたわけである。その代表的な著書が『イモと日本人―民俗文化論の課題―』（未来社、一九七九年）、『稲を選んだ日本人―民俗的志向の世界―』（未来社、一九八二年）である。

坪井の民俗文化類型論は、文献史学では網野史学と関係し、文化人類学では照葉樹林文化論との融合が大きな意味を持っていた。とくに照葉樹林文化論では、照葉樹林帯においてイモを栽培する根菜農耕文化から稲作文化が発展してくるという図式を描くため、この点でも坪井の畑作文化論と合致してゆくことになる。

ただし、当初、坪井は畑作文化が稲作文化に先行するとはしても、それが縄文時代まで遡及するとまでは言っていなかった。それが、照葉樹林文化論を採り入れるようになってからは、畑作文化の起源を縄文に求め、稲作文化を弥生にあてはめるという、二〇〇〇年の歴史を遡って現在の民俗文化を解釈するようになっていった。私はここに坪井論における一つの限界を感じている。

民俗文化の多元性　こうして、一九八〇年代には、日本の民俗文化には稲作文化以外にも畑作文化や漁撈文化があるという多元的な理解が民俗学の趨勢になっていった。それを可視化したものとして有名なものにいわゆる坪井曼陀羅（図19）がある。現世と来世を対極に置き、現世には稲作民的世界・畑作民的世界・漁撈民的世界・都市民的世界が相互に関連しながら存在する。これに対応して、来世にも天空他界・山中他界・海上他界・墓地他界があるとする。

こうした発想は、歴博における民俗展示のキー・コンセプトとなり、日本の場合、その後の博物館

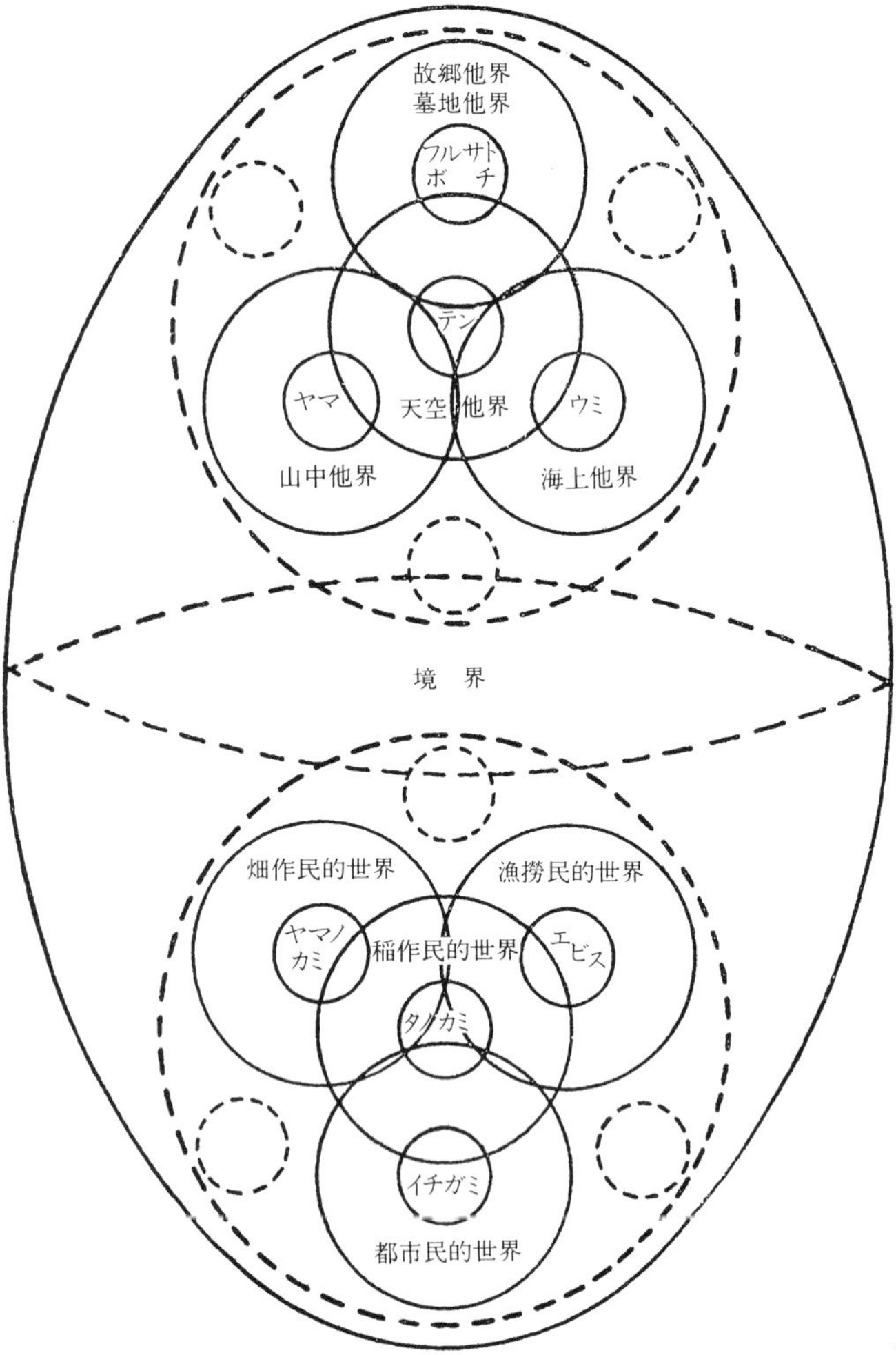

図19　日本人の民俗的世界概念図—いわゆる「坪井曼陀羅」—
（『稲を選んだ日本人』より）

展示にとっても大きなエポックとなっている。もちろん、坪井曼陀羅と展示場の配置とがすべて一致するわけではない。さまざまな妥協や今となっては疑問符の付く点もあるが、歴博の民俗展示は当時の研究水準であった第二期民俗文化類型論により統一されているといっていい。

こうして、日本民俗文化の全体像を多元的に理解しようとする研究動向が生まれた。その代表的な試みの一つに、一九八一〜八五年におこなわれた歴博共同研究「畑作農村の民俗誌的研究」がある。その成否は別にして、民俗学史にとっては大きなエポックとなった共同研究といえる。この共同研究の当初の目的は、畑作農耕文化としての独自性を解明することにあった。稲作文化単独で日本の民俗文化が成り立つという従来の理解を脱して、民俗文化としての畑作農耕文化を定立させようとの主張が強くなされた。

そのとき、まずはじめに、稲作文化を念頭に置いた単一的で一元的な方法論の見直しが必要だとの認識が示された。例えば、カタツムリの方言が京都を中心に同心円上に分布するという周圏論や、いくつかの伝承を重ね合わせてその祖型を探るという重出《じゅうしゅつ》立証法は、稲作文化による一元的な民俗文化理解の上に成り立ち、それを補強するための方法論であったとした。

言葉を換えれば、そうした状況を脱却して新たな方法論を見い出さない限り、畑作文化は明らかにならないという認識からこの共同研究は出発した。しかし、結局のところ、民俗誌による研究法があるる程度有効だと認められたものの、それ以外の新たな方法論的展開はなかった。当然、畑作農耕文化としての独自性も明らかにされたとはいえない。

民俗文化類型論の限界　研究史上でいえば、歴博共同研究「畑作農村の民俗誌的研究」は高く評価できる。例えば、国立民族学博物館で日本の畑作農耕文化に関する共同研究がおこなわれるのは昭和五八～六一年（一九八三～八六）になってからであり、いわば歴博はそれに先んじて畑作農耕文化の存在に注目したことになる。また、民俗学内部にあっては畑作農耕文化を民俗文化として位置づけなくてはならないという機運を高めたし、さらには文化人類学だけでなく考古学や文献史学といった他分野へも大きな影響を与え広義の歴史学を主導したと評価できる。

ただし、前述のように、この共同研究は当初の目的を達成することはできなかった。そのもっとも大きな理由として、生業を指標とした文化類型に限界があったと私は考えている。つまり、稲作文化にしろ、畑作文化にしろ、また漁撈文化にしろ、生業技術を指標にし、それを文化類型にあてはめていったわけで、しかもそれを「稲作文化 対 畑作文化」というように複数の文化類型を対立的に、つまりおのおの独立した個別のものとして扱っていた。そういったやり方は明らかに生活の実態とは乖離したものがあるし、誤りであると考える。

最大の問題は、坪井が所与の前提として、稲作や畑作、漁撈といった生業がそれぞれ文化として体系を持ち、おのおの独立したものとして扱えるとしている点にある。

このことに象徴されるように、当時の生業論は文化類型論に対応して語れるほど成熟した段階には達していなかったといっていい。例えば、坪井は、「稲作文化 対 畑作文化」を、ときには「稲作民的文化 対 畑作民的文化」と言い換えたり、また「稲作農耕文化 対 焼畑農耕文化」としたり、それでも説明できないと、ついには「第一類型 対 第二類型」のように記号化したりした。つまり坪井による民俗文化の類型的理解は、そのつど対立の軸・図式が微妙にずれていたといわざるをえない。

おそらく、それは坪井の提起した文化類型が生業技術を下敷きにしながらも、生業がきちんと理解されていなかったことに最大の問題があったと考えられる。民俗文化類型論は、学史的には稲作単一文化論へのアンチテーゼとはなりえたものの、結局のところ、今ある民俗事象にそれぞれ稲作（民）的、畑作（民）的、漁撈（民）的といったレッテルを貼ることにとどまり、民俗文化の総体を構造的に明らかにするには到らなかった。

(3)　生業論における複合的視点

生計維持という視点　皮肉なことに、この時期、民俗文化類型論が出てきたために、民俗学において生業研究は一つの隆盛期を迎え、大量の論文が発表されていた。畑作をはじめとする生業研究は一種のブームであったともいえる。そういったことからすれば、民俗文化類型論はそれまで低調であった生業研究を活性化させたともいえる。

しかし、当時の生業論のレベルは決して高いものではなかった。それは、いわば民俗文化類型論にあてはめるための研究であり、生業から技術だけを抜き出し前述のようなレッテル張りに終始する研究にすぎなかった。しかもそうした研究の前提には、意図的であるかないかにかかわらず、稲作・畑作・漁撈・狩猟といった技術はそれぞれ別個に生業として独立しているという考えがあった。具体的にいえば、稲作なら稲作の中だけで苗代から脱穀までの間の詳細な農事暦をつくってゆき、漁撈なら漁撈で一年間を通じた詳細な漁撈技術の記述や漁撈暦をつくってゆくこと、つまり、生業技術を個々にモノグラフ化することが生業研究だとされてきた。

しかし、生業技術の個別的検討というだけでは、人が生きてゆくという視点が欠如してしまう。なぜなら、実際には、稲作だけ、畑作だけ、漁撈だけで生計維持をしてきた人はいないからである。そういう意味では、生業の組み合わせなど各生業間の関係性に注目しなければならない。つまり、生業研究は人はいかに生きてきたかという視点に立つものでなくてはならない。

そうしたとき、文化人類学者の川喜田二郎は、「生業パターン」として生計活動を総合化する考え方を示した（「生態学的日本史臆説」蒲生正男ほか編『歴史的文化像』新泉社、一九八〇年）。また、人類生態学者の渡辺仁はアイヌ社会を例に取り、「エコ・システム」の視点から生計維持のあり方を分析した（「アイヌの生態系」渡辺仁編『人類学講座　一二　生態』雄山閣、一九七七年）。

生業パターンの場合、J・H・スチュアートらが提唱した文化生態学を川喜田がいち早く日本に採り入れたものである。資源の再生産性、労働生産性、食生活上の栄養という三条件を基本とした生業パターンは実際の生計維持活動を分析するには不可欠であるとされ、生態学的視点とともに民俗学にも導入されてゆく（例えば、拙稿「稲作文化と漁撈（筌《うけ》）―生態学的アプローチの試み―」『日本民俗学』一五三、一九八四年）。それは、大きな視野に立てば、今西生態学の影響が民俗学にまで及んだ瞬間といえなくもない。

複合性への着眼　こうした川喜田らの提言は必然的に生業研究に複合的視点をもたらしたが、それ以前にも、どういった生業がどのように組み合わされて人の生が維持されてゆくのかという着眼は、民俗学の中でも単発的ではあるけれども存在した。一例をあげれば、昭和四三年（一九六八）、民族学会（現在の文化人類学会）に民俗学者である宮本常一と千葉徳爾が招かれて、『山』をめぐる諸問題」という座談会が催された（「『山』をめぐる諸問題」『民族学研究』三三―四、一九六八年）。

その席で、千葉は、マタギ＝狩猟民ではなく、魚も捕るし山の畑も耕すのだということを話している。これは座談会という自由な発言の場であるからこそ示されたことではあるが、フィールドワーカーとしてはあたりまえの視点、あるいはフィールドワーカーだからこその認識だといってよい。これは生業研究における複合性への着眼としては早いものである。

また、日本常民文化研究所の河岡武春は「漁民の水鳥猟」（『民具マンスリー』一〇―四、一九七五年）という論文で、漁民が水鳥を獲るという一見矛盾した事例を検討している。実際、河岡がフィールドとした潟湖《せきこ》周辺の低湿地では漁民が魚とともに水鳥を獲ることは、ごくあたりまえの生業としておこなわれていた。ちなみに私は今、稲作農民による水鳥猟の調査を河岡と同様、潟湖周辺の低湿田地帯でおこなっている。

また、河岡とほぼ同時期にやはり常民文化研究所に出入りしていた辻井善弥は三浦半島の海付の村において、まったく違ったアプローチで、畑作と磯漁のセット関係を見い出し、河岡とともに「農漁民（漁農民）」という概念を創り出している（『磯漁の話―一つの漁撈文化史―』北斗書房、一九七七年）。「農漁民」の学史的意義については別のところで論じているので、今は触れないが、一見すると素朴なタームではあるが、それだからこそより生活実態に近い概念になっているといってよい。

河岡にしろ辻井にしろ、常民文化研究所という民具研究の中心的役割を担っていた研究機関に出自することを考えると、やはり民俗学においては口頭伝承と物質文化は分割されるべきではなかった。文化類型論にみるような生業研究の偏向は起こるべくして起こったといえる。残念なことに、千葉・宮本・河岡・辻井らによる生業の複合性に関する問題意識は、フィールドワーカーの直感としてもたらされた部分が大きく、必ずしも明確なかたちで方法論として体系化されたわけではなかった。

そうした段階から一歩前に踏み出したのは野本寛一であると私は位置づけている。野本は『焼畑民俗文化論』（雄山閣、一九八四年）おいて、文化複合という概念を提出して、焼畑地域にあっても焼畑だけではなく生業をいかに複合させて食料を得ていたかを論じている。野本のいう文化複合は、生業と食との関係性にまで及んでおり、川喜田の生業パターンにも通じる考え方である。

(4)　複合生業論の提起

方法としての複合生業論〈一九九〇年代前半〉　こうした生業研究の方向性は、一九九〇年代になると複合生業論（または生業複合論）として結実してゆく（例えば、拙稿「存在感なき生業研究のこれから—方法としての複合生業論—」『日本民俗学』一九〇、一九九二年、「複合生業論」『講座日本の民俗学　第五巻　生業の民俗』雄山閣、一九九七年、「複合生業論のこれから」『長野県民俗の会会報』二六、二〇〇三年）。

生計は各種生業の選択的複合により成り立つという前提にたって、その複合の様相（複合のあり方やその変遷）を明らかにしてゆくことが生業論の中心になっていく。この場合、生業複合とは単なる生業技術のレパートリーの提示やその足し算を意味するものではない。当然、複合生業論は、生業技術間の関係や社会との関係など、複合の様相がどうあるのかというところまで明らかにしてゆくことであり、またその対象は伝統的生業だけでなく商業活動や賃労働なども含むものである。

複合生業論を用いると、従来の民俗学の常識とは違ったものがみえてくる。民俗学には古典的なテーマとして「山と里」論がある。その中で従来、坪井洋文などは民俗空間としての「山」に畑作（焼畑）をあてはめ一元的に理解しようとしたが、複合生業論ではそうはならない。

実態としての山の生業は、焼畑だけではなく稲作もおこなっているし、また山の豊かな資源に依存した採集活動や漁撈・狩猟もあり、また換金を目的としての畑作（商品作物栽培）や出稼ぎなどの賃労働もいち早く山の生業の中では重要視されてきた。そういったものを多様にそして並立的に複合させることが山の生業の基本となる。しかも、山では家ごとに生業複合の様相は違いをみせることも特長の一つとなる。それは家族構成の違い（ファミリー・バランス）が、複合のあり方を規定してゆくからである。同じことは村ごとの違いとしてもいえ、生業複合の様相は村柄《むらがら》の形成に大きな影響を与えている。

坪井があまり深く考えず、またときに意図的に「山＝畑作（焼畑）」としてしまったのは、「里＝稲作」という認識へのアナロジーであったと考えられる。柳田民俗学を稲作単一文化論と批判しつつ、結局のところ、坪井自身も「山」を一元的にしか捉えられなかったといえよう。

労働論との融合〈一九九〇年代後半〉　こうした複合生業論の動向の中に、やがて労働論が取り込まれるようになる。まずはじめに進んだのが、生業における遊びの評価である。マイナー・サブシステンス論はその代表である。マイナー・サブシステンスとは直訳すると「小さな生業」ということになるが、そうした「とるに足らない」サブシステンスの存在意義についての議論である（例えば、松井健「マイナーサブシステンスの世界」『民俗の技術』朝倉書店、一九九八年）。昨今では、プラスな意味で「遊び仕事」といったりもする。

生業複合の様相を考えるとき、どうのような生業を、いかなるバランスで取捨してゆくかが問題になるが、その際に従来の研究ではともすれば合理的な人間像を前提としがちであった。つまり、より生産性の高い生業、より生産効率の良い技術、といったものが常に選択されてきたという考え方である。しかし、実際は、そのような経済合理的な考え方だけで生業や技術が選択されてきたわけではない。つまり、複合生業を分析するときには、そうした非合理性も含めてトータルに人の生をみてゆく必要がある。

当然、人が生業や技術を取捨選択するうえで、労働に内在する遊びやそれにより喚起される競争心というものが重要な意味を持ってくる。農山村での暮らしの中では、それほど生計上は重要ではないが、面白いから続けているとされる生業が思いのほか多くある。ときにはおこなっている本人も遊びだか仕事だか区別のできないものまである。だから「遊び仕事」なのである。ホイジンガーが「ホモ・ルーデンス」と表現したように、具体的な生業・技術の取捨選択の場面において遊びは大きな意味を持っていたわけで、まさに遊びが文化を規定することになる。

また、さらには社会規範や美意識といったことも複合生業を考えるうえでは重要となってくる。これも大きな意味では労働論との融合ということになろう。

最近、指導する総研大の学生が書いた論文でも、稲作労働に潜在する美意識が生業論として取り上げられている。苗を田に投げ入れる「空中田植」は、とくに労働生産性のうえで、従来の田植え機を使った稲作に劣らない、むしろ金銭上も労力の上でも合理的で優れているにもかかわらずほとんど普及しなかったのはなぜか。それは空中田植をした田が美しくない、汚いとして周囲からマイナス評価されたこと、また作業自体が面白くないこと、そうしたことが空中田植が普及しなかった大きな要因として指摘されている（渡部鮎美「田の美しさ—富士河口湖町の『空中田植』を事例に—」『日本民俗学』二四二、二〇〇六年）。

そのように経済合理性とは相容れない遊びや社会規範といったことも含めてトータルに人の生をみてゆくのが複合生業論であるといえる。

生計維持の二つの傾向性　複合生業という見方をすると、日本における近代以前の生計維持には二つの傾向性が指摘できる。このことについては、別稿（例えば、拙著『複合生業論』科研費成果報告書、二〇〇七年）にて繰り返し述べてきているので、ここでは簡単にまとめるにとどめる。

一つは、単一生業志向である。日本の場合には歴史的に見ると稲作への特化が大きな意味を持ってくる。技術水準が低い段階で所有する耕地や労力をすべて稲作という単一の生業に集中してゆくことは非常に危険なことである。それにもかかわらず、そうした危険をおかしてまで単一生業に特化してゆこうとしたのが近代までの日本であったといえる（ただし、稲作に完全に単一化したかといえば結局そうはならなかった）。その背景には、おそらく他生業（畑作・漁撈・狩猟・採集および商業・工業など）の稲作への内部化という現象が存在するのではないかと想定している。一例をあげれば、水田漁撈はその典型である（拙著『水田漁撈の研究—稲作と漁撈の複合生業論—』慶友社、二〇〇五年）。

もう一つが、生業の複合性を維持してゆこうとする傾向性を持つもので、複合生業志向である。山間や海付の村における生計維持では特にその傾向が著しい。一つの生業に特化せずに、さまざまな生業のバラエティーを保つこと、つまり多生業を並立しておこなうことで、生計を維持してゆこうとするものである。山や海が有する自然資源の豊かさがそうした複合生業志向の背景にはある。

そうした複合生業志向のもとでは、生計維持を自己完結させる度合いは低くなり、外部社会との関係が重要となってくる。そのため、山間や海付の村では、里の稲作地帯にみられる単一生業志向の村に比べると、貨幣や商品流通もさかんとなり、市場経済化がいち早く進行する。

周圏論が描くようなモデル、つまり里が中心にあり、その外縁に山や海が位置づけられるという考えは複合生業論では認められない。こうしたモデルでは、文化は中心から発せられることになり、周縁にある山や海は後進的な民俗空間とされてきた。しかし、市場経済の受け入れはむしろそうしたところの方が早いといえる。山や海と里との違いは文化の発達度などではなく、生計維持の志向性の相違とみるべきである。そこには文化的な序列は存在しない。

最近の複合生業論　最近では民俗学にとどまらず、文献史学や地理学、考古学、文化人類学、農学などにおいても、複合生業論は取り入れられつつある。それには、肯定的、否定的の両面がある。生業研究を当該分野で推進するうえで、複合的な視点の重要性を認識し、複合生業論の方法と成果を肯定的に受け止めようとするものが多い。一方、否定的な受け止められ方もあり、その代表的な意見が、「すでに複合生業論は当該分野ではおこなわれていた」とするものである。個々の研究者名や論文名はあげないが、地理学や農学ではそのような受け止め方がたしかにある。

しかし、そうした批判はあたっていない。たいていそうした分野の「複合生業論」的研究とされるものは、統計データや過去の文書記録をもとにしての生計復元が主となっているからである。文字に残る記録や統計を元にして村や家単位の経済を復元することだけを複合生業論では意図していないことは前述のとおりである。単なる記録や統計に頼るだけの生計分析なら、何も地理学や農学に限らずとも、さまざまな分野でそれこそ「すでにおこなわれてきたこと」である。本稿で批判的に検討してきたかっての民俗学の生業論においてさえ、民俗誌の記載はそのレベルなら複合生業論的ということになってしまう。

複合生業論がなぜ民俗学で提起されてきたかを考える必要があろう。記録や統計データを無視しろというのではない。それだけでは到達できない生業のあり方をトータルとして追求するのが複合生業論である。その意味では、生業を中心に生活そのものの解明が研究の目的であるということができる。そのもっとも有効な手法が聞き取りであり、それを方法論の中心に置いてきたのが民俗学なのである。記録や統計にはほとんど残らない生業技術も聞き取りでは数多くでてくる。経済的にはそれほど意味を持たなくても、現在まで豊富に伝承されている生業技術は多い。

そうした生業は経済的な価値は低く、したがってほとんど記録や統計として残されることはないが、地域に暮らすうえで重要な意味を持っている。私は、水田漁撈を例にして、そうしたことを繰り返し述べてきたつもりだが、それは批判者の耳にはほとんど届いていないようである。水田漁撈は、ほとんどの場合、記録や統計に残されないが、稲作民の自給的たんぱく質獲得法としてだけでなく、地域の祭礼に取り入れられ稲作水利社会の紐帯を維持したり、また、農作業の中の遊びや競技としても機能していたわけで、地域に暮らすうえで大きな意味を持っていたと私は考えている。

学問がその目的と方法論により規定されるとするなら、複合生業論でもっとも重要な点は聞き取りという手法を用いることにより統計や記録に残らない生業まで掘り起こしたうえで、トータルとして生計活動をみてゆこうとすることにある。しかるに、そうした批判者は民俗学におけるもっとも重要な方法を無視して、自分たちの分野における研究手法や対象に固執している。「当該分野では複合生業論はすでにおこなわれてきた」という類の批判にはそうした傲慢さを感じざるをえない。

［付記］　本稿は二〇〇六年六月三日の歴博共同研究会において口頭発表したもの（前半部のみ）をテープ起こしし、それに若干の修正を加えたものである。

コラム

古辞書に見る生業

中島丈晴

ことばとしての生業　これまでも民俗・考古・歴史学の各分野において生業論が展開し、本フォーラムもそうした動向を踏まえ、「『生業』概念が民俗学・考古学・歴史学の各分野でどのように用いられているか、その相違点や共通点を出し合い、『生業』概念を、広義の歴史学における共通の分析概念として活用する糸口を探」（第五六回歴博フォーラム「新しい歴史学と生業―なぜ生業概念が必要か―」ポスター）ることを目的として開催された。しかし、こうした分析概念としての『生業』とは別に、各時代における人びとにとってなりわいがどのようなものとして認識されていたのかを探ることも必要と思われる。そもそも、現代において〝せいぎょう〟〝なりわい〟という言葉を聞いたとき、ほとんどの方が、それにあたる文字として〝生業〟を連想されることだろう。しかし、そうした連想をもたらすなりわい認識とは、前近代から現代にいたるまで一貫したものだったのだろうか。本論は、こうした疑念について、史料にそくして検討しようとするものである。

検討にあたり、現在一般的な〈生業＝なりわい〉とは史料用語としてどれほど一般的だったのか見てみよう。例として鎌倉時代の古文書のほとんどを網羅した『鎌倉遺文』を見ると、そこには一例も見い出しえない（検索には、東京大学史料編纂所HPの「鎌倉遺文フルテキストデータベース」を利用した）。その理由としては、現在まで伝来した文書は支配あるいは権利関係に関するものがほとんどであるという偏在性から、人びとの生活に関わる「生業」という文言が文書にあらわれにくいことが考えられる。あるいは、「生業」ということば自体が中世では日常語として使われていなかったのかもしれない。ともあれ、こうした事実は、関連文書を集め帰納論的に歴史事象を探るという、一般的な歴史学の方法論が成り立たないことを示している。こうした史料的制約をともなうなりわいの検討に対し、本論では、前近代の辞書＝古辞書に注目し、そこでの「ナリハヒ」にあてる文字がいかなる変遷をたどったのかを見ることによって、〈生業＝なりわい〉との認識が歴史的所産であったことを検討したい。限定的ではあるけれども、当時の人びとのなりわい認識を探る一つの指標にはなろう。

古代中世辞書に見るなりわい　では早速、刊本で見られ、かつ「ナリハヒ」を載せている古辞書をまとめた表10をあげよう。以下、表10にそくして検討を進めていきたい。

まず注目されるのは、近世以前では、農事に関する字義を持つ文字に「ナリハヒ」をあてている場合が多いことである。「農」や「農業」はもとより、「稼」（＝うえる、耕作、農事）、「穡」（＝農事、耕作）、「芸」（＝植える）、「東作」（＝春の耕作、農作）、「稷」（＝五穀の神、農事を監督する人）、「稼穡」（＝農作）などほとんどが該当している。こうした〈農事＝なりわい〉が日常の言葉としても使用さ

「ナリハヒ」にあてる文字・語釈	出　　典
日本紀私記云、農、奈利波比	正宗敦夫編纂『倭名類聚抄』(風間書房)
偁、稼、穡、芸、業、家業、農	正宗敦夫校訂『類聚名義抄』(風間書房)
農〈耕也〉、東作	中田祝夫・峯岸明『色葉字類抄研究並びに総合索引　黒川本・影印篇』(風間書房)
偁、稼、穡	中田祝夫・北恭昭『倭玉篇〈夢梅本・篇目次第〉研究並びに総合索引』(勉誠社)
稼、稷、農	中田祝夫・北恭昭『倭玉篇〈慶長十五年版〉研究並びに索引』(勉誠社)
業、農	中田祝夫『文明本節用集研究並びに索引』(風間書房)
社稷(ナリワイノカミ)	中田祝夫・根上剛士『中世古辞書〈四種〉研究並びに総合索引』(風間書房)
稔、農、東作、稼穡、農業、四宅	京都大学文学部国語学国文学研究室編『〈清原宣賢自筆伊路波分類体辞書〉塵芥』(臨川書店)
農悦〈農家祝言也、歌ニ〉	中田祝夫・野沢勝夫『印度本節用集〈古本四種〉研究並びに総合索引』(勉誠社)
土地、あるいは、耕作地などからの収穫	土井忠生・森田武・長南実編『邦訳日葡辞書』(岩波書店)
農舟(奈利波比布祢)	中田祝夫・小林祥次郎『多識編〈自筆稿本刊本三種〉研究並びに総合索引』(勉誠社)
活業、活計、穡、農桑、登稔、耕種業、稔作、民業	中田祝夫・小林祥次郎『書言字考節用集研究並びに索引』(風間書房)
万葉集・源氏に見ゆ、日本紀に生業又農をよめり、遊仙窟に家業をよみ、霊異記に産業をよめり、はひハ助の辞、	

表 10　古辞書に記載された「ナリハヒ」一覧

辞　書　名	編　著　者　名	編著者の立場	成立・刊行年
倭名類聚抄 (元和 3 年古活字本)	源順 【那波活所】	官人 【漢学者】	承平年間(931–938) 【元和 3 年(1617)校訂刊行】
類聚名義抄 (観智院本・改編本)	法相宗僧 【真言宗僧カ】	僧侶	永保元年(1081)以後 11 世紀末ごろカ 【鎌倉中期書写】
色葉字類抄 (黒川家本)	橘忠兼	官人	天養年間(1144–45)—治承年間(1177–81) 【江戸中期写】
倭玉篇 (篇目次第)	未詳	未詳	室町初期以前カ 【室町中期書写カ】
倭玉篇 (慶長 15 年版)	未詳	未詳	南北朝末—室町初期カ 【慶長 15 年(1610)版】
節用集 (文明本)	未詳	未詳	室町中期写
温故知新書	大伴泰広カ	祠官	文明 16 年(1484)
塵芥	清原宣賢	漢学者・ 神道学者	天文(1532–55)頃カ
節用集 (弘治 2 年本)	未詳	未詳	弘治 2 年(1556) 【江戸時代の書写カ】
日葡辞書	イエズス会宣教師	宣教師	慶長 8 年(1603)—慶長 9 年(1604)刊
多識篇 (寛永 7 年刊古活字本)	林羅山	儒者	慶長 17 年(1612)成稿、寛永 7 年(1630)刊
書言字考節用集	槇島昭武	国学者	元禄 11 年(1698)
和訓栞	谷川士清	国学者	前編：安永 6 年(1777)—文政 13 年(1830)刊 中編：文久 2 年(1862)刊

福はひ禍はひの如し、（増補語林）　産業也	『増補語林和訓栞』(皇典講究所印刷部)
生息、産業	村田了阿編『増補俚言集覧』(名著刊行会)
生業〔はひハ助辞、種はひノ如シ〕又、業。農事ヲ元トシテ、スベテ、人ノ生活トスル業、セイゲフ、スギハヒ、ヨスギ、産業、職業、営業、家業、渡世	大槻文彦『大言海』(冨山房)

れていたことは、イエズス会宣教師によって室町末期の日本語の多くが記録された、『日葡辞書』の「ナリワイ」の語釈によくあらわれている。

また、〈農事＝なりわい〉という認識は十世紀以前から見られることが、『倭名類聚抄《わみょうるいじゅしょう》』が『日本紀私記』を引用して「農　奈利波比」としていることからわかる。『日本紀私記』とは、「奈良時代から平安時代にかけて宮廷で行われた『日本書紀』の講書の覚え書」（『日本古典文学大辞典』）であり、講書における漢字の訓みが記録されている。したがって、『倭名類従抄』が成立した十世紀以前の時点において、〈農事＝なりわい〉という認識が宮廷内において広まっていたことが明らかである。こうした認識は『日本書紀』の傍訓にも反映されている。『日本古典文学大系　日本書紀』からそれを見てみよう（本論では、入手が容易な点を考慮して岩波文庫版〈『日本古典文学大系』を文庫化したもので内容は同じ〉を使用した）。

（表 10 つづき）

（増補語林）	井上頼圀（増補語林） 小杉榲邨（増補語林）	国学者 国史国文学者	後編：明治 20 年（1887）刊 増補語林：明治 31 年（1898）刊
俚言集覧（増補版）	太田全斎	漢学者	寛政 9 年（1797）—文政 12 年（1829） 増補改編版：明治 32 年（1899）刊
大言海	大槻文彦	国語学者	昭和 7 年（1932）—昭和 10 年（1935）刊

（注）【　】内に使用したテキストの編著者名・書写年などをあげた。

『日本古典文学大系』の訓みは現存最古の写本を基礎に古代史研究の成果も考慮したもの（『同書』凡例）で信頼すべきものである。卑見では、以下の文字に「ナリハヒ」の訓みがあてられていることを確認できる（検索にさいし、中村啓信編『日本書紀総索引　漢字語彙篇第3巻』〈角川書店、一九六六年〉を参考にした）。

・農（巻五、崇神天皇六十二年七月、『岩波文庫　日本書紀』一巻、三〇二頁）
・業（同右）
・農桑（巻七、景行天皇四十年七月、『同右』二巻、九二頁）
・農業（巻十七、継体天皇元年三月、『同右』二巻、一七二頁）
・耕種（巻十九、欽明天皇五年三月、『同右』三巻、二七二頁）
・耕（同右）

・生業（巻三十、持統天皇称制前紀元年三月・四月、『同右』五巻、二三八―二四〇頁）

「農」や「耕」のほかに「業」「生業」にも「ナリハヒ」があてられていることが注目されるが、注意すべきは、ここでの「業」「生業」は農事と関連していることである。それぞれの事例をあげよう（傍線引用者、以下すべて）。

①　業の事例

「……詔《みことのり》して曰はく、『農は天下の大きなる本なり、民の恃《たの》みて生くる所なり、今、河内の狭山の埴田《はにた》水少し、是を以て、其の国の百姓、農の事に怠る、其れ多に池溝を開りて、民の業を寛めよ』とのたまふ、……」

②　生業の事例

「……投化《おのづからにまうおもぶ》ける（みずから日本に帰化してきた）高麗五十六人を以て、常陸国に居《はべ》らしむ、田賦《たま》ひ稟受《かてたま》ひて、生業に安からしむ……」（下毛野国、武蔵国でも、新羅人に対し同様の事例が見える〈『同右』五巻、二四〇頁〉）

前者では農＝民の業と主張しており、後者では田や稟を与えていることから、農＝生業と理解することができよう。したがって、ここでの「業」「生業」は農事との関連から「ナリハヒ」と訓まれたといえよう。事実、農事と関連しない場合の「業」は「ヒツギ」（『同右』一巻、二〇〇頁など）、「ツギテ」（『同右』一巻、二五〇頁など）、「ワザ」（『同右』一巻、二七八頁など）、「トコロ」（『同右』二巻、一六二頁など)、「ナリ」(『同右』五巻、一九六頁) などと訓まれている。

民衆生活におけるなりわいの多様性

しかし、こうした〈農事＝なりわい〉の傾向が強いなかで、平安期の漢和辞書である『類聚名義抄《るいじゅみょうぎしょう》』において「家業」を「ナリハヒ」と訓んでいる点が注目される。その実態とはいかなるものなのか、同じく平安期の説話集で、古代社会の様相を伝える歴史史料としても重視される『今昔物語集』から見てみよう(検索には『新日本古典文学大系　今昔物語集索引』を利用した)。

①　巻二—十、舎衛城金財比丘語(『新日本古典文学大系　今昔物語集』一巻、一二一頁)

「……其ノ時ニ一人ノ人有リキ、極テ貧窮ニシテ、世ヲ過サムガ為ニ常ニ薪ヲ取テ売ルヲ以テ業ト為シニ、……」

②　巻二—三十三、天竺女子不伝父財宝国語(『同右』一巻、一八六頁)

「……又一人ノ人有リ、常ニ海ニ浮テ財ヲ求メ、財多カル国ニ行テ、財ヲ買テ返来ル事ヲ業トス、……」

③　巻十—十五、孔子為教盗跖行其家怖返語(『同右』二巻、三二四頁)

「……其ノ弟ニ盗跖ト云フ人有リ、一ノ山ノ懐ヲ棲トシテ、諸ノ悪ク武キ人ヲ多ク招キ集メテ、我ガ具足トシテ、他人ノ物ヲバ善悪ヲ不撰ズ我ガ物トス、遊ビ行ク時ニハ、此ノ悪ク猛キ者共ヲ引キ具セル事、既ニ二三千也、道ヲ亡シ人ヲ煩シ、諸ノ不吉ヌ事ノ限リヲ好テ業トス、……」

④　巻二十─四十二、女人依心風流得感応成仙語（『同右』四巻、三〇五頁）

「……而ルニ、此女日々ニ沐浴シ身ヲ浄メ、綴ヲ着テ、常ニ野ニ行テ、菜ヲ採テ業トス、……」

⑤　巻二十三─十七、尾張国女伏美濃狐語（『同右』四巻、三五七頁）

「……然ル間、此女彼小川ノ市ノ内ニ住テ、自ラ力ヲ憑テ往還ノ商人ヲ掕躒シテ、其物ヲ奪ヒ取ヲ以テ業トシケリ、……」

①から⑤のそれぞれの傍線部が「業」（「ナリハヒ」）を具体的に示している部分である。それぞれは、①薪売り、②貿易商人、③山賊、④菜摘み、⑤強盗と理解することができよう。ここには民衆生活におけるなりわいの多様性が示されている。まさしく『類聚名義抄』がいう「家業」そのものである。

以上から、古代中世辞書では、〈農事＝なりわい〉との認識がきわめて強かったことがわかる。しかし一方で、少ないながらも「家業」「業」に「ナリハヒ」をあてる事例も古代中世を通じて存在し（『類聚名義抄』『文明本節用集』）、近世辞書において「農」にかわり「業」が多用されることになる素地が存在していた。

「農」から「業」への転換と「生業」の登場　ふたたび表10に戻ろう。近世辞書になると、古代中世辞書と同じく農事に関わる文字と共に、「活業」「活計」「民業」などにも「ナリハヒ」の訓みがあてられるようになる。それぞれ、「活業」＝「生活していくための商業・職業」（『日本国語大辞典　第二版』）、「活計」＝「くらしを営むこと、またそのための方法や手段」（『同右』）、「民業」＝「人民の、生活のための仕事」（『同右』）という語義である。ここからは、近世辞書では、農事に限定されない、生きるための方法や手段を示す文字にも「ナリハヒ」があてられるように変化したことがわかる。さらに、近世後期から明治期にかけて作成・刊行され、江戸時代の代表的国語辞書と評価される『和訓栞』『俚言集覧』においては、あらたに「産業」「生息」にも「なりはひ」の訓みがあてられ、それまで盛んにあてられていた「農」は影をひそめるようになる。ここにいたって、〈農事＝なりわい〉から〈業＝なりわい〉に転換したものといえよう。

ついで、近代国語辞書の代表といわれる『大言海』になると、なりわいの文字に「生業」があてられ、その語釈として、これまで本論で見てきたような、なりわいの総括的な説明がなされている。しかし、ここでなによりも注目すべきは、『大言海』においてはじめて「なりはひ」＝「生業」として立項されていることである。『大言海』は昭和七年（一九三二）から一〇年にかけて刊行されているので、そのころまでには〈生業＝なりわい〉という認識が一般的になっていたのであろう。

以上、本論では、古辞書を通時的に見ることで、なりわいが、①「農」中心の古代中世から、②近世における「業」中心への転換、③近代国語辞書における「生業」の登場、との歴史的変遷をたどってきたことを指摘した。そして、このように見てくると、〈生業＝なりわい〉という現代における我々のなりわい認識は、近代以降のものにすぎないといいうるのである。

Ⅲ

〈討論〉生業論のこれから

――その可能性と意義――

(1) 日本における生業論の登場と問題点

井原 質疑討論に移りたいと思います。きょうの討論の柱ですが、一番の課題は、歴史・民俗・考古の各分野の研究史の中で生業論がどういう形で登場してきたかということです。この点について、それぞれ時間の関係で触れられなかった部分を補足していただき、その中でフロアーからの質問にも併せてお答えいただきたいと思います。

まず甲元さんが、時間がなくて省略された、生業論の後半部分の補足をお願いします。

甲元 先ほども申しましたが、日本では生業論に二通りの種類がございます。その一つは八幡一郎先生のされている伝統的な先史学研究における研究方法です。それから、省略しましたのは、"Subsistence Economy"という考え方でございます。

この"Subsistence Economy"というのは、基本的には「生命を維持するための最低限の食べ物獲得の方法は何か」ということで、一九六〇年代アメリカの計量経済学の分野から始まって、何でも数値化して表そうというやり方です。それが新しい調査・研究方法の開拓と相まって、一九六〇年代の半ば以降、アメリカ人類学の影響を受けた研究者が日本での調査・研究に応用しました。

そういう方法と、先ほど申しました伝統的な先史学の方法にのっとった研究が、民族学における「豊かな狩猟民」の提唱、それから「照葉樹林文化論」のような体系化した考え方と並ぶ形で進めら

図20　討論参加者（右より井原・甲元・木村・野本・横田）

れてきました。

“Subsistence Economy” についてはあまり話さなかったのですが、私自身があまりこの考えにはいい印象を持っていないということがあります。おそらくこの段階でいろいろな強調された新説は、現在の形から見ればほとんど生きていません。学問的には継承されていないのです。花粉分析でもプラントオパールでも、部分的なあるいは一部の資料から検討していく方法自体が、あまり日本の世界にはなじまないのです。むしろ具体的にわれわれが遺跡の調査をして出てきたものからその世界は何かと考えていく、組み立てをするというのが、伝統的な考古学の世界でございます。民俗学の研究のほうで生業暦というものをつくって、一年間の生業活動のあり方から全体の経済活動を考えていこうというやり方です。

小林達雄さんの「縄文カレンダー」という図がござ

います。小林先生はアメリカ的な学問研究を消化してこのような生業暦をつくり、その中での具体的な営みとは何かということを追求されています。そのような形でつくり上げることにおいて、本来民俗学的な世界が目指した生業論と考古学的な世界とが一致するのではないかというのが基本的な考え方でございまして、同様に文献史学の生業論の世界ともうまい具合にリンクする一つの手だてになるのではないかという気がしています。

井原　ありがとうございました。続きまして木村さんから、補足と省略された史料の説明をお願いします。関連して質問用紙が来ています。一点目は、「〈史料二〉の東市のところに『海菜』とありますが、これは何ですか」、二点目は、「中世の生業論の困難さがよくわかりましたが、中世には近世における農書のようなものはなかったのか。ないならば、その理由は何なのか」という質問です。併せてお願いします。

木村　最初の「海菜」ですが、基本的にはこの時期よく食べられておりましたワカメとかノリの、いわゆる海草類のものであろうと考えております。

次に農書の問題ですが、これまで伊予国の『清良記《せいりょうき》』という農書が一番古い農書だと言われておりました。以前は戦国時代の成立と言われていたのですが、最近の研究で江戸時代に入ることが明らかになりまして、中世の農書はなくなってしまいました。

ただ、この『清良記』も単なる農書ではなく、ある土豪の一代記などを含んでおり、いわゆる江戸時代になって成立する「百姓伝記」のような農書と考えることはできません。その意味で言うと、農業技術そのものを素材にして書かれた農書というのは、やはり元禄年間以降にしか出てこないと言わざるを得ないと思います。

では、なぜその時期にならないと成立しないのか、ということについては、私も成案を持っていませんが、一七世紀後半からの本格的な小農自立政策によって、小農の自立が進んだものの、まだ安定的な経営を維持できる段階に至っていなかった。そこで、地方《じかた》の行政や農政を担当しているグループが、小農の自立を確実なものにしていくために書いたのが「農書」ではなかったかと、思っています。

このように理解すると、中世における農業経営のあり方と農書が成立してくる段階の経営のあり方に違いがあるということになります。もちろん、段階の違い以外に、地域社会における「知」、「学問的な知」の達成度の違いということもあるかと思いますが、いまはこれ以上お答えする材料を持っておりません。

ただ、農書ではないのですが、「農書的メモ」(これは私の命名ですが)のようなものは中世においても確認できます。その一例として引用したのが図3です。これは寛元元年(一二四三)にある土地を売ったときの売券に付いていた図面(差図)です。これは基本的には売買の対象の土地の様子を示した図面ですが、いまはその右側に書かれた注記のような文字に注目したいわけです。そこに記されているように、この土地では「籾」=稲と麦と「井」=藺草が栽培されていたことがわかります。そしてさらに、「麦種同升　九月七升／十月八升」とか「井栽時十月九月」などと月や種の量が記されているのは、播種期と播種量を指定したものであると理解できます。また、「コヘ」についても記されていますが、これは施肥に関する記載であって、藺草にはコヘを入れないが麦を栽培するときは「一二両ハカリ（ばかり）」入れるというのです。これは明らかに農書ではありませんが、中世においても、集団的な伝承だけでなく、このような文字を用いた技術の伝承があったことは間違いないでしょう。

このフォーラムが始まる前に、平川南館長とお話をしておりましたら、奈良時代の木簡にも稲の作付け・種まきから収穫の時期まで判明するような木簡が出てきているとご教示いただきました。このようなことを勘案すると、いわゆる農書が成立してくるのは江戸時代になってからかも知れませんが、私の言う「農書的なメモ」がさまざまな形で伝承された可能性はあるように思います。

井原　ありがとうございました。では、野本さんに、省略された最後の近現代史の研究との関連について補足をお願いします。それから質問が来ています。一点目は、「表一の『輪作・作物』項の上から三つ目に『キャーギャーシ』というものがありますが、これは何か」、二点目は、「これまで民俗学が現代社会の問題へ直接提言することは少なかったのに、そうしたところにまで踏み込んだ報告で大変面白かったと思います。野本先生はサラリーマンをどのように民俗学として取り込んでいけばよいとお考えになっていますか」という質問です。併せてお願いします。

野本　初めに質問からお答えします。焼畑には、四年前後の輪作をする場合に、輪作の年度の慣例的な呼び方がございます。ここに書いてあります「ニイコバ」「キャーギャーシ」「コナ」「ナッウチ」というのは焼畑輪作の呼称です。

「キャーギャーシ」というのは、「かえしがえし」という日本語の方言だとお考えいただいていいと思います。一年目と同じ作物を繰り返してつくるという意味です。「ニイコバ」というのは、原生林を新しく開いた焼畑のことです。例えば「ツクリはニイコバの半作」という口誦句がございます。「ツクリ」というのは、四年間つくって三〇年間休閑して再度行う焼畑のことです。「ツクリ」の収穫量は原生林を開いたところの半分になります。地力がなくなるからです。ちなみに中部日本を中心とした焼畑輪作の呼称では、一年目を「アラキ」「アラコ」という呼び方が一番多いのです。「アラキ」「アラク」「アラコ」という呼称は各地で焼畑の一年目に使います。能登半島では新開の水田を「アラケダ」といいます。「アラアケ」という意味で、「新たに開けた」という意味です。アラキ系の語源はここにあります。その次には例えば「クナ」とか「カワシ」とか、各地方によって焼畑の輪作を示す日本語がございます。「キャーギャーシ」はその一つでございます。

二番目の質問、サラリーマンをどう扱うかということは非常に大きな問題ですが、まだ画期的な研究は出ておらず、今後の課題とせざるをえません。

民俗学は現在のことに言及しなければいけないということは、ほとんどの民俗学者が語るところですが、実態を見渡すと、ほとんど行われていません。現在を見つめる人は、民俗になっていない社会現象などを民俗だと称して発言しています。もう一方の人は、過去のほうだけを見る。しかも、民俗の「民」には直接関係ない分野を専攻される方がかなり多い。「民俗学」の「民」に注目すれば、まず民の生業や生活に関係するものをやらなければいけません。過去と現在は分断されるものではなく、過去を見つめることによって、現在・未来への指針が得られるのです。例えば「会津桐」について克明に調査いたしましたところ、会津桐は焼畑で発生していることがわかりました。福島県大沼郡三島町では来年から焼畑を復活して桐を栽培して、そのほかの要素と複合させるという現代的な試みを始めます。サラリーマンの問題は、兼業農家の給与所得に関わる諸問題、勤務と村落共同体生活の関係などから始め、徐々に都市部に入っていこうと思います。

井原　ありがとうございました。横田さんに、省略された「おわりに」の部分の補足をお願いします。それから、「報告の内容に関連して、『土芥寇讎記《どかいこうしゅうき》』に「表高何石」とか「新田の物成り何万石ほどあり」の記載があります。この量は表高に比して遜色のない量が記載されております。これこそ稲作以外の生業なのでしょうか。表高以外のこれらの生産力を考慮しないで近世の経済は十分に理解されないと思います」という質問が来ていますので、併せてお願いします。

横田　質問のほうからお答えします。『土芥寇讎記』は、元禄時代に幕府が各大名の内情を隠密に調査した報告書だと言われています。その中には、表高とともに、正確に言いますと「新地開き・諸運上・課役・掛り物」の高が書いてあります。

今の質問の方は、それが新田や稲作以外のものではないかということですが、まさにそのとおりだと思います。商品作物や山野河川からとれる小物成など、さまざまなものを総合した生産力、経済力を表わしているといっていいと思います。だいたい幕府と藩との基本的関係は、領地を最初に与えたときの高が改易されるまで「拝領高」、つまり表高ということで続くので、こうしたものを加えた内実の高＝内高との乖離が次第に大きくなり、そういうものを元禄時代に、つまり幕府が始まってから九〇年、一〇〇年位たったときに、あらためて認識せざるを得なかったということだと思います。それは江戸時代の人自身が、石高と現実の豊かさとの間にズレがあり、それがここで議論しているようなさまざまなものを含んでいるのだということを、きちんと認識していたということだと思います。

次に、「おわりに」の補足ですが、最後のところに平石直昭さんという方の研究を出しておきました。この方は法学部の政治思想史で、儒学思想などを分析されている方ですが、「近世日本の〈職業〉観」（『現代日本社会　第四巻歴史的前提』東京大学出版会、一九九一年）という論文の中で、江戸時代の儒者たちが当時の職業というものをどのように考えているかということを三つに分類されました。

その一つは、「生活手段を得る手立て」としての「生業」という考え方があります。二つ目は、仕事をするということは、国家や社会に対して一定の義務を果たすことだ、役割を果たすことだということで、それがその人の「職分」だという考え方です。自分が百姓をするのは自分が生きていくためなのだというのが生業型で、これが国家・社会に対する自分の役割なんだと考えるのが職分型であります。三つ目は、これは天から与えられた私の「天職」だと考える天職型ですが、江戸時代は身分制の時代であり、それぞれの職業に対して「役」というものがかかってくるので、これが自分の役目・役割だというふうな考え方が非常に強い。この点は、中世の「職の体系」をひきついだ近世の「役の体系」として、尾藤正英さんも強調されています（『江戸時代とはなにか』岩波書店、一九九二年）。

国家や社会のためではなく、自分や家族が生き抜くために働くのだという、そういう生業型の見方が、中国などと比較して弱く、同じ東アジアの儒教文化圏の中でも違いがあるのではないかということを言っておられました。ここには生業に対する考え方とかイデオロギーなどの論点があるかと思い、紹介しました。

井原　さきほど、生業概念についての諸外国との比較という提言がありましたが、質問にも「諸外国での研究状況はどうなっていますか」とあります。先ほど“Subsistence”・サブシスタンスのご紹介をいただいたのですが、ほかに補足がありましたら甲元先生お願いします。

甲元　アメリカは個々の分析はすごく進んでいます。しかし、それをトータルにして「生業活動」という形でくるような大きな論理はないのです。要するに、よく出てくるのは「環境適応」という形で全部くくってしまうわけです。その環境適応がその社会とか生き方にどのように関係するかというところまでは働かないのです。

中国は、伝統的に「業」という考え方が強いので、「生業」をトータルに見てやろうということはありません。むしろ、例えば農業というのが中心でありますので、黄河流域と河北地方はやはりアワ・キビを中心とした穀物栽培、長江だったら水稲耕作という形で、個別的な分析になっています。

それで、最も見るべきものというのは西洋の中世以降の考え方です。西洋では家政学という、生業を含めたような独特の研究分野があり、分析はずっと進んでいると言われていますので、ヨーロッパのそのような研究をある程度斟酌しながらやっていったほうが、中世・近世の場合はうまくいくのではないでしょうか。ことにドイツがこの研究は非常に進んでいるそうです。

(2) 流通・経営研究と生業論

井原 ありがとうございました。ここまでは、研究史における生業論の登場について主に議論いただき、それぞれ三分野に関わる問題提起が行われました。その点に関して、フロアーから「三分野の共同研究として、どのように融合、統合しながらこの研究を深めていくのか」という質問が来ています。それがまさに新しい生業論の可能性は何かということですので、そちらへ議論を移していきたいと思います。

その点に関して私のほうで答えられるのは、「文献史学・考古学・民俗学の三分野に絞った理由は何か」「絵画だとか美術史などの広範な部分は入れないのか」という質問についてですが、美術史の方もメンバーに入っておりますので、広い意味での歴史学とご理解いただきたいと思います。

統合してどのように進めていくかということですが、きょう話に出ましたことで面白い問題は、考古学で生業概念を導入するときに、民俗学の調査要項に非常に大きな影響を受けたという甲元先生のお話です。その部分に関わって質問が来ておりまして、『生業』という言葉がアチック・ミューゼアムで使われ始めたということをきょう知りました。そのアチック・ミューゼアムで考えられていた生業の範囲が、野本先生があげられたようなかなり広範にわたっていることがわかりました。この部分で、新しい歴史学で考える生業概念は農業を中心に議論が進んでいると考えてよいのでしょうか」という問題が提起されております。これも関連した質問だと思うのですが、「きょうの話の中で、生産だけではなく、流通だとか経営なども含めて民衆の側から考えていく必要があるのではないか。農民も商いなどをしなければ生き抜くことが不可能なのですから、生産にこだわるのみでは不十分ではないかということで、流通や経営と生業との関連についてどう考えますか」という提起をいただいております。

この部分は、木村さんから、商品を分析していくことによって生業論を深められるのではないかという提起があり、横田さんからも、近世の職業の諸稼ぎ、五〇〇種類にのぼる職業の多様さ、こういうものと生業論をリンクしていく必要があるという提起がなされておりました。これは生業というものを農業中心ではなく、もう少し幅広く流通なども含めた形で生き抜くための生業として考えたいという、こちらの趣旨と関わることですので、この質問に関して、木村さん、横田さんから補足なりご意見なりをいただけたらと思います。

木村　私は歴博で行なっているプロジェクトのメンバーではないので、いま進められている議論の内容については責任を持てませんので、私自身の考えを述べさせていただきます。

私は、先ほども言いましたように、農業史といいますか生産力論との関連で畠作の研究をしてきましたので、「生業」というような視点は非常に弱いわけです。ただ、畠作の研究をやりながら非常に面白いと思った議論が、残念ながら今年（二〇〇六年）に亡くなられましたが、佐藤和彦さんが主に若狭国を素材に、「市場」ではなく「町場《まちば》」という議論をすべきであると発言されていたことです。

三斎市《さんさいいち》や六斎市は、『一遍上人絵伝』が示すように、市が立たないときは閑散として乞食や犬の住まいになっているようなイメージを持っていますが、そのような農村的な場ではなく、例えば若狭の遠敷市《おにゅういち》のように国府や守護所に近いところに立った市に関する研究はあまり多くないのです。そういう場にできた市がどのように農村と関わっていたかということを、きちんと分析しておかなければならない。しかし、そのような市や国府・守護所などを含んだ「地方の都市的な場」を分析する概念がないのです。市場や守護所や国府という単純な把握になってしまって、それらを含み込んだ広がりのある概念がないのです。それを少しでも前進させようとして提起されたのが「町場」論でした。佐藤さんも全面的に展開したわけではありませんが、いま述べたような問題提起をされたことは、生業論と言いますか、人びとの生業と生業との関わりを議論していく上で重要な視点であると思うわけです。

この提起を受け止めようとする時、参考になるのが市場図です。ご承知のように西岡虎之助先生が収集された荘園絵図類が『日本荘園絵図集成 上・下』(東京堂出版)として刊行されていますが、その中に市場図と呼ばれるものが何点か収録されています。しかし、その存在は知られていますが、それらが本格的に分析されているとは思えません。

このような史料を巧みに利用しながら、生業と生業をつなぐ都市的な場＝町場の復元的な研究をすることもできると思うのです。先ほどの横田さんのお話によりますと、近世では農村の生業と都市の生業をつなぐような仕組みが存在するわけです。量・質ともにレベルは異なるかも知れませんが、中世においてもそのような生業と生業をつなぐ場が存在したはずです。これらを意識的に追究することによって、これまでの流通論とは違った研究が生まれてくる可能性があるように思います。

井原 では横田さん、お願いします。

横田 いまの方の質問用紙を見ましたところ、「生産」という言葉よりも「生業」という言葉を使うことの意味ということも言われています。「生産」ではなくて「生業」ということは、やはり単なる言い換えではなくて、いろいろな意味を持っています。

きょうの私の話で言うと、戦後歴史学の最初のころは、やはり「生産力」や「生産関係」というような使い方が多い。先ほど申しました太閤検地論の時代は、戦後の農地改革にかかわって、寄生地主制をどう見るかということが現実的問題だったわけです。それに対していまの「生業」という言い方は、ものを生産するというだけではないのです。例えば商人はものを動かすだけですから、生産力は何もないということになります。かつてはそういうふうに見ていたわけです。あるいは、武士というのは収奪して消費するだけということになりますが、例えば堤をつくるとか、治安を維持するとか、裁判をするとか、社会のいろいろなことを編成していくという、ある種の公共的な役割も担っているわけです。管理労働みたいなこともしています。そういう意味では、狭い意味での「生産力」や「生産」というものに限定すると何も作り出していないように見えますが、社会全体として見ると違う意味が見えてきます。

一つ例をあげますと、先ほど言った「身分的周縁の研究」の中に古着屋というものがあります。江戸や上方の古着屋はそこで集めた古着を、今度は北陸とか東北とかで売るのです。つまり、江戸の最新流行のデザインの服というのは、ある程度古着になると今度は東北とかへ回っていって、そこの最新流行になっていくのです。そういう意味で、江戸時代の古着の流通というのはリサイクルというだけでなく、デザインという付加価値を再生産し、文化を伝播させるという意味を持っているわけです。

あるいは貸本屋というものもあります。これも単に本を売るだけではなくて、それを貸して回るというものですが、そうすれば、生産力が上がらなくても消費はふえるという問題になります。つまり、一〇〇冊の本が一人の手にしか渡らないとなると一〇〇人しか読めませんが、それが貸本屋の手によって例えば五人、一〇人というふうに渡されると、本をつくる生産力は一つも上がっていなくても読める人は五倍、一〇倍になるわけで、流通や消費の構造が変わるとものの生産力の意味も変わってくると思います。

そんな意味で、「生産」よりもむしろ「生業」という形で、より広くいろいろなものを売ったり買ったり、ある組織を管理したり、そういう仕事をいろいろな形で入れていくこと、見直していくことによって、社会全体の豊かさとか、活力とか、文化を生み出す力とかを再評価できるのではないかと思っています。

(3) 山村史からの視点

井原 ありがとうございました。会場から「生業概念はまだ学問領域としては成立しない段階にあるのではないか。個別研究を積み重ね、定量分析を伴った研究を積み重ねる段階ではないかと思われる」という意見をいただいております。それから、「分業から生業へ、そして職業へと関心が移ってきたということは、歴史学の詳細化というように理解すればよいのでしょうか」という意見がありま す。これはまさにそうでして、これからの新しい歴史学としてこの生業論を深めるためには何が必要か、どういう可能性があるのかということが、いまの課題になっているわけです。

例えば、考古学の生業暦が民俗学の調査要項に影響を受けたり、民俗学で非常に細かな生業暦を明らかにしていくと、近世史のほうでも、いままで無視されてきたような細かな職業をきちんと明らかにしていくようになったりする。相互にリンクしているわけです。そういうことを今後の新しい歴史学の方法論として意図的に打ち立てていくことが必要になっているのではないでしょうか。

それからもう一つ、きょうの報告の中で新しい方法論として提起されているのが、山村史です。これは木村さんの報告に、山村史に注目して生業論を深められる可能性がある、という提起がありました。横田さんの報告でも、近世の山村史研究が非常に重要であり、研究史の中でもこれがきっかけになった、という提起がありました。野本さんのほうでも資料として生業暦を出されたのは、いずれも山村の事例です。山村史の可能性と生業論との兼ね合いについてのご意見を少し補足していただけたらと思います。

木村 先ほど、井原さんの方から生産力論から生業論へという展開の中で、まだ生業概念が未定着なこともあって、個別的な研究を蓄積すべき段階ではないか、という指摘がありましたが、いまこのようなフォーラムが開催されているということは、個別的な研究を進めつつも、これまでの分析方法によって生業概念が出てくるのか、ということも問われていると思っています。

横田さんは、戦後歴史学が時代の要請があったとはいえ、時代区分論や生産様式論、封建制論など、社会の根幹に関わる分野の研究をしてきた経歴があると話されましたが、いま私たちが、そのような研究方法からどれだけ脱却できているか、ということが問われているように思います。なぜかといいますと、これまでの方法で山村史に取り組んでも、私の場合はきっと畠作しか見えなかったり、領主・農民関係しか見えなかったりすると思うからです。いま、山村史の研究を進めている方々は歴史研究者ではなく、例えば米家泰作さんは歴史地理学の方ですし、白水智さんは歴史学をベースにしてはいますが、民俗学の手法を非常に巧みに取り入れられています。

そういう意味で言うと、いま私が可能性があると言ったのは、単に山村史をやればいいというわけではなく、私たちがこれまでの歴史学の方法論、すなわち生産様式論などと狭く捉えてきた方法をもっと広げていく必要がある。いまの山村史の成果や方法からもっと学ぶ必要があると思うのです。その視点を獲得した時に歴史学も山村史の中に入っていくことができるようになるのではないでしょうか。

先ほど横田さんが触れた『山村の構造』（日本評論社、一九四九年）の仕事も、古島敏雄先生が中心になっていますが、そこには歴史研究者から経済研究者さらに農学の研究者まで含んでいて、まさに学際的な研究だったからこそ大きな成果が生まれた、と私は思っています。ですから、古島先生に戻るのではないですけど、やはり学際的に理論と方法を共有しながら、一つのフィールドを研究するような仕組みをお互いにどう獲得できるかが重要なのだと思います。そういう意味で、このフォーラムがあるのだと思いますし、きっと三年後には、このプロジェクトが水準の高い成果を出してくださるに違いないと確信しているところです。

井原 ありがとうございました。横田さん、お願いします。

横田　山村の研究だけでなく、海村というのもやはり同じだと思うのです。単に漁業の歴史をやればいい、あるいは漁業のことがわかればいいというのではなくて、漁村というのは例えば米を作る場所があまりないわけですから、それを買ってこないといけない。また、魚だけではなくて、貝や海草やいろいろなものも採れるわけです。それから貝殻というのは、例えば石灰になり、石灰は漆喰壁の原料にもなるわけです。つまり、そうしたさまざまなものとつながりを持ちながら、海に近い村という特色を持った地域としてあるわけです。

普通の平野部の農村というものを基準に、普遍的なものに対する特殊なものと考えるのではなく、それぞれが海ならば海、山ならば山のところでそれなりのなりわいをしながらやり抜いているという、そうしたものをつなぎ合わせていって、地域の生活環境が全体としてどうなっているのか、という形であらためて全体を見直す。そういう視角がいま必要になってきているのではないかと思います。

井原　ありがとうございました。では、野本さんお願いします。

野本　例えば瞽女《ごぜ》という巡回者がありました。瞽女がどんなところへ泊まったか、どういう生活をしたかという調査は少ないように思います。以前私は長塚節の『土』の民俗を調べようと思って茨城県石下町（現・常総市）国生へ出かけ、長塚節の親戚の長塚清太郎さんという大正七年（一九一八）生まれの方からおよそ次のことをお聞きしました。

瞽女宿というのがあって、毎年お祭りの前になると瞽女が回ってきて、そこへ泊まった。瞽女宿はやっと食べてゆけるような家だった。瞽女が稼いできた米を少し受けとって泊めてやった。宵の口は集ったムラびとたちに瞽女唄、口説《くどき》を聞かせる。ところが夜中になると、瞽女はお婆さんと中年と娘との三人組で来るわけですから、お婆さんを除く二人は体を売ったというのです。どんな人が買ったかというと、ムラの「おっつぁま」なのです。つまり、嫁さんをもらえない人が買ったのだということです。清太郎さんは唄が好きで瞽女宿へ行きたいと言ったら、親に行くなと言われたそうです。

いま私は長野県飯田市近郊の中山間地で調査をしていますが、新潟県から長野県まで御前様《ごぜんさま》が来たというのです。飯田では瞽女のことを御前様と言います。どのようにして来たのか。瞽女以外にムラを巡った者はどんな人びとなのか。そのようなことをトータルでやらなければなりません。手の届く過去で、まだ多くのことが聞けるのです。

また、一般的に山村は閉鎖的だと言われますが、これは観念です。山の中のほうが開放的です。町ではなかなか他人を泊めませんが、山の中では巡回職人などを泊めていたのです。泊める習慣があります。民俗学にはやらなければならないことがたくさんあります。民俗学のいまの使命の一つは、聞けることを聞いておくことです。

(4)　生業論の可能性と意義

井原　ありがとうございました。歴史学の細かなディテールの部分を明らかにしていくことがいかに重要かという提起です。

最後の課題ですが、生業論を深めていくと、それがどういう学問上の意義を持つのかということです。この点については、私どもの研究課題でもあるわけです。今日の報告でも「生業論を深めるということが、生態環境を明らかにしていくこととつながるのだ」という提起を甲元さんがされています。横田さんも「地域の生活環境全体を明らかにすること」と提起されました。野本さんの報告にも「民俗学のほうでは生業論を深めることが環境論につながっている」と提起されています。中世のほうでも、山村、材木のほうから環境のような自然と人間とのつながりを探る議論が提起されていまして、この部分はおそらく今後の課題として大きなテーマになっていくのではないかと思います。その辺についての補足をそれぞれいただき、今後の生業論の方向性が明らかになればと思います。まず甲元さんからお願いします。

甲元　私がこの相関関係でやったというのは二つの意味があります。一つは、後から歴史学での事例とすごくリンクするのですが、例えば水田や畑を開拓するために自然林を伐採しますと、自然と植生の変化が出てくるわけです。そして、やせた土地では松林で変移がストップするのですが、肥えた土地ではドングリになる落葉樹林が出てきます。つまり、弥生時代の遺跡や古墳時代の遺跡を掘ってみましても、西日本で照葉樹林帯でシイやカシがあるところなのに落葉樹林のドングリが大量に出てくるというのは、それはある程度開拓していって、二次林として生まれてくるわけです。そして二次林としてドングリのなる木が多くなると、それがシカやイノシシの餌になります。

ですから、開拓してある程度一定の領域を保全することによって、狩猟対象動物を呼び込むというような、そうした相関関係の下にあるということをもう少し考える必要があります。環境というのは所与のものであって、それから絶対変わらないのではなくて、変形する環境を組み込んだ形で大きな生業形態があるということに注意をしなければいけないということです。

あと一つ大きな環境論は、寒冷化したり温暖化したり、変異が大きいわけです。われわれにとって一番重要な水稲とすれば、紀元前八〇〇〜七〇〇年ぐらいですか、そういうときにすごく寒冷化してくるのです。寒冷化してくるということは、海水面がずっと推移して、その結果、砂がどんどん飛んできて砂丘を形成していくわけです。そうすると凹凸のある海岸のところへ砂丘が出てきますと、本来海であったものがせき止められて、徐々に淡水化してくるのです。そうして塩分が少なくなりますとアシの原になってきますし、アシが多くなって水分がずっと蒸発していくと、今度はガマが生えてきます。そうしてできた低湿地は、水稲耕作するための格好の場所であり、自然が初期稲作民に提供してくれているというわけです。

そういう大きな自然環境による変動にどう対応したかということと、あとは、人間がそこで活動することによって二次的三次的環境をつくったことをどのように取り込んでくるかという形の両側面から、マクロとミクロの両側面から考えていくということが実り豊かな生業論などを展開することになるのではないかということを、これから考えていったわけです。

井原　ありがとうございました。木村さん、お願いします。

木村　論点は少しずれますが、先ほどの「視点を確保する」ということについて少々発言いたします。専門家の横田さんの前でこのような話をするのは失礼なのですが、近世史などでは現地の古文書の調査後に文書目録を作成するのは常識的なことですが、いまから一五年、二〇年ほど前の目録を見ますと、現在横田さんたちが中心となって研究を進めている和歌や文学に関する書籍類は、実は目録では最後の方の「雑」に分類されています。まず、「村政」や「支配」「土地・貢租」などから始まって、最後の「雑」の中に連歌や和歌の史料が掲載されている。そんな扱いだったのですね。ところが視点を変えて、村や名主家における読書力や文化的力量などが研究され始め、その意義が明確になるにしたがい、今度は目録の分類も変化する。「雑」の中に入れることができなくなってしまうわけです。近年の地方の書籍論を中心とする学問・文化に関する研究の進展は目録の形式そのものを変えてしまうわけです。

このような事例からわかるように、中世の農村に関して圧倒的に多いのは水田・稲作関係の史料ですから、生業論を展開するためには視点を変えて、それまで水田関係史料の中に埋もれていた流通や商業に関する史料を発掘し、新しい視点から分析することが重要だと思います。私のように三〇年も四〇年も前に研究を始めた者は、どうしても従来の視点を払拭できない部分があるものですから、ここに集まられている皆さんに改めて注意を喚起しておきたいと思います。

例えば、中世では、大山喬平さんが中世農村における銭の流通に関する論文を書かれたことがあります（「中世村落における灌漑と銭貨の流通」『日本中世農村史の研究』岩波書店、一九七八年、初出は一九六一年）。丹波国大山荘を素材にして、銭の流通は水田地帯ではなく、畠作地帯から開始されることを明らかにされた有名な論文です。これも視点を変えたよい例だと思うのですが、きょうの甲元先生のお話や議論を聞いていますと、もしかしたら自然と人間がせめぎ合っているところで流通とか情報とかが盛んになる。主産業というか稲作では生きてゆけないから、生きてゆくためにさまざまな情報を獲得せざるを得ない、と理解することも可能になる。

先ほど野本先生が「山奥は閉鎖的ではない」と明言されましたが、これも同じでして、私たちはあまりにも水田・稲作を中心にものごとを考えすぎているように思います。大山さんの成果を敷衍《ふえん》するならば、銭の流通が畠作地帯から始まるということは、中世のさまざまな品物の流通とそれに伴う情報などの一番の結節点が、水田の裏側にこそ存在するという考えが成り立つようにも思います。そういう新たな視点を確保していくことが、きょうのフォーラムのテーマである生業論の進展と豊富化に寄与することは間違いないと思います。

井原　ありがとうございました。野本さん、お願いいたします。

野本　生業民俗の研究はつねに環境論と連動いたします。現今、地球温暖化が問題にされています。

例えば滋賀県米原市の志賀谷というところへゆきますと、早生の渋柿では干し柿ができなくなったと言います。黴びるし腐ると言うのです。そこまで来ています。それから、自然暦というのがありまして、静岡県川根本町では、「天狗石の峠を新芽が越えたら一番茶を摘む」と申しました。それがずれてきているそうです。自然暦が狂ってまいります。これは大変なことなのです。われわれの先輩がずっと伝承してきたことがどんどん崩壊しています。長野県の下伊那郡では、冬、子どもたちが下駄スケートというのをしていました。下駄の下にスケートを付けて、大人たちが田んぼに水を張って氷らせ、そこでスケートをやってきました。それができなくなっています。

というふうに、具体的に地球温暖化による環境変化が迫っています。そういう中でどう考え、何をしたらよいのかということです。天竜川の川霧の湿気を利用して市田柿という干柿を生み出し、ブランド化して地域興しにつなげるという、実際の環境との関係で生業を起こしていく例もあります。また、同じ飯田辺りでは昭和二〇年代まで木曾馬を飼っており、ムラの中に多くの馬がいたわけです。これは子どもの情操教育にも大変よかったのです。だから馬を飼えということではありません。手の届く過去の暮らしの中からわれわれは何をどのように継承するかということです。

井原　ありがとうございました。横田さん、お願いします。

横田　私はきょういろいろお聞きして、例えば野本先生が言われるようなさまざまな民俗学的な問題というのが、近世史で言えば史料を読むときにとても参考になるのではないかと思いました。

例えば、先ほど言われた蚕の食べた桑の残りは乾燥させてウサギにやり、糞はまた肥料にするとか、つまり養蚕と水田耕作がサイクルにつながっているということは、普通に近世の史料を読んでいるとわからないのです。そういうヒントを与えられてあらためて読んでみると、近世の文書史料は支配の側だけではなくていろいろなものがあるので、さまざまな読みこみが可能になります。

それから、いま、馬と人の関係と言われて思い出したのですが、江戸時代の農村の家は、家の中に馬小屋があるところが多い。そして、お正月には人の食べるお雑煮を馬や牛にもやるというふうな話を私の大学の学生たちが聞いて驚いていましたが、そういう人と馬の関係、住居の構造、あるいは当時の人々の臭いの感覚といったものもいま新しく研究の対象になってきていると思います。そういう意味で民俗学や考古学や地理学や建築学、そのほかの学問との関係の中であらためて歴史学の持っている史料を見直していくと、いろいろな側面が見えてくるのではないかと思います。

井原　ありがとうございました。時間のほうも経過してきました。短時間ではありましたが、おかげさまで、なぜ生業概念が必要か、生業論の可能性について議論ができたのではないかと思います。最後ですが、質問用紙の中に感想がありますので、ご紹介させていただきます。

「生業概念の可能性をめぐるきょうの議論を聞いて思い浮かんだことは、アイヌ民族や沖縄・琉球の人々の生業についての再評価、再検討に有効なのではないかということです。これまでアイヌの人々の生活・生業をどう歴史的に位置付けるか、なかなか難しかったと思いますが、和人の生業との比較など、有効な方法と考えます」。

生業論の可能性がいくぶんかでも皆様にお伝えできれば非常にうれしいことだと思います。この共同研究はまだまだ続いていきますので、引き続きましてご支援のほどよろしくお願いいたします。きょうはどうもありがとうございました。

(二〇〇六年十一月十八日・国立歴史民俗博物館講堂)

フォーラムを終えて

井原今朝男

フォーラムの成果　歴博基幹共同研究の中間報告としてフォーラムを開催したことによって、文字史料の少ない分野で民衆生活史を深めるための方法論としていくつかの論点が明確になったように思う。

第一の成果は、生業という概念について、考古・民俗・日本史学の学問分野でどのように用いられるようになったのか、その研究史と現在の研究状況について、はじめて議論を突合せ、交流することができた。その結果、各学問分野での生業という用語が意味する内容の違いと共通点があきらかになってきた。

つまり、生業概念の登場は民俗学がもっとも早く、文字をもたない常民の生業と民俗をあきらかにするため、民俗調査要目で生産・生業という概念を提起しており、そこでは生業の項目として農業・漁業・林業・狩猟・交通・交易が立項されていた。しかし、民衆の生きるための生産や生活について、さまざまな生業が複合しあっているという視点からの研究は近年になって提起されたことが指摘された。考古学では、先史学と民族誌・民俗学との交流やアメリカ人類学の影響から生業が取り上げられ、生業暦の復原の手法を導入して縄文カレンダーや弥生人の生業暦の提起がなされた。考古学と民俗学との交流は、生活実態の把握という点で早くから前進してきたことがあきらかになった。歴史学では生業論の導入が遅れ、九〇年代から二〇〇〇年代に入って、日本近世史を先導として多様な周辺身分の実態解明とともにさまざまな生業が複合しあった地域社会のあり方を解明する研究が進展していることが指摘された。その意味で、近年の民俗学における生業複合論・複合生業論とリンクする研究分野が広がっているといえよう。

第二の成果は、民俗学や考古学の分野での先進性と歴史学・日本史学の得意分野とはズレがあり、相互に補完しあう必要性が提起されたことである。

民俗学や考古学では、文字史料がなくても掘り出された遺物・遺跡や残されたモノ資料・口承伝承や民具などによって民衆の生活実態の解明という視点がいち早く導入され、生業論も具体的成果をあげてきた。他方、日本史学では、国家や支配層の残した文献史料が圧倒的に多いことから、民衆生活史を具体的にあきらかにしようとする方法論的な提起や生業論の導入が遅れたことがわかる。反面、歴史学では、社会的分業や職業に応じた多様な身分や身分的周縁の実態解明が進み、権力による社会編成などについての研究は、民俗学や考古学よりも進展していることが指摘された。それぞれの学問の長所と短所を自覚しながら、相互に補完しあって共同研究をすすめていくことの重要性があきらかになったように思う。その意味で、無文字世界の分野が大きい民衆生活史の解明において、日本史学は民俗学や考古学との交流の中で学ぶべき点は大きく、文化人類学に対置できるような新しい歴史学が創造されなければならない。

第三の成果は、生業概念の共有化の努力とともに、それぞれの独自の学問分野での新しい研究課題がお互いに自覚されたことである。

民俗学では、生業論が早くから提起され多くの成果を蓄積させてきたが、さまざまな生業要素が複合しあって家や村・地域の暮らし・生活が成り立っているとする生業複合論や複合生業論においては、研究者も少なく、高度経済成長以降、生業要素が単純化・消滅していくなかで、その記録保存すら行われないという危機感が表明された。歴史学でも、現代史研究において現代サラリーマンの生活実態を生業論で分析するような問題意識はほとんど無きに等しい。日本古代史や中世史でも、生業論の視点から民衆生活史の具体像をあきらかにする研究はこれからの課題であることが提起された。生業という分析概念の共有化を図ろうとする共同研究から、逆に自分の学問分野の研究課題や方法論の刷新をはかる必要性を自覚させられたのである。

生業概念の共有化にむけて　とりわけ、今回の共同研究の中間総括として歴博フォーラムを開催したことで、ここから発信することができることはつぎのことであろう。

民衆が生き抜くための仕事・労働は、家やムラを単位にして、さまざまな生業要素の複合構造をなしており、その全体像をあきらかにするため、民俗学・考古学・歴史学が共同して学際的研究を深めなければならない。生業という分析概念をつかうことで、「民衆の生き抜くための生産・生活」という視点から、民衆の生産・経営の多様性や民衆生活知の豊富さを解明することができるということが、ほぼシンポジウムの中で共同認識になっていたように思う。

これまでの旧来の歴史学は、歴史哲学や経済学などから農業・漁業・林業などの分業概念を導入して民衆の生活史を農民や漁民などの生活史として分析し描き出してきた。しかし、すべての学問分野の枠組みが問い直されていく二一世紀の新しい歴史学にあっては、はじめに分析概念ありきであってはならない。まず、歴史の実態として存在した民衆生活の多様性をありのままに復原して、世界の歴史と比較検討していくなかで、歴史学独自の分析概念そのものを作り出していかなくてはならない時代に入っている。農民主体の民衆史は、土地所有に依存しなければ生きられなかった一地域・一世界の民衆生活史でしかない。世界中をみわたせば、土地所有なしでも生き抜いてきた民衆の多様な歴史の方がはるかに多い。世界史の中の日本民衆生活史の多様さを解明し、民衆が生き抜くために営んできた生業の豊かさとたくましさを歴史学の視点から解明していくことが、二一世紀の新しい歴史学に求められているものだといえよう。今後も引き続いて、生業概念の共通化にむけて討論・研究を深めていきたい。

執筆者紹介（生年　最終学歴　現職　主要著書・論文）―論文掲載順

井原今朝男（いはら　けさお）
一九四九年、長野県に生まれる
一九七一年、静岡大学人文学部人文学科卒業
現在、国立歴史民俗博物館教授・総合研究大学院大学教授（併任）、博士（史学）
『日本中世の国政と家政』校倉書房、一九九五年（重版二〇〇六年）
『中世寺院と民衆』臨川書店、二〇〇四年

甲元眞之（こうもと　まさゆき）
一九四四年、広島県に生まれる
一九七二年、東京大学大学院修了
現在、熊本大学文学部教授、博士（文学）
『日本の初期農耕文化と社会』同成社、二〇〇四年
『東北アジアの青銅器文化と社会』同成社、二〇〇六年

木村茂光（きむら　しげみつ）
一九四六年、北海道に生まれる
一九七八年、大阪市立大学大学院文学研究科博士課程単位取得退学
現在、東京学芸大学教育学部教授、博士（文学）
『日本古代・中世畠作史の研究』校倉書房、一九九二年（重版二〇〇五年）
『日本初期中世社会の研究』校倉書房、二〇〇六年

野本寛一（のもと　かんいち）
一九三七年、静岡県に生まれる
一九五九年、国学院大学文学部卒業
現在、近畿大学名誉教授・柳田國男記念伊那民俗学研究所所長、文学博士（筑波大学）
『生態民俗学序説』白水社、一九八七年
『栃と餅―食の民俗構造を探る』岩波書店、二〇〇五年

横田冬彦（よこた　ふゆひこ）
一九五三年、京都府に生まれる
一九八一年、京都大学大学院文学研究科博士後期課程学習退学
現在、京都橘大学文学部教授、博士（文学）
『天下泰平』（『日本の歴史』一六）講談社、二〇〇二年
『知識と学問をになう人びと』（『身分的周縁と近世社会』五、編著）吉川弘文館、二〇〇七年

藤尾慎一郎（ふじお　しんいちろう）
一九五九年、福岡県に生まれる
一九八六年、九州大学大学院文学研究科博士後期課程単位取得退学
現在、国立歴史民俗博物館准教授・総合研究大学院大学准教授（併任）
『弥生変革期の考古学』同成社、二〇〇三年
『縄文論争』（『講談社選書メチエ』二五六）講談社、二〇〇二年

西本豊弘（にしもと　とよひろ）
一九四七年、大阪府に生まれる
一九八一年、北海道大学大学院文学研究科博士課程単位取得退学
現在、国立歴史民俗博物館教授・総合研究大学院大学教授（併任）

馬場伸一郎（ばば　しんいちろう）

一九七四年、群馬県に生まれる
二〇〇二年、明治大学大学院博士後期課程文学研究科史学専攻考古学専修
現在、国立歴史民俗博物館機関研究員、博士（史学）
「南関東弥生中期の地域社会」『古代文化』五三―五・六、二〇〇一年
「大規模集落と手工業生産にみる弥生中期後葉の長野盆地南部」『考古学研究』五四―一、二〇〇七年
『考古学と動物学』（共編著）、同成社、一九九九年
『縄文時代から弥生時代へ』（『新弥生時代の始まり』二、編）雄山閣、二〇〇七年

安藤広道（あんどう　ひろみち）

一九六四年、神奈川県に生まれる
一九九二年、慶應義塾大学大学院文学研究科後期博士課程単位取得
現在、慶應義塾大学文学部准教授
「弥生時代「絵画」の構造」『原始絵画の研究』論考編、六一書房、二〇〇六年
「東アジア的視点からみた縄文時代・弥生時代の農耕」『日本考古学協会二〇〇七年度熊本大会研究発表資料集』二〇〇七年

広瀬和雄（ひろせ　かずお）

一九四七年、京都府に生まれる
一九七〇年、同志社大学商学部卒業
現在、国立歴史民俗博物館教授・総合研究大学院大学教授（併任）、博士（文学）
『前方後円墳国家』（『角川選書』三五五）角川書店、二〇〇三年
『古墳時代政治構造の研究』塙書房、二〇〇七年

春田直紀（はるた　なおき）

一九六五年、京都府に生まれる

高橋一樹（たかはし　かずき）

一九九三年、大阪市立大学大学院文学研究科後期博士課程単位取得退学
現在、熊本大学教育学部准教授
「文献史学からの環境史」『新しい歴史学のために』二五九、二〇〇五年
「モノからみた一五世紀の社会」『日本史研究』五四六、二〇〇八年

安室　知（やすむろ　さとる）

一九六七年、新潟県に生まれる
一九九七年、大阪市立大学大学院文学研究科後期博士課程単位取得退学
現在、国立歴史民俗博物館准教授・総合研究大学院大学准教授（併任）、博士（文学）
『中世荘園制と鎌倉幕府』塙書房、二〇〇四年
『史料の新しい可能性をさぐる』（『歴史研究の最前線』八、編著）吉川弘文館、二〇〇七年
一九五九年、東京都に生まれる
一九八五年、筑波大学大学院環境科学研究科修士課程修了
現在、国立歴史民俗博物館准教授・総合研究大学院大学准教授（併任）、博士（文学）
『環境史研究の課題』（『歴史研究の最前線』二、編著）吉川弘文館、二〇〇四年
『水田漁撈の研究』慶友社、二〇〇五年

中島丈晴（なかじま　たけはる）

一九七三年、東京都に生まれる
二〇〇四年、総合研究大学院大学文化科学研究科日本歴史研究専攻博士課程単位取得退学

現在、国立歴史民俗博物館機関研究員

「今川了俊の軍事動員と所務沙汰訴訟—九州経営における吹挙システム」『歴史学研究』八二九、二〇〇七年

「中世における関東醍醐寺領の基礎的考察」『ヒストリア』二〇四、二〇〇七年

〈歴博フォーラム〉
生業から見る日本史
新しい歴史学の射程

二〇〇八年（平成二十）三月三十一日 第一刷発行

編 者 国立歴史民俗博物館
発行者 前田求恭
発行所 株式会社 吉川弘文館
郵便番号一一三—〇〇三三
東京都文京区本郷七丁目二番八号
電話〇三—三八一三—九一五一〈代表〉
振替口座〇〇一〇〇—五—二四四番
http://www.yoshikawa-k.co.jp/
印刷＝株式会社 理想社
製本＝ナショナル製本協同組合
装幀＝清水良洋・河村誠

© National Museum of Japanese History 2008.
Printed in Japan
ISBN978-4-642-07987-7

Ⓡ〈日本複写権センター委託出版物〉
本書の無断複写（コピー）は，著作権法上での例外を除き，禁じられています．
複写を希望される場合は，日本複写権センター（03-3401-2382）にご連絡下さい．

【歴博フォーラム】

鉄砲伝来の日本史 火縄銃からライフル銃まで

宇田川武久編　四六判・三二〇頁／三〇四五円

種子島への鉄砲伝来から幕末維新まで、独自の発達を遂げた鉄砲は、日本に何をもたらしたのか。砲術師の活躍、鍛冶職人の技術、欧米の新たな軍事技術移入など、鉄砲の変遷を辿り、その歴史的意義に迫る。コラムも充実。

動物と人間の文化誌

国立歴史民俗博物館編　四六判・二三八頁／二七三〇円

人間と動物は、多様なつきあいのなかで文化を育んできた。日本・中国・西アジア・西アフリカ・ヨーロッパの人間と動物をめぐる文化を歴史学と人類学からあぶりだす。日本の動物観を相対化し、動物との共存を志向する。

排除する社会・受容する社会 現代ケガレ論

関根康正・新谷尚紀編　四六判・二五六頁／二九四〇円

自分に不都合な施設の建設反対運動、在日コリアンと故郷、死の忌み…。「異質なもの」に人はどう対応するのか。ケガレ論をめぐる文化人類学と民俗学の対話が明らかにする、異物や他者への排除と受容のダイナミズム。

（価格は５％税込）

吉川弘文館